rowohlts deutsche enzyklopädie

Herausgegeben von Ernesto Grassi

Universität München

Thomas A. Sebeok

Theorie und Geschichte der Semiotik

Aus dem Amerikanischen übersetzt von
Achim Eschbach

rde

Rowohlt

Herausgeberassistent: Eginhard Hora (München)
Umschlagentwurf: Werner Rebhuhn

Veröffentlicht im Rowohlt Taschenbuch Verlag GmbH,
Reinbek bei Hamburg, April 1979

Originaltitel: Contributions to the Doctrine of Signs

Published by The Peter de Ridder Press, Lisse, Netherlands
Satz Aldus (Linotron 505 C)
Gesamtherstellung Clausen & Bosse, Leck
Printed in Germany
1480-ISBN 3 499 55389 9

Für Charles Morris

Inhaltsverzeichnis

Vorwort

Der Ausdruck *Zeichenlehre* wurde wissentlich als Titel dieser Aufsatzsammlung* gewählt, um emblematisch zu unterstreichen, daß die in diesen fünf Aufsätzen enthaltenen Argumente der semiotischen Tradition von Locke und Peirce wesentlich näherstehen als anderen, die es vorziehen, den Forschungsbereich – in oftmals voreiliger strategischer Absicht – als ‹Theorie› oder sogar als ‹Wissenschaft› auszuzeichnen. Für Locke war eine Lehre kaum mehr als eine Anzahl oder ein System von Grundsätzen oder Lehrsätzen, die locker einen Wissensbereich bilden. Dinge, Handlungen und Zeichen waren für ihn «die drei großen Bereiche der intellektuellen Welt, die völlig voneinander getrennt und unterschieden sind». Der Geist verwendet Zeichen sowohl bei der Betrachtung der Dinge als auch bei Handlungen zur Erreichung seiner Ziele; mehr noch, er tut das, «um (das eine wie das andere) zu seiner klareren Information in die richtige Ordnung zu bringen». Wie Locke am Ende seines «berühmten *Essays*» feststellt, besteht die Aufgabe der Zeichenlehre oder Semiotik darin, derartige Probleme zu behandeln.

Es ist wohlbekannt, daß Peirce den Lockeschen Terminus erneut als «die Lehre von den Zeichen» bestimmte, allerdings mit einem unmittelbaren und äußerst wichtigen Zusatz, der sie als «quasi-notwendig, oder formal» beschrieb, worunter er verstand, «daß wir die Eigenschaften solcher Zeichen beobachten, die wir kennen, und daß wir aufgrund einer solchen Beobachtung, in einem Prozeß, den ich mich nicht sträube Abstraktion zu nennen, zu Aussagen veranlaßt werden, die außerordentlich fehleranfällig und deshalb in keiner Hinsicht notwendig sind, wenn man sie mit den *notwendigen* Eigenschaften all derjenigen Zeichen vergleicht, die von einer ‹wissenschaftlichen› Intelligenz verwendet werden, das heißt von einer Intelligenz, die durch Erfahrung lernen kann». Die Semiotik wurde auf diese Weise als eine Beobachtungswissenschaft begründet, die ein zweifaches Ziel verfolgt: Ihre Aufgabe besteht nicht nur in dem Aufweis, was in der wirklichen Welt *ist*, sondern auch, was *sein muß*.

Der Fortschritt in diese Richtung ist sehr langsam vonstatten gegangen, und zwar nicht zuletzt wegen des merkwürdigen Schicksals, das Peirce selbst hatte, und wegen des großen Ertrags seiner einsamen Überlegungen, was zu einer Kombination historischer Umstände führte, die

* Gemeint ist der englische Titel der Originalausgabe, «Contributions to the Doctrine of Signs».

Nagel zutreffend als «ein Unglück für (Peirce) selbst wie für die folgende Philosophiegeschichte» beschrieben hat.

In den ungefähr hundert Jahren, die seit 1867 vergangen sind – als Peirce erstmalig «On a New List of Categories» publizierte, in der seine Skizze «eines Triviums denkbarer Wissenschaften» enthalten ist, das heißt spekulativer Grammatik, kritischer Logik und spekulativer Rhetorik, sowie die dazugehörige fruchtbare Einteilung der Repräsentationen in Ikone, Indizes und Symbole –, haben sich einige der interessantesten Entwicklungen in der Semiotik auf ein Problem konzentriert, das von Morris, dem wichtigsten Theoretiker der Mitte des Jahrhunderts, in ernsthafter Weise aufgegriffen worden ist: «Wie läßt sich das Zeichenverhalten von Tieren von demjenigen des Menschen unterscheiden?» Bezeichnenderweise hat Morris vorgeschlagen, über die vorliegende Literatur hinauszugehen, da die angestrebten Erkenntnisse «das Ergebnis speziell dafür entworfener Versuche sein müssen», die dann, wenn sie gewonnen sind, die Darstellung der biologischen Evolution in entscheidendem und bedeutendem Maße bereichern werden.

Einige von denen, die sich in dieser Weise darum bemüht haben, entscheidende Prozesse am Schnittpunkt von Natur und Kultur aufzudecken, waren sich nicht darüber im klaren, daß sie zu einer größeren Wissenschaftlergemeinschaft gehörten, die ihre wichtigsten Ziele teilte. Jakob von Uexküll war einer der größten Kryptosemiotiker seiner Zeit: Als ein ausgezeichneter Biologe war er der Lehrer von Konrad Lorenz und wurde auf diese Weise zu einem der wichtigsten Ahnherren der Ethologie (wobei dieser Name für kaum etwas anderes als die diachrone Semiotik mit vorrangig phylogenetischen Interessen steht). Was haben fleißige Forscher im Bereich der sprachlichen Semantik – Linguisten, Logiker – aus Uexkülls meisterhafter «Bedeutungslehre» gelernt? Welcher Erforscher menschlicher Zeichenoperationen hat sich veranlaßt gesehen, die phänomenologische Grundlage von Uexkülls ‹subjektiver Umweltlehre› zu erforschen, und wer hat ihre Implikationen für die Lehre im allgemeinen und ihre spezielle Beziehung beispielsweise zu Husserls «Logik der Zeichen (Semiotik)» erfaßt? Abgesehen von der kursorischen Beachtung, die ihm Stepanov im strikten Kontext der Biosemiotik widmete – ein Gegenstand, den Eco nebenbei bemerkt recht unzutreffend «der unteren Ebene der Semiotik (zuweist), da er das kommunikative Verhalten nichtmenschlicher (und daher nichtkultureller) Gemeinschaften betrifft», während die biologischen Grundlagen in Wirklichkeit im eigentlichen Epizentrum sowohl der Kommunikation als auch der Bedeutung bei menschlichen Lebewesen liegen –, figuriert Uexküll bislang nur in der Historiographie der Lebenswissenschaften und noch nicht in unserer «science qui étudie la vie des signes au sein de la vie sociale», der begrenzten Utopie Saussures, wohin Uexkülls Ergebnisse ebenfalls manifest gehören. In einer bereits in Vorbereitung befindlichen Spezialuntersuchung will ich meine Gründe für diese Behauptung darlegen und in vergleichbarer Weise die Beiträge einer Reihe ‹vernachlässigter› Koryphäen (ein anderer war beispielsweise Galen) darstellen, die meiner Meinung nach dazu beigetragen haben, aus ihrer jeweiligen Perspektive die Zeichenlehre zu konturieren.

Weshalb ist der Fortschritt der Zeichenlehre in Richtung einer echten Theorie im eigentlichen Sinne dieses häufig (vor allem in linguistischen Arbeiten der sechziger Jahre) mißbrauchten Wortes so unendlich mühselig gewesen? Weshalb ist die wesentliche Identität von Ethologie und diachroner Semiotik nicht vor Jahrzehnten ausdrücklich anerkannt worden? Weshalb ist die inhärente und offensichtlich semiotische Natur des genetischen Kodes wie gleichfalls dessen, was der späte Tomkins «den metabolischen Kode» nannte, immer noch ein Gegenstand müßiger Kontroversen? Die Antwort auf diese Fragen lautet, daß es genau 110 Jahre sind, die die ersten semiotischen Ansätze bei Peirce – der am 28. Dezember 1908 Lady Welby mitteilte, daß er sich «seit 1863 ausschließlich mit demselben Thema befaßt» habe – von dem Erscheinungsdatum der wichtigsten Einzelveröffentlichung zur Semiotik in unserer Zeit trennen, nämlich der Skizze der Theorie des Symbolismus, die Thom 1973 vorlegte. In dieser epochalen, wenn auch übermäßig lakonischen Abhandlung weist der Autor deutlich nach, daß die vorgeblich allein dem Menschen eigene *facultas signatrix* in Wirklichkeit aus Elementen besteht, von denen «on n'en trouve aucun qui ne figure soit dans la matière inanimée, soit dans les formes les plus humbles de la vie». Wie die in diesem Buch versammelten Schriften sowie eine meiner früheren Auswahlsammlungen, «Perspectives in Zoosemiotics» (1972), schlicht und einfach belegen, bin ich vor langer Zeit zu derselben Schlußfolgerung gekommen, wobei meine Ansichten nur eine abstraktiv gewonnene Meinung darstellten, während die Argumente des ausgezeichneten Topologen ein wohlbegründetes Nebenprodukt eines äußerst anspruchsvollen mathematischen Theorems sind, das sowohl für die Biologie als auch für die Semiotik besondere Relevanz besitzt. Morphogenetische Prozesse lassen sich jetzt in ihrem qualitativen Aspekt mathematisch modellieren, und man kann die allgemeinen Eigenschaften entwickeln, die solche Modelle *haben müssen*; auf diese Weise war es technisch erstmalig möglich, mit einer minimalen Fehlerquote, die von Peirce aufgestellten Kriterien, die oben angesprochen wurden, zu erfüllen. Der Anwendungsbereich der Thomschen Ideen – die sogenannte Katastrophentheorie – ist enorm groß und umschließt die Software-Wissenschaften, die sich, unter Einfluß sprachlicher Zeichen, mit der Generation von Zeichen befassen. Auch wenn die

Modelle im Vergleich zu den äußerst komplexen Sachverhalten, die sie repräsentieren sollen, noch recht grob sind, nehme ich doch an, daß sie in die einzige Richtung, die alle Zweige der Semiotik zu behandeln haben, und auf den Weg der – in Kuhns Sinne – ‹normalen Wissenschaft› der kommenden Jahrzehnte weisen. Wenn das der Fall ist, dann ist mein Buch als eine Säuberungsaktion zu lesen, deren Durchführung sich jedoch, wie Kuhn zutreffend betonte, selbst als eine faszinierende Beschäftigung erweisen kann, was sie für mich tatsächlich war.

Alle Aufsätze in dieser dritten meiner Aufsatzsammlungen, die in den letzten vier Jahren publiziert wurden, entstanden unter einer mehr oder minder streng umschriebenen semiotischen Perspektive; sie sind als vorbereitende Bemerkungen konzipiert, die im Rahmen eines Buches, das ich für Penguin vorbereite und das das Gesamtthema behandeln wird, in kohärenter Weise überarbeitet und abgerundet werden müssen. Das gleiche gilt für den Inhalt zweier früherer Sammlungen: für die erste über Tierkommunikation (1972), die bereits erwähnt wurde, und für die zweite über sprachliche Kunst, die unter dem Titel «Structure and Texture» (1974) erschien. (Ein viertes Buch, das druckfertig abgeschlossen ist, wird Schriften zu verschiedenen anthropologischen Themen und speziell zur Religion versammeln.)

Ich habe in dem Vorwort des Bandes von 1972 geschrieben: «Wenn ich diese Aufsätze erneut durchlese, so stelle ich fest, daß ich mich häufig wiederholt habe. Die Idee, die ich ausdrücken und vermitteln wollte, wird unter in gewissen Hinsichten andersartigen Vorzeichen, mit anderen Beispielen und mit unterschiedlichen Betonungen vorgetragen, aber der Kern bleibt derselbe. Redundanz liegt in der Natur jedes autodidaktischen Versuchs begründet» – und, wie ich jetzt versucht bin hinzuzufügen, vor allem im Blickwinkel (oder in der Ideologie) des Beobachters. Das trifft in gewisser Hinsicht auch für die hier abgedruckten Aufsätze zu, aber ich halte das nicht notwendigerweise für schlecht: Jeder Leser, der sich darum bemüht, mir zu folgen, kann selbst erkennen, wie die von mir als zentral erachteten Vorstellungen durch Variationen revidiert werden, die den Reifungsprozeß kennzeichnen, während diejenigen, die ich für nebensächlich halte, langsam aus dem Blickfeld treten – das trifft vor allem auf meine Analyse von Zeichentoken und Zeichentypen zu. Der Nachweis ihrer Allgegenwart ist dasjenige, was letzten Endes zählt.

In dem Kapitel «Das semiotische Gewebe» habe ich bereits meine Verpflichtung gegenüber meinen beiden Semiotiklehrern, Charles Morris und Roman Jakobson, festgestellt. Ich kenne niemanden, keinen Lebenden und keinen Toten, der eine meiner Ansicht nach ähnlich günstige Gelegenheit hatte, bei beiden Forschern zu studieren, die beide in der ihnen typischen Weise das intellektuelle Klima der Welt, in der wir leben – und vor allem der Welt der Zeichen –, gestaltet haben. Ich habe an früherer Stelle mit Hilfe geeigneter Metonymien auszudrücken versucht, was ich Jakobson verdanke – und zwar, indem ich ihm mein Buch von 1974 widmete und, detaillierter noch, meinen neueren Aufsatz über «Roman Jakobson's Teaching in America».

Ich möchte dieses Buch nun Charles Morris in aufrichtiger Bewunderung widmen. Er entspricht mehr als jeder andere, den ich kenne, meiner Vorstellung des Guten und Wahren. Wie es der Autor der «Nikomachischen Ethik» ausdrückte, als er von der Tugend als einem Mittel zu einem Ziel sprach, das heißt von der Glückseligkeit: «Das menschlich Gute ist die Tätigkeit der Seele in Übereinstimmung mit der Tugend in einem erfüllten Leben.» Die Aristotelische Maxime hätte kaum eine vollständigere Verkörperung finden können!

1. Semiotik: Ein Überblick über den Zustand der Disziplin*

1. Der Bereich der Semiotik

Der Gegenstand der Semiotik – letztlich eine Art und Weise der Erweiterung unserer Wahrnehmung der Welt – ist der Austausch jedweder Nachrichten und der Zeichensysteme, die ihnen zugrunde liegen; folglich wird die Semiotik, parallel zu solchen Forschungsbereichen wie der Sozialanthropologie (die den Austausch von Gatten behandelt) und der Ökonomie (die den Austausch von Waren, das heißt von Gütern und Dienstleistungen behandelt), allgemein als ein Zweig der Kommunikationswissenschaften angesehen.[1] Einige Forscher ziehen es vor, das Studium der systematischen Aspekte des Zeichenrepertoires (Noumena vs. Phaenomena) stärker zu betonen als dasjenige der Handlungsaspekte.[2] Welchen Ansatz man jedoch auch immer bevorzugen mag, der Schlüsselbegriff der Semiotik bleibt doch immer das ‹Zeichen›.

Nachrichten können entweder von anorganischen Objekten wie zum Beispiel Maschinen[3] oder von organischen Substanzen wie zum Beispiel

---

* Dieser Artikel ist mit kleineren Abänderungen nachgedruckt aus *Current Trends in Linguistics*, Bd. 12, «Linguistics and Adjacent Arts and Sciences», hg. von Thomas A. Sebeok (Den Haag: Mouton, 1974), Teilband 1, S. 211–264. Der Artikel wurde 1969 begonnen und 1971 im wesentlichen abgeschlossen.

1 Vgl. Lévi-Strauss (1958: 326): «Dans toute société, la communication s'opère au moins à trois niveaux: communication des femmes; communications des biens et des services; communication des messages. Par conséquent, l'étude du système de parenté, celle du système économique et celle du système linguistique offrent certaines analogies. Toutes trois relèvent de la même méthode; elles diffèrent seulement par le niveau stratégique où chacune choisit de se situer au sein d'un univers commun.»

2 Diese unterschiedliche Betonung empirischer und analytischer Ansätze wird von Valesio (1969) diskutiert. Auch Prieto stellt fest, daß es in zeitgenössischen semiotischen Untersuchungen zwei Tendenzen gibt: die eine, die die Kommunikation betont, und die andere, die die Bezeichnung in den Vordergrund stellt (wobei seine Arbeit der ersteren zuzuordnen wäre); vgl. seinen Artikel von 1968 und seine vier Arbeiten, die ebd., S. 144, zitiert sind. Marxistische Philosophen legen natürlich den Akzent auf den Kommunikationsprozeß als Ausgangspunkt für die Analyse des Zeichens; vgl. u. a. Schaff, 1962: 155–211, und Resnikow, 1968: 38.

3 Vgl. Wiener, 1950: 85–88: «. . . es ist durchaus möglich, daß ein Mensch mit einer Maschine spricht, eine Maschine mit einem Menschen und eine Maschine mit einer Maschine . . . Die neuen Maschinen stellen ihre Arbeit nicht bloß

Tieren (Menschen eingeschlossen), oder von irgendwelchen ihrer Bestandteile (zum Beispiel Ribonukleinsäure, mRNS, die als ein informationstragendes Band dient, das von Teilchen, den sogenannten Ribosomen, ‹gelesen› wird, die sich daran vorbeibewegen, wobei sie Aminosäureketten-Informationen tragen (Ičas, 1969: 8)) ausgesandt und/oder empfangen werden; man kann zum Beispiel auch bei der Herzmuskeltätigkeit von Information sprechen, wo Nachrichten aus peripheren Gefäßen an das Gehirn weitergeleitet werden, die daraufhin zum Herzen und wieder zurück zum Gehirn übertragen werden (Adey, 1967: 21). Auch die Interaktion zwischen organischen Wesen und anorganischen Dingen (wie zum Beispiel die Kommunikation zwischen einem Menschen und einem Computer) kann als ein semiotisches Problem behandelt werden. Dieser Überblick wird sich jedoch vorrangig auf die semiotischen Manifestationen ganzheitlicher lebender Systeme beschränken.

Es ließe sich weiterhin eine vorläufige Unterscheidung zwischen terrestrischer und extraterrestrischer Kommunikation vornehmen. Die Erforschung der letzteren wird sowohl von solchen Disziplinen wie der Mathematik, der Exobiologie und der Radioastronomie vorgenommen als auch im Zusammenhang von Science Fiction.[4] Da zum gegenwärtigen Zeitpunkt die Erforschung kosmischen Nachrichtenaustauschs eine Disziplin ohne Gegenstandsbereich darstellt, muß dieser Überblick weiterhin auf semiotisches Verhalten auf der Erde eingegrenzt werden.

Es ist ausgesprochen zweckdienlich – in anthropozentrischer Sicht –, Prozesse des Nachrichtenaustausches in zwei weit ausgedehnten Bereichen zu behandeln: dem Bereich des Menschen und demjenigen anderer lebender Systeme (selbstverständlich auch in ihren Interaktionen, wie zum Beispiel im Fall semiotischer Prozesse, die bei der Abrichtung, Zähmung und Domestizierung von Tieren entstehen).[5] Unter ‹anderen

---

deswegen ein, weil wir aufgehört haben, ihnen menschliche Hilfe zu geben.» Zu technischen Details vgl. z. B. Gorn, 1968.

4 Zu extraterrestrischen semiotischen Prozessen als einem wissenschaftlichen Problem vgl. die Zusammenfassung der Literatur bei David Kahn, 1967, Kap. 26 und S. 1130. Zu semiotischen Prozessen in Science Fiction im allgemeinen vgl. Krueger, 1968; ein spezielles Beispiel, das von einem wohlbekannten Linguisten stammt (den Krueger zu erwähnen versäumte), ist Hocketts «How to Learn Martian» (1955). Ein Institut für Extraterrestrische Linguistik besteht seit 1969 in Heidelberg, was in *Linguistische Berichte*, Nr. 4 (1969), S. 88 mitgeteilt wird.

5 Vgl. z. B. Hediger, 1968, besonders Kap. 8 und 9, und Zeuner, 1963. Hediger schreibt beispielsweise auf S. 120: «Die Abrichtung eines Zirkustieres bedeutet, ihm mittels einer speziellen Führung und kontinuierlicher Verwendung wirksamer Hinweise etwas beizubringen, bis es auf ein spezielles persönliches Signal hin gewisse Aktionen ausführt. Diese Aktionen sind dem Tier in ihren Elementen gut

lebenden Systemen› werden gewöhnlich solche Lebewesen verstanden, die keine Menschen sind; aber Pflanzen und Pilze können ebenfalls als die Quellen und/oder Zielorte von Nachrichten betrachtet werden, vor allen Dingen hinsichtlich ihrer Wechselbeziehung mit gewissen Tieren.[6] Schließlich ist der biologische Status von so außerordentlich kommunikativen Protozoen wie den zellulären Schleimpilzen (Acrasiales) nach wie vor unklar (Bonner, 1963; vgl. auch Bleibtreu, 1968: Kap. 7).

Anthroposemiotik, das heißt die Gesamtheit der menschlichen artspezifischen Signalsysteme, war der erste Bereich, der unter der Bezeichnung *Semiotik* konkret ins Auge gefaßt und eingegrenzt wurde. Für die meisten Forscher, die von 1960 bis heute gearbeitet haben, bleiben beide Begriffe nach wie vor synonym. Der zweite Bereich, die *Zoosemiotik*, die die Erforschung der Tierkommunikation im weitesten Sinne umfaßt, wurde erst 1963 in dieser Weise benannt und umfassend umschrieben. Es mag deshalb jetzt als zutreffender erscheinen, Anthroposemiotik und Zoosemiotik voneinander geschieden und miteinander verbunden als zwei grundsätzliche Abteilungen der Semiotik zu betrachten, die gewisse wesentliche Züge gemeinsam aufweisen, sich aber vor allen Dingen hinsichtlich der fundamentalen und durchdringenden Rolle unterscheiden, die die Sprache in der ersteren im Unterschied zu der letzteren spielt. Ein dritter Bereich, die *Endosemiotik* – die kybernetische Systeme innerhalb des Körpers erforscht –, wird im vorliegenden Zusammenhang nicht detailliert untersucht; es reicht hier die Feststellung aus, daß (aus Gründen, die bei Masters, 1970, spezifiziert sind) in diesem Bereich der genetische Kode eine Rolle spielt, die derjenigen des verbalen Kodes in anthroposemiotischen Zusammenhängen vergleichbar ist, und es ist dennoch allgemein zutreffend, daß sich die Kodierung und Übermittlung von Unterscheidungsinformationen außerhalb des Körpers sehr stark von der Kodierung und Übermittlung innerhalb unterscheidet (Bateson, 1970); der Bereich der Übertragungsphysiologie, der die Umsetzung äußerer Signale in ihre ursprüngliche innere Produktion erforscht, ist bislang eine gänzlich unentwickelte Wissenschaft (vgl. dazu allerdings neuerdings den bahnbrechenden Artikel von Tomkins, 1975).

---

bekannt, aber in der Freiheit würden sie niemals durch dieselben Reize verursacht und unter denselben Bedingungen niemals ausgeführt.» Und auf S. 128 schreibt er: «Im Verlauf der Abrichtung lernt das Tier eine Menge menschlicher Signale und Ausdrücke, und umgekehrt entwickelt der Ausbilder ein Verständnis für den Ausdruck und die Signale des Tieres.» In semiotischer Sicht erweist sich dann die Zähmung und Abrichtung eines Tieres als Aufbau eines – zumindest partiell – gemeinsamen Zeichenrepertoires und vice versa; bei der Domestizierung ist die diachronische Dimension überlagert.

6 Eine besonders interessante Gemeinschaft interagierender Pflanzen und Tie-

2. Historische Skizze des Forschungsbereichs[7]

Die Disziplin Semiotik – die sich in den frühesten Anwendungen auf ein medizinisches Interesse an sinnlich wahrnehmbaren Hinweisen auf Veränderungen am Zustand des menschlichen Körpers bezieht – konstituierte einen der drei Bereiche der griechischen Medizin. Bei den Stoikern erhielt der Terminus eine breitere Bedeutung im Sinne eines grundlegenden Teilbereichs der Philosophie, der Logik und Erkenntnistheorie einschließt. Die hellenistische Philosophie – nicht nur bei den Stoikern, sondern auch in den epikuräischen und skeptischen Ausprägungen – konzentriert sich um eine Zeichentheorie, die von Aristoteles antizipiert wurde, der seinerseits von Plato, den Sophisten und verschiedenen griechischen Ärzten (wie zum Beispiel Asklepiades, Erasistratus, Herophilus, die alle bei Sextus erwähnt werden)[8] beeinflußt war. Im Mittelalter[9] wurde eine umfassende und ausgesprochen scharfsinnige Zeichentheorie (die als *scientia sermocinalis* bekannt ist), die Grammatik, Logik und Rhetorik einbegreift, von einer ganzen Reihe von Wissenschaftlern entwickelt. «Innerhalb dieser Entwicklung lassen sich zwei Tendenzen unterscheiden: Dominierend war die Tendenz, die Zeichenprozesse im Kontext der platonischen und aristotelischen Metaphysik interpretierte; ihr stand ein allmählich wachsender Versuch entgegen, die Semiotik der empirischen Wissenschaft und der Philosophie anzugleichen. Die erste Richtung wurde von Leibniz fortgeführt, die zweite von den britischen Empiristen» (Morris, 1973: 364).

Leibniz richtete sein Hauptaugenmerk in der Semiotik auf die syntaktische Erforschung von Zeichenstrukturen. Er betrachtete sogar den Kalkül als einen Teil einer allumfassenden Zeichentheorie und als eine Veranschaulichung der Fruchtbarkeit der Semiotik. Seine Vorstellungen von einem universellen Zeichensystem (der *characteristica universalis*)

---

re umfaßt die Wolfsmilch, die zu der Familie der Asclepiadaceae gehört, eine Gruppe von Insekten, die Danaidae, und den Eichelhäher in einem komplexen und feinmaschigen semiotischen Ökosystem; vgl. Brower, Brower und Corvino, 1967.

7 Zu einer partiellen Skizze der Geschichte der Semiotik vgl. den Appendix (S. 363–391) in Morris, 1946 (1973). Eine umfassende Geschichte dieses Forschungsbereichs ist noch zu schreiben; vgl. jetzt dazu aber auch Jakobson, 1975.

8 Vgl. die nach Sextus Empiricus zusammengefaßte Darstellung von «Aenesidemus' Theory of Signs», die den Appendix C (S. 266–268) bei Ogden und Richards, 1938, bildet. Zu den Zeichentheorien der Stoiker und Epikuräer vgl. Stough, 1969: 102–104, 125–128.

9 Zu mittelalterlicher linguistischer Forschung vgl. Bursill-Hall, 1971.

sind in unterschiedlichen Zusammenhängen von symbolischen Logikern und anderen wie zum Beispiel Boole, Carnap, Frege, Gomperz, Husserl, Lambert, Peano, Russell, Tarski, Whitehead und vor allem Peirce[10] weiterentwickelt worden.

Die britischen Empiristen (Francis Bacon, Bentham, Berkeley, Hobbes, Hume und vor allem Locke) haben sich auf der anderen Seite in verschiedenen Zusammenhängen vorrangig mit der semantischen Dimension befaßt. Der stoische Terminus Semiotik wurde 1690 von John Locke in seinem «Essay Concerning Humane Understanding» in die englische philosophische Diskussion erneut eingebracht. Locke erklärte die «Lehre von den Zeichen» als denjenigen Bereich seiner dreiteiligen Untergliederung aller Wissenschaften, «dessen Aufgabe darin besteht, die Natur der Zeichen zu untersuchen, die der Geist verwendet, um sich die Dinge verständlich zu machen oder anderen sein Wissen mitzuteilen». Zur Kommunikation und Speicherung unserer Gedanken «sind Zeichen unserer Ideen . . . notwendig: Diejenigen Zeichen nun, die den Menschen am zweckdienlichsten erschienen und infolgedessen allgemein verwendet werden, sind *artikulierte Laute*. Deshalb bildet die Betrachtung der *Ideen* und *Wörter* als der hauptsächlichsten Hilfsmittel der Erkenntnis einen nicht zu unterschätzenden Teil der Erwägung dessen, der das menschliche Wissen in seinem gesamten Umfang überschauen will. Wenn wir sie gründlich abwägten und gehörig untersuchten, so würden sie uns vielleicht eine andere Art von Logik und Kritik liefern als die, die uns bisher bekannt ist» (Locke, 1690: Buch IV, Kap. XXI, § 4).

Die vorangehende Passage enthält nachhaltige Echos der einleitenden Paragraphen aus Antoine Arnaulds und Claude Lancelots «Grammaire générale et raisonnée», die erstmalig 1660 publiziert wurde. In einer dritten überarbeiteten Ausgabe, die 1676 erschien, hatten die Grammatiker von Port-Royal geschrieben: «Parler, est expliquer ses pensées par des signes, que les hommes ont inventez à ce dessein. On a trouvé que les plus commodes des ces signes, estoient les sons et les voix . . . on a inventé d'autres signes pour les rendre durables et visibles, qui sont les caractères de l'écriture . . . Ainsi l'on peut considerer deux choses dans ces signes. La première, ce qu'ils sont par leur nature, c'est à dire, en tant que sons et caractères. La seconde, leur signification: c'est à dire, la maniere dons les hommes s'en servent pour signifier leurs pensées» (Brekle, 1966: 5). Die

10 Zu Peirce vgl. unten; zu Husserl vgl. Ogden und Richards, 1938: 269–272, und Schaff, 1962: 162–173; zu Russell: Schaff, 1962: 273; zu Frege: Schaff, 1962: 273–274; zu Gomperz: Schaff, 1962: 274–277. Karl Söders Dissertation von 1964, «Beiträge J. H. Lamberts zur Formalen Logik und Semiotik» ist mir nur durch Albrecht, 1967: 68–69, 253, bekannt.

Relevanz und die Wichtigkeit dieser zentralen Forschungsstelle für die Geschichte der Semiotik – wobei nicht nur die Rede ist von der *Grammatik* von Port-Royal, sondern auch und gerade von Arnaulds und Pierre Nicoles *Logik* (1662) – werden erst jetzt langsam gewürdigt (vgl. Brekle, 1964; siehe dazu auch Fußn. 87 unten).

Der tatsächliche Begründer und erste systematische Erforscher der modernen Semiotik war jedoch der scharfsinnige amerikanische Philosoph Charles S. Peirce (1839–1914).[11] In der Überzeugung, daß zahlreiche Passagen aus Lockes *Essay* «die ersten Schritte grundsätzlicher Analysen darstellen, die allerdings noch nicht weiter ausgearbeitet sind» (2.649), übernahm Peirce von ihm den Terminus *Semiotik* samt seiner Definition als der «Lehre von den Zeichen» und widmete der Natur der Zeichen, das heißt «der Lehre von der wesenhaften Beschaffenheit und den grundlegenden Verschiedenartigkeiten einer möglichen Semiosis», ein «lebenslanges Studium». Er sah sich selbst als «einen Pionier oder eher noch einen Hinterwäldler bei der Arbeit an der Klärung und Begründung . . . der *Semiotik*», und er fügte hinzu: «Meiner Meinung nach ist das Forschungsgebiet für einen ersten Forscher in diesem Bereich zu umfangreich und die Arbeit zu groß. Ich bin deshalb dazu gezwungen, mich auf die wichtigsten Fragen zu beschränken» (5.488).

Peirce verknüpfte ausdrücklich Zeichenprozesse mit solchen Prozessen, die Vermittlung oder ‹Drittheit› einschließen, wie etwa in der folgenden Passage: «Es ist wichtig zu verstehen, was ich mit *Semiosis* meine. Alle dynamische Aktion oder Aktion roher Gewalt, physikalisch oder psychisch, findet entweder zwischen zwei Objekten statt . . . oder ist jedenfalls ein Resultat solcher Aktionen zwischen zwei Objekten. Mit ‹Semiosis› jedoch meine ich im Gegensatz dazu eine Aktion oder einen Einfluß, der aus einer Kooperation dreier *Objekte* besteht oder diese einschließt, wie zum Beispiel ein Zeichen, sein Objekt und sein Interpretant, wobei dieser tri-relative Einfluß auf keinerlei Weise in Aktionen zwischen je zwei Objekten aufgelöst werden kann . . . meine Definition verleiht allem, das sich so verhält, den Titel eines ‹Zeichens›» (Peirce, 5.484).

Aufgrund seines idealistischen Ansatzes, der Komplexität seiner Argumentation und vor allem aufgrund der Tatsache, daß seine Terminologie nicht konstant ist – «wobei Zweifel entstehen, ob er mit der Verände-

---

11 Zu der Peirceschen Semiotik in historischer Perspektive vgl. auch Morris, 1973: 365–369, sowie Ogden und Richards, 1938: 279–290, wo wichtige Auszüge aus seiner Korrespondenz mit Lady Welby wiedergegeben werden. Zu letzterer vgl. auch Lieb, 1953. Zu Peirces Rezension von Lady Welbys «What Is Meaning?» (1903) vgl. Peirce, 8.171–175.

rung seiner Termini auch seine Position verändert hat oder nicht» (Weiss und Burks, 1945) –, sind die Peirceschen Schriften in gewissen Hinsichten schwer zu verstehen. Diese Schwierigkeit hat den Anstoß für eine ständig anwachsende Flut exegetischer Sekundärliteratur gegeben.[12]

Im Bereich der Semiotik hat er grundsätzlich die Annahme vertreten, daß «das gesamte Universum ... mit Zeichen durchsetzt ist, wenn es nicht sogar ausschließlich aus Zeichen zusammengesetzt ist» (Peirce, 5.448 f), und daß jeder «Gedanke ... in seinem Wesen von der Art eines Zeichens ist» (5.594) oder daß zumindest das Denken niemals ohne die Anwesenheit irgendeines Gefühls, eines Bildes, einer Vorstellung oder irgendeiner anderen Repräsentation vorkommt, die als ein Zeichen fungiert.[13] Seiner Ansicht nach ist weiterhin «ein Gesetz seinem Wesen nach nichts anderes als eine allgemeine Formel oder ein Symbol» (5.107), und der Mensch selbst «ist der Gedanke», oder mit anderen Worten: Ein menschliches Wesen «ist selbst ein Zeichen» (5.314; 6.344). Ein Zeichen kann nur «in den Termini irgendeines anderen umfassenderen und rationalen Zeichens verstanden werden, wodurch die Totalität der Dinge und Überzeugungen zu einem fixierten und perfekten Ganzen vereint wird» (Weiss, 1940), und «schließlich, da das, was irgend etwas in Wirklichkeit ist, das ist, als was man es schließlich in dem idealen Zustand vollständiger Information erkennen wird, und somit die Realität auf der letztlichen Entscheidung der Gemeinschaft beruht, so ist der Gedanke eben das, was er ist, nur aufgrund der Tatsache, daß er sich an einen zukünftigen Gedanken wendet, der in seinem Wert als Gedanke mit ihm identisch ist, wenn er auch mehr entwickelt ist» (5.316).

Peirces endgültige Zeichenklassifikation (etwa 1906) in sechsundsechzig verschiedene Arten entwickelte sich langsam, aber stetig über ungefähr vierzig Jahre. Bereits im Jahre 1867 hatte er in seinem Aufsatz «On a New List of Categories» erstmalig seine heute berühmte grundlegende Triade formuliert, die sich – mit intermediären und hybriden Formen, die nachträglich bestimmt wurden (vgl. Wells, 1967, besonders 2 a) – als von außerordentlich großer Nützlichkeit für verschiedene moderne Untersuchungen menschlicher und tierischer Kommunikation erwiesen hat (zu anthroposemiotischen Anwendungen vgl. Jakobson, 1964, 1965, 1967; zu zoosemiotischen Anwendungen vgl. Sebeok, 1967 d). Peirce hatte ursprünglich festgestellt, daß es drei Zeichenarten (oder, wie er sie damals nannte, ‹Repräsentationen›) gäbe: (1) *Ähnlichkeiten* (ein Terminus, der bald zugunsten von *Ikone* aufgegeben wurde) oder «solche,

12 Vgl. u. a. die Auswahlbibliographie in Fitzgerald, 1966.

13 Peirce, 5.283: «Wenn wir denken ... erscheinen wir selbst, so wie wir in diesem Augenblick sind; als ein Zeichen.»

deren Relation zu ihren Objekten in einer bloßen Gemeinsamkeit irgendeiner Qualität besteht», das ist der Platonische Begriff, daß das Bezeichnende das Bezeichnete ‹nachahmt›; (2) *Indizes* oder «solche, deren Relation zu ihren Objekten in einer faktischen Korrespondenz besteht»; Beispiele dafür sind Hinweis, Ostension oder Deixis als eine Art der Bezeichnung, wie die Fußspur, die Crusoe im Sand entdeckte, «für ihn ein Index für irgendeine Kreatur war»; und (3) *Symbole* (die dasselbe sind wie *allgemeine Zeichen*) oder «solche, deren Relation zu ihren Objekten in einer zugeschriebenen Eigenschaft begründet ist», die er später ‹Gesetze›, Bedeutungskonventionen, Gewohnheiten oder natürliche Dispositionen ihres Interpretanten oder ihres Interpretantenfeldes[14] nannte.

Ungefähr dreieinhalb Jahrzehnte später übertrug er diese Trichotomie (B) in ein umfassenderes Schema,[15] das die Gruppen von Zeichenrelationen ergab, die in Abbildung 1 auf Seite 24 dargestellt sind.

Der Hinweis ist durchaus angebracht, daß mit der zunehmenden Ausarbeitung und Verfeinerung des Peirceschen Schemas[16] eine wachsende Herausforderung an seine Nachfolger einherging, Anwendungen auf spezielle semiotische Systeme, und vor allen Dingen auf die sprachlichen Muster, auszuprobieren. Eine besonders nützliche Unterscheidung seines Schemas bestand jedoch darin, daß ein und dasselbe Wort für verschiedene Arten der (A) Zeichen an sich eintreten kann:

---

14 Unter ‹Interpretant› hat Peirce die Reaktion des Interpreten auf das Zeichen verstanden, das heißt die Umwandlung des Zeichens in einen abgeleiteten nervlichen Kode. Zur Informationsverarbeitung im Nervensystem im allgemeinen vgl. die «Proceedings of the International Union of Physiological Sciences», Bd. 3 (siehe Bibliographie). Zu spezielleren Hinweisen auf die Mechanismen des Sprechens vgl. Brain, 1961; Luria, 1967, 1974.

15 Zu den drei Trichotomien, die zu zehn Zeichenklassen führen, sowie demjenigen, was Peirce ‹degenerierte› Zeichen nannte, vgl. Peirce, 2.233–273. Das wird auch diskutiert bei Bense, 1965, und weiter ausgearbeitet in seinem Buch von 1967.

16 In diesem Schema ist *Rhema* definiert als «ein Zeichen, das für seinen Interpretanten ein Zeichen einer qualitativen Möglichkeit ist, das heißt, das verstanden wird als Repräsentation einer so und so beschaffenen Art eines möglichen Objekts», das heißt in etwa ein *Terminus* oder eine propositionale Funktion; ein *Dicent* ist «ein Zeichen, das für seinen Interpretanten ein Zeichen einer tatsächlichen Existenz ist» oder in etwa eine *Proposition*; und ein *Argument* «ist ein Zeichen, das für seinen Interpretanten ein Zeichen eines Gesetzes ist». Vgl. Peirce, 2.250–252. Der englische Philologe J. P. Postgate hat in seiner Antrittsvorlesung über «The Science of Meaning» vergeblich versucht, *Rhema* als einen Fachausdruck in die Semantik einzuführen, die er später vorschlug, in *Rhematologie* umzubenennen; vgl. Bréal (1900: 329).

An sich ist ein Zeichen entweder von der Natur einer Erscheinung, dann nenne ich es ein *Quali-Zeichen*, oder zweitens ist es ein individuelles Objekt oder Ereignis, dann nenne ich es ein *Sin-Zeichen* . . ., oder drittens ist es von der Natur eines allgemeinen Typs, dann nenne ich es ein *Legi-Zeichen.* Da wir den Terminus ‹Wort› in den meisten Fällen verwenden, wenn wir sagen, daß ‹der› ein ‹Wort› ist und ‹ein› ein zweites ‹Wort›, dann ist ein ‹Wort› ein Legi-Zeichen. Aber wenn wir von einer Seite in einem Buch sagen, sie enthielte 250 ‹Wörter›, von denen zwanzig ‹der› sind, ist das ‹Wort› ein Sin-Zeichen. Ein Sin-Zeichen, das in dieser Weise ein Legi-Zeichen einschließt, nenne ich eine ‹Replica› des Legi-Zeichens. Der Unterschied zwischen einem Legi-Zeichen und einem Quali-Zeichen, die beide kein individuelles Ding sind, besteht darin, daß ein Legi-Zeichen eine definierte Identität besitzt, obwohl es gewöhnlich eine große Verschiedenheit von Erscheinungen zuläßt. Daher sind *&*, *und* sowie der Laut alle ein Wort. Das Quali-Zeichen besitzt andererseits keine Identität. Es ist die reine Qualität einer Erscheinung und ist während einer zweiten nicht genau dasselbe. Anstelle der Identität besitzt es *große Ähnlichkeit* und kann nicht sehr differieren, ohne dann ein anderes Quali-Zeichen genannt zu werden.[17]

Es ist wirklich sehr schwer, die Nützlichkeit abzuschätzen, zum Beispiel ein Demonstrativpronomen irgendeiner natürlichen Sprache der Kategorie eines rhematisch-indexikalischen Legi-Zeichens zuzuweisen, das «irgendein allgemeiner Typ oder ein Gesetz ist, das jedoch eingeführt wurde und das von jedem seiner Fälle verlangt, daß er von seinem Objekt tatsächlich in einer solchen Weise beeinflußt wird, daß es diesem Objekt gegenüber lediglich aufmerksam wird». Diese Formulierung ignoriert die offensichtliche Tatsache, daß jedes Demonstrativpronomen einen anderen Knotenpunkt in einem speziellen System sprachlicher Zeichen konstituiert (Benveniste, 1969). Wells nimmt darüber hinaus an, daß der Peircesche Begriff Symbol zwar originell, aber fruchtlos sei wegen der Art und Weise, wie er seinen Begriff des Geistes verallgemeinerte, der «dasjenige, was er über das Symbol sagt, durchdringt und infiziert».

---

17 Peirce in einem Brief aus dem Jahre 1904 an Lady Welby, der in Ogden und Richards, 1938: 282, zitiert wird; ebenso Peirce, 8.334. Einige der dort getroffenen Unterscheidungen wurden später in einem Aufsatz von 1906 mit dem Titel «Prolegomena to an Apology for Pragmaticism» (Peirce, 4.530–572) weiterentwickelt. Ein ‹Sin-Zeichen (2.245) ist vielleicht besser bekannt unter dem Namen *Token* (4.537) (das Peirce manchmal Acti-Zeichen nannte) im Unterschied zu *Typ* oder ‹Legi-Zeichen› (früher Fami-Zeichen; vgl. 8.363), vgl. dazu auch Abschnitt 3, unten. 1906 bestimmte Peirce (4.537) auch ein Legi-Zeichen, das er *Ton* nannte und das er als «eine unbestimmte signifikante Eigenschaft wie zum Beispiel der Klang einer Stimme» definierte und weder als ein Token noch als einen Typ betrachtete; man könnte das als die früheste explizite Berücksichtigung paraphonischer Merkmale als Teil der Semiotik betrachten.

Abbildung 1

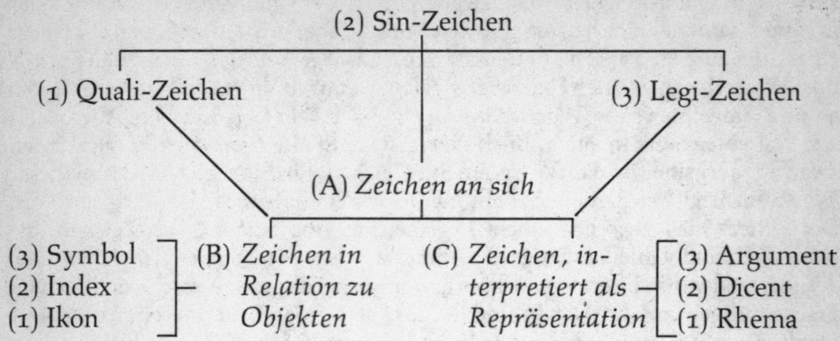

Die obigen dreifachen Trichotomien führen zu zehn Zeichenklassen, die von Peirce (in der Abbildung 2) zusammengestellt und illustriert wurden:

Abbildung 2

A–B–C	Name des Zeichens	Beispiel
1–1–1	Quali-Zeichen	Eine Empfindung von ‹rot›
2–1–1	Ikonisches Sin-Zeichen	Ein individuelles Diagramm
2–2–1	Rhematisch-indexikalisches Sin-Zeichen	Ein spontaner Schrei
2–2–2	Dicentisches Sin-Zeichen	Ein Wetterhahn
3–1–1	Ikonisches Legi-Zeichen	Ein Diagramm, abgesehen von seiner faktischen Individualität
3–2–1	Rhematisch-indexikalisches Legi-Zeichen	Ein Demonstrativpronomen
3–2–2	Dicentisch-indexikalisches Legi-Zeichen	Ein Schrei auf der Straße
3–3–1	Rhematisches Symbol (oder symbolisches Rhema)	Ein gewöhnliches Nomen
3–3–2	Dicentisches Symbol	Proposition
3–3–3	Argument	Syllogismus

Die zehn Zeichenklassen, von Weiss und Burks 1945 in tabellarischer Form zusammengestellt nach Peirce, 2.254–263.

Lediglich sein Index erscheint Wells (1967: 26) sowohl neu als auch fruchtbar.[18]

Auf der anderen Seite dürften solche beiläufigen tadelnden Bemerkungen nicht mit einer adäquaten Kritik der Peirceschen Arbeit im Bereich der Semiotik verwechselt werden. Wie späterhin ein anderer wichtiger Forscher im Bereich der Semiotik feststellte, machen Peirces «Zeichenklassifikation, seine Weigerung, tierische und menschliche Zeichenprozesse vollständig zu trennen, seine zahlreichen scharfsinnigen Bemerkungen zu linguistischen Kategorien, seine Anwendung der Semiotik auf logische und philosophische Probleme und der allgemeine Scharfsinn seiner Beobachtungen und Unterscheidungen seine Arbeit auf dem Gebiet der Semiotik zu einer Quelle von Anregungen, wie man sie nur selten in der Geschichte dieses Faches findet» (Morris, 1973: 369).

Da der größte Teil des hier in Frage stehenden Peirceschen Werkes, das kurz nach der Jahrhundertwende abgeschlossen war, postum veröffentlicht wurde, kann es seinem Zeitgenossen Ferdinand de Saussure (1857–1913), dem Schweizer Linguisten, kaum bekannt geworden sein, der ungefähr zur gleichen Zeit das Bedürfnis nach einer allgemeinen Zeichenwissenschaft erkannte, die er versuchsweise als Semiologie bezeichnete.[19] Er hielt sie für unerläßlich für die Interpretation der Sprache wie auch für alle anderen Zeichensysteme in ihrer Beziehung zur Sprache: «Da sie noch nicht existiert, kann man nicht sagen, was sie sein wird. Aber sie hat Anspruch darauf zu bestehen; ihre Stellung ist von vornherein bestimmt . . . Auf diese Weise wird man nicht nur das sprachliche Problem aufklären, sondern ich meine, daß mit der Betrachtung der Sitten und Bräuche usw. als Zeichen diese Dinge in neuer Beleuchtung sich zeigen werden, und man wird das Bedürfnis empfinden, sie in die Semiologie einzuordnen und durch die Gesetze dieser Wissenschaft zu erklären» (Saussure, 1931: 19, 21).

---

18 Der Begriff Ikon steht in Beziehung zu dem *platonischen* Prozeß der *Mimesis*, den Aristoteles (in der «Poetik», IV) so ausweitete, daß er nicht mehr als vorrangig visuelle Repräsentation erschien, sondern die gesamten kognitiven und epistemologischen Erfahrungen umfaßte. Zu semiotischen Implikationen dieser axiologischen Kategorie vgl. Morawski, 1970.

19 Der Begriff Semiotik und seine Bezeichnung *la sémiologie* finden sich erstmalig in einer Notiz, die Saussure im November 1894 anfertigte (vgl. Godel, 1957: 275). Prietos Bemerkung, daß Saussure «le premier à concevoir cette science» (1968: 93) gewesen zu sein scheint, ist natürlich völlig unzutreffend. Saussure wurde bereits dem Sinn nach, wenn nicht sogar in der Terminologie antizipiert von Rudolph Kleinpaul, der einige Jahre früher (1888) ein wohldurchdachtes und reich illustriertes 456 Seiten umfassendes Werk über nonverbale Kommunikation publizierte.

Saussures Originalität bestand in der Anerkennung der besonderen Wichtigkeit einer vergleichenden Analyse und Klassifikation der verschiedenen Zeichensysteme für die Linguistik, da nur eine derartige Gegenüberstellung dazu fähig ist herauszufinden, «welche Eigenschaften verbalen Zeichen und einigen oder allen anderen semiotischen Systemen gemeinsam sind und worin die kennzeichnenden Merkmale der Sprache bestehen» – kurz, das einzige, das uns dazu in die Lage versetzen kann, dasjenige, das in verschiedenen Kommunikationssystemen, und vor allem in der Sprache, notwendig ist, von dem zu unterscheiden, was kontingent ist (Jakobson, 1969: 78; vgl. S. 76f, unten). Die Aufgabe, die sich Saussure selbst stellte, war nicht darauf gerichtet zu entscheiden, ob die Linguistik mehr zur Psychologie oder mehr zur Soziologie tendierte, oder auch die genaue Stellung zim Rahmen bestehender Disziplinen zu markieren, sondern die Frage auf eine völlig neue Ebene zu heben und das Problem in einer neuen Terminologie darzustellen, wie es sich in folgendem Schlüsselzitat zeigt:

Die Sprache ist ein System von Zeichen, die Ideen ausdrücken, und insofern der Schrift, dem Taubstummenalphabet, symbolischen Riten, Höflichkeitsformen, militärischen Signalen usw. usw. vergleichbar. Nur ist sie das wichtigste dieser Systeme.

Man kann sich also *eine Wissenschaft, welche das Leben der Zeichen im Rahmen des sozialen Lebens untersucht,* vorstellen; diese würde einen Teil der Sozialpsychologie bilden und infolgedessen einen Teil der allgemeinen Psychologie; wir werden sie Semiologie (von griechisch *semeion,* ‹Zeichen›) nennen. Sie würde uns lehren, worin die Zeichen bestehen und welche Gesetze sie regieren . . . Die Sprachwissenschaft ist nur ein Teil dieser allgemeinen Wissenschaft, die Gesetze, welche die Semiologie entdecken wird, werden auf die Sprachwissenschaft anwendbar sein, und die letztere wird auf diese Weise zu einem ganz bestimmten Gebiet in der Gesamtheit der menschlichen Verhältnisse gehören.

Sache des Psychologen ist es, die genaue Stellung der Semiologie zu bestimmen;[20] Aufgabe des Sprachforschers ist es zu bestimmen, wodurch die Sprache ein besonderes System in der Gesamtheit der semiologischen Erscheinungen ist . . . Wenn wir zum ersten Male der Sprachwissenschaft einen bestimmten Platz unter den Wissenschaften zuweisen konnten, so war das nur möglich, weil wir sie der Semiologie zugerechnet haben (Saussure, 1931: 19).

---

20 Saussure bezieht sich hier auf Adrien Naville, «Nouvelle classification des sciences» (1901: 104), der diese frühe Version der Ansichten seines Genfer Kollegen zu dieser Frage festhielt: Saussure insistiert auf der Wichtigkeit «d'une science très générale qu'il appelle *sémiologie,* et dont l'objet serait les lois de la création et de la transformation des signes et de leur sens. La sémiologie est une partie essentielle de la sociologie. Comme le plus important des systèmes de signes c'est le langage conventionnel des hommes, la science sémiologique la plus avancée c'est la *linguistique* ou science de lois de la vie du langage.» Vgl. Godel, 1957: 181.

Im Unterschied zu Peirce – der im Gefolge der gesamten Tradition der philosophischen Zeichenanalyse stand – stellte für Saussure die Sprache den Ausgangspunkt und Interessenschwerpunkt dar; für ihn war der Zeichenbegriff vorrangig eine sprachliche Tatsache, der sich in gewisser Hinsicht so erstreckte, daß er andere Prozesse des menschlichen – speziell des sozialen – Signalverhaltens einschloß. Wie schon für Locke vor ihm und für viele andere Wissenschaftler nach ihm – wie zum Beispiel für Bloomfield, der feststellte, daß «die Linguistik den wichtigsten Beitrag zur Semiotik erbringt» (1939: 55), oder für Weinreich, der die natürliche menschliche Sprache «das semiotische Phänomen par excellence» (1968: 164) nannte – nahm für Saussure die Sprache eine bevorzugte Stellung innerhalb aller semiotischen Systeme ein. Ein zeitgenössischer Kritiker, Roland Barthes, der einen Schritt weitergeht, erachtet es für notwendig, «die Möglichkeit ins Auge zu fassen, Saussures Aussage umzukehren: Die Semiologie ist kein Teil der allgemeinen Zeichenwissenschaft und auch nicht ein privilegierter Teil, sondern vielmehr stellt die Semiologie einen Teil der Linguistik dar. Genaugenommen handelt es sich um denjenigen Teil, der die *großen Bedeutungseinheiten* des Textes umfaßt.» Barthes (1968: 11) fügt hinzu: «Wir dürfen erwarten, durch diese Umkehrung die Einheit der Forschung im Bereich der Anthropologie, Soziologie, Psychoanalyse und Stilistik, die sich an dem Bedeutungsbegriff orientiert, ans Tageslicht zu befördern.»[21] Die Gültigkeit dieser enthusiastischen Umkehrung der semiotischen Hierarchie läßt sich – wenn überhaupt – nur ins Auge fassen, wenn die Zoosemiotik – das Signalverhalten aller sprachlosen Wesen – aus der Überlegung ausgeschlossen wird; wir weisen sie deshalb ohne weitere Diskussion zurück, da sie nicht in den Rahmen des vorliegenden Artikels paßt.

Was ist das eigentliche Wesen der Beziehung der Sprache zu den anderen menschlichen semiotischen Systemen? Es scheint so, daß für Saussure die Antwort auf diese Frage in seinem wohlbekannten Konzept des ‹arbiträren› Charakters des sprachlichen Zeichens begründet ist.

---

21 Genette erklärt diese Umkehrung der Saussureschen Formel in seinem Aufsatz von 1969. Zur Semiotik als einer Einheitswissenschaft vgl. auch Morris, 1946: 223–227, wo diese Vorstellung in zweierlei Hinsicht auftritt: Einerseits wird gesagt, die Semiotik stelle eine umfassende Sprache bereit, in der über Zeichenphänomene gesprochen werden könne, anstatt sie isoliert voneinander zu betrachten; andererseits soll sie ein Instrument liefern, um die Relationen zwischen allen speziellen wissenschaftlichen Sprachen zu analysieren; vgl. auch Hjelmslev, 1953. Zu der Einheitswissenschaft-Bewegung, der damit verbundenen *International Encyclopedia* und dem Institut vgl. Feigl, 1969; zu einigen Aspekten der Rolle, die Morris in diesem Zusammenhang eingenommem hat, vgl. Feigl, 1969: 647-648; 656–657, 659–660.

Generell stellt er fest, daß sich die Semiotik primär auf «die Gesamtheit der Systeme konzentriert, die auf der Arbitrarität des Zeichens beruhen»; als direkte Konsequenz daraus resultiert die Vorrangstellung der Sprache: «Man könnte . . . sagen, daß völlig beliebige Zeichen besser als andere das Ideal des semiologischen Verfahrens verwirklichen; deshalb ist auch die Sprache das reichhaltigste und verbreitetste Ausdruckssystem, zugleich das charakteristischste von allen; in diesem Sinn kann die Sprachwissenschaft Musterbeispiel und Hauptvertreter der ganzen Semiologie werden, obwohl die Sprache nur ein System unter anderen ist» (Saussure, 1931: 80). Während Saussure also deutlich auf der Vorstellung bestand, daß die Linguistik eine notwendige Beziehung zur Semiotik unterhält – wobei es sich darüber hinaus um eine Beziehung handelt, in der die Semiotik übergeordnet ist –, hat er versäumt, ihre genaue Eigenschaft jenseits der Feststellung des Prinzips der «Arbitrarität des Zeichens» zu definieren, das er für ein durchgehendes Merkmal aller Ausdruckssysteme, und speziell der Sprache, hielt. Zusammenfassend läßt sich für Saussure feststellen, daß die Semiotik für ihn eine programmatische Wissenschaft blieb und daß ihre hervorstechenden Merkmale diejenigen waren, die er mit seinem linguistischen Modell (*le patron général*) identifizierte.

Mehrere Jahrzehnte lang nach der Epoche von Peirce und Saussure wurde die weitere Entwicklung der Zeichenwissenschaft durch die gemeinsame und individuelle Arbeit von C. K. Ogden und I. A. Richards angeregt, die unter dem direkten Einfluß von Jeremy Bentham standen. Sie haben in ihrem Buch «The Meaning of Meaning» (1938)[22] vorgeschlagen, die Bedeutung von Zeichen, wie sie in wissenschaftlichen Texten vorkommen (referentielle oder ‹symbolische› Termini), von solchen zu unterscheiden, die für nichtwissenschaftliche Texte charakteristisch sind (emotive oder expressive Termini); diese Unterscheidung hat sich bei der Betrachtung semiotischer Probleme in Beziehung zu der Ästhetik im allgemeinen und der Literatur- und der übrigen Kunsttheorie im besonderen als fruchtbar erwiesen. Sie haben auch die sogenannte

22 Dieses Buch – das in wesentlichen Teilen in den Jahren von 1920–1922 zuerst in Zeitschriftenform erschien – erlebte zahlreiche Auflagen (1. Aufl. 1923, 5. Aufl. 1938), die ständig überarbeitet wurden. Die Verweise beziehen sich durchgängig auf die 5. Auflage von 1938. Ergänzungen umfaßten Malinowskis einflußreichen Beitrag über «The Problem of Meaning in Primitive Languages» (1923) und den interessanten, jedoch bislang vernachlässigten Aufsatz von Crookshank über «The Importance of a Theory of Signs and a Critique of Language in the Study of Medicine» (1923). Eine kurze Darstellung der Ansichten von Ogden und Richards über die Bedeutungsarten findet sich bei Morris, 1946: 69–72.

Kontexttheorie der Bedeutung eingeführt (zu einer kritischen Rezension vgl. Hotopf, 1965: 253–264), die den geistigen Prozeß in den Zusammenhang der Definition des Zeichens stellte. Das geschah (einer späteren Formulierung von Richards zufolge) in folgender Weise: «Ein Zeichen . . . wirkt dadurch, daß es zu einer gewissen Art von interpretativem Kontext im Geist gehört – sagen wir *abcq*. Wenn *abc* . . . ohne *q* erneut auftritt – und darin besteht der Vorteil und die außerordentlich wichtige Eigenschaft derartiger interpretativer Kontexte –, dann wird die Wirkung in gewissen Hinsichten so sein, als wäre *q* ebenfalls erneut aufgetreten. Und dann ist *q* dasjenige, für das *a* das Zeichen ist, was es bezeichnet oder repräsentiert» (Richards, 1933); mit anderen Worten, wann immer ein Objekt, das zusammen mit einem anderen erfahren wird, uns dazu veranlaßt, an dieses andere zu denken, dann fungiert es als ein Zeichen des anderen, und man sagt von diesen Objekten, daß sie einen Kontext bilden. Richards' spätere Bemerkung, daß «Bedeutung *übertragene Wirksamkeit* ist» (1936: 32), bewegt sich stärker in eine behavioristische Richtung, aber eine detaillierte Darstellung, wie das Zeichen diese übertragene Wirksamkeit ausübt, blieb dem nächsten wichtigen semiotischen Forscher, Charles Morris, überlassen. Richards selbst hatte 1936 (S. 34) zusammenfassend bemerkt, daß «niemand weiß», wie Zeichen wirken. Nebenbei sollte auch festgehalten werden, daß die gemeinsame Arbeit von Ogden und Richards und, nach dem Tod (1957) seines älteren Partners, besonders die spätere Arbeit von Richards «vorrangig in den Bereich des pädagogischen Interesses an der Semiotik» (Morris, 1964: 296) fiel.

Morris hat sich in einer Reihe von Aufsätzen und Büchern ständig darum bemüht, die Grundlagen einer umfassenden und fruchtbaren Zeichenwissenschaft zu legen.[23] Sein äußerst prägnanter und in der Form klarer Entwurf von 1938 (1972), «Grundlage der Zeichentheorie», wird einer der Klassiker dieser Disziplin bleiben. In dieser Monographie führte er seine «sehr brauchbare und nützliche Trichotomie» ein, die «auf Peirce zurückgeht» (Wells, 1967: 3), nämlich die Einteilung der Semiotik in Syntaktik, Semantik und Pragmatik.[24] Falls eine Bezeichnung vorliegt,

---

23 Zu einer vollständigen Liste der relevanten Publikationen von Morris vgl. Morris, 1964: 92–93. Zu Morris und seinen Arbeiten vgl. Rossi-Landi, 1953, 1975. (Die Morrisschen Schriften zur allgemeinen Zeichentheorie erschienen 1971 als *Approaches to Semiotics* 16 [Den Haag: Mouton]).

24 Dieser Aspekt der Semiotik wurde von Greenberg (1964) sehr erhellend auf die vielfältigen Relationen zwischen Ethnologie und Linguistik angewendet. Weinreich (1968: 169) vertrat andererseits die Auffassung, daß sich «herausstellte, daß (diese Dreiteilung) im Zusammenhang natürlicher Zeichenphänomene geringen Nutzen hat».

dann gibt es (a) ein Zeichen, das (b) eine Bedeutung oder ein Objekt hat und das (c) diese Bedeutung oder dieses Objekt für einen Zeicheninterpreten besitzt. Demzufolge definiert er die Syntaktik als «denjenigen Teilbereich der Semiotik, der die Art und Weise untersucht, in der Zeichen verschiedener Klassen kombiniert werden, um ein zusammengesetztes Zeichen zu bilden», das heißt, die Syntaktik behandelt Zeichen unter Ausschluß ihrer Objekte und ihrer Benutzer. Als nächstes definiert er die Semantik als «denjenigen Teilbereich der Semiotik, der die Bezeichnung der Zeichen untersucht», das heißt, die Semantik bezieht Zeichen und Objekte in ihre Betrachtung ein, nicht jedoch die Interpreten. Schließlich definiert er die Pragmatik als «denjenigen Teilbereich der Semiotik, der den Ursprung, die Verwendungsweisen und die Wirkungen von Zeichen untersucht», das heißt, die Pragmatik behandelt alle drei Faktoren.[25] Logiker vertreten gewöhnlich die Auffassung, daß die pragmatische Relation die semantische und die syntaktische voraussetzt und daß die semantische die syntaktische voraussetzt, daß aber auf der anderen Seite «die syntaktische Relation nicht die semantische und die pragmatische voraussetzt» und daß «die semantische Relation ohne Bezug auf die pragmatische untersucht werden kann» (z. B. Bocheński, 1968: 33). Bei der Sprachentwicklung des Kindes beispielsweise impliziert der semantische Aspekt immer den syntaktischen, während diese Hierarchie im Falle des weiblichen Schimpansen Washoe genau umgekehrt zu sein scheint, dem man beigebracht hat, mit Hilfe von Gesten zu kommunizieren, die auf der gewöhnlichen amerikanischen Zeichensprache für Taube basieren (Gardner und Gardner, 1969). Mit anderen Worten, die eidetische Bedeutung eines Zeichens impliziert für den Menschen unbedingt eine operationale Bedeutung, was aber nicht mit Notwendigkeit für das Tier gilt; David McNeil hat die Sachlage sehr zutreffend zusammengefaßt: «Ein Kind wird selbst dann an der Grammatik festhalten, wenn es schieren Unsinn spricht, wohingegen ein Schimpanse selbst dann die Grammatik ausschließt, wenn er eine perfekte Bedeutung übermittelt» (in Pfeiffer, 1969: 399; vgl. Bronowski und Bellugi, 1970, sowie Brown, 1970).

Eine andere Trichotomie, die von Morris eingeführt wurde und die die frühere überlagert (vgl. Sellars, 1950), unterscheidet zwischen reiner, beschreibender und angewandter Semiotik. Von der reinen Semiotik heißt es, daß sie «eine Sprache entwickelt, um über Zeichen zu sprechen», wobei Morris' eigenes Buch als ein hervorragendes Beispiel dieses

25 Zu Definitionen der anderen von Morris verwendeten Termini vgl. das Glossar (S. 415–425) am Ende seines Buches «Zeichen, Sprache und Verhalten» (1946; 1973).

Genres betrachtet werden könnte. Die beschreibende Semiotik erforscht reale Zeichen; in diesem Sinne ist fast die gesamte Zoosemiotik beschreibend. Die angewandte Semiotik «verwendet Erkenntnisse über Zeichen zur Erreichung unterschiedlicher Absichten».

Es hat sich herausgestellt, daß diese Unterscheidungen nicht nur auf Zeichenprozesse auf der Ebene menschlichen Verhaltens außerordentlich gut anwendbar sind, sondern auch auf diejenigen, die bei den sprachlosen Tieren stattfinden. Die Möglichkeit einer solchen Ausweitung der Semiotik wurde von Morris selbst (1946; 1973: 133–137, 71) ausdrücklich ins Auge gefaßt, wenn auch nicht entwickelt. Dieser Versuch wurde wesentlich später von den Zoologen Peter Marler (1961) und W. John Smith (1968) unternommen (wenn er auch von Yerkes und Nissen 1939 antizipiert wurde), und auch ich selbst habe mich in einem grundsätzlich größeren Kontext in einer Reihe von Arbeiten (z. B. Sebeok, 1972) mit dieser Problematik befaßt. Marler vertrat die Auffassung, daß die Anwendung der Syntaktik auf die Tierkommunikation ungewöhnlich klar, daß die Semantik in diesem Zusammenhang von zweifelhaftem Wert sei; er interessierte sich jedoch primär für die Tierpragmatik, zu deren Entwicklung (auch wenn seine Bemühungen in gewissen Hinsichten von J. B. S. Haldane antizipiert wurden) er mit Hilfe einer weiteren Gruppe von Unterscheidungen beitrug, die Morris vorgenommen hatte, nämlich derjenigen in Identifikatoren (die eine Position in Raum oder Zeit bezeichnen), Designatoren (die Charakteristika oder Reizeigenschaften von Reizobjekten bezeichnen), Appraisoren (die etwas so bezeichnen, als hätte es einen Vorzugsstatus für das Verhalten) und Präskriptoren (die das Erfordernis gewisser Reaktionsfolgen bezeichnen). Diese (nicht erschöpfenden) Zeichenklassen, die das Verhalten ihrer Interpreten auf unterschiedliche Weise beeinflussen, wurden dann von Marler (1956) bei einer Analyse der vokalen Kommunikation des Buchfinken angewandt: «Das Wesentliche bestand darin, daß (Marler) bei gegebener Kenntnis der Reaktion anderer Tiere auf das Signal und der übrigen Umstände, unter denen die gleiche Reaktion erfolgt, auf die Art der ‹Botschaft› schließen (konnte), die mit Hilfe des Signals übermittelt wurde.»

Morris stand in engem Kontakt zu zweien seiner linguistischen Kollegen von der Universität Chicago: Manuel J. Andrade und Leonard Bloomfield. Seine Grundannahme zu der Relation zwischen Semiotik und Linguistik lautete, daß die erstere die Metasprache für letztere bereitstellt «und daß die Terminologie der Linguistik von Linguisten auf der Grundlage der semiotischen Terminologie zu definieren ist» (Morris, 1946; 1973: 329). 1946 (1973) hatte er ebenfalls den sehr allgemeinen Begriff *Lanzeichen-System* (ebd., 114 ff) eingeführt, der in etwa dem Terminus Sprache entspricht, jedoch ebenfalls anwendbar ist auf solche Stellvertreter der Sprache wie die Schrift, mehr oder minder formalisierte Transformationen wie zum Beispiel die symbolische Logik und die Mathematik, und «vielleicht auf die Künste» (1964; 1975: 69). 1964 beobachtete er, daß sich die Forschungsarbeit der Linguistik bislang auf das syntaktische Studium gewisser Lanzeichen-Systeme (nämlich der natürlichen Sprachen) konzentriert hatte, während er jetzt bemerkte – zutreffend, wie es sich herausstellen sollte –, daß sich eine wachsende Bewegung abzeichnete, die die Erforschung der Sprache auch auf ihre semantischen und pragmatischen Aspekte ausdehnte; er sah darin eine deutliche Parallele zu der Entwicklung der Logik in diesem Jahrhundert. Ebenso betonte er erneut, daß die Linguistik einen Teilbereich der Semiotik darstellt, wobei er sich zur Unterstützung dieser Hierarchisierung neben Bloomfield auf die Autoritäten Saussure, Hjelmslev und Greenberg berief.

Über seine weiter oben bereits erwähnte Monographie hinaus führte Morris das Peircesche Diktum fort, daß wir zur Bestimmung der Bedeutung irgendeines Zeichens «lediglich zu bestimmen brauchen, zu welchen Gewohnheiten es führt». Demgemäß entstand sein Buch «Zeichen, Sprache und Verhalten» mit dem Interesse, Zeichen hinsichtlich der Verhaltensdispositionen zu beschreiben und zu unterscheiden, die sie bei ihren Interpreten hervorrufen. Mit anderen Worten, die Semiotik wurde hier an eine spezielle Verhaltenstheorie gebunden – wenn sie auch die Resultate logischer Forschungen, speziell diejenigen Rudolf Carnaps, berücksichtigt –, die die Reaktion auf den Reiz in den Vordergrund stellt, während die Reizsituation außer acht bleibt: Der Ausgangspunkt der Morrisschen Arbeit scheint hier bei «einer Analyse des indexikalischen Zeichens gelegen zu haben, das im Gegensatz zu konventionellen Symbolen steht. Die Modifikation besteht in diesem Fall darin, daß eine genau bezeichnete Reaktion auf eine Äußerung nicht mehr als Bedeutung dieser Äußerung betrachtet wird; sie wird in dieser Rolle durch die Art der Reaktion ersetzt, das heißt eine regelmäßige und potentielle Reaktion. Bei dieser Theorie handelt es sich sozusagen um einen behavioristischen, externen Aspekt des Assoziationismus: Die Assoziation von Gedanken und/oder Vorstellungen wird durch eine Beziehung zwischen Handlungen oder Verhaltensweisen ersetzt» (Pelc, 1969).

Morris zielt in seiner letzten Publikation «Bezeichnung und Bedeutung» unter Beibehaltung seiner spezifischen Sichtweise der behavioristischen Psychologie auf eine Synthese von Semiotik und Axiologie, die Werttheorie. Sie erforscht die Relation von Zeichen und Werten und schätzt ihre Stellung in der menschlichen Tätigkeit ein.

An dieser Stelle muß ich meine völlige Übereinstimmung mit der Beurteilung zugeben, die der verstorbene Uriel Weinreich (1968: 166) vorgenommen hat, daß nämlich «die Reduktion von Zeichenphänomenen auf irgendeine allgemeinere Art von Verhaltensphänomenen weder in der Theorie noch in der Forschungspraxis einen erkennbaren Fortschritt hinterlassen hat. Eine Zeichenart ist nicht immer – vielleicht sogar nur gelegentlich – mit einer Klasse spezifischer Reize oder offensichtlicher Reaktionen verbunden.» Falls sich diese Bemerkung in gewisser Hinsicht auf die Morrisschen Bemühungen beziehen läßt, Semiotik und Behaviorismus zu verbinden, dann gilt diese Kritik *a fortiori* für die Bemühung von Experimentalpsychologen, die Bedeutung individueller Zeichen durch die Einstellung zu spezifizieren, die ihnen gegenüber eingenommen wird, durch die Emotionen, die von ihnen veranlaßt werden, durch die subjektiven Konnotationen der Stärke oder Schwäche, Wärme oder Kälte, Freundlichkeit oder Unfreundlichkeit, die sie produzieren, oder durch weitere Zeichen, die von ihnen automatisch hervorgerufen werden, indem sie solche Techniken wie ein semantisches Differential oder einen freien Assoziationstest anwenden, von denen ersterer ausführlich durch Weinreich besprochen worden ist.[26]

In den Jahrzehnten nach dem Erscheinen von Saussures «Cours de linguistique générale» waren die Linguisten zu sehr mit internen Problemen ihrer Disziplin beschäftigt – vor allem diejenigen, die sich an der Entwicklung des Strukturalismus beteiligten –, als daß sie mehr als eine oberflächliche Beachtung für die Semiotik übrig gehabt hätten, obwohl einige linguistisch orientierte Forscher, die in benachbarten Disziplinen arbeiteten und sich mit Grundlagenproblemen befaßten, fruchtbare Forschungsbeiträge in anderen als den sprachlichen Zeichensystemen erbrachten (z. B. einem System der Kleidung, bestimmten der sprachlichen Künste usw.; ich werde auf einige von ihnen im 3. Abschnitt zurückkommen), die mehr oder minder von allgemeinen Prinzipien der semiotischen Analyse inspiriert waren.

Eine der seltenen Ausnahmen bildete der belgische Linguist Eric Buyssens, der einen ernsthaften, originellen und ziemlich umfassenden Versuch (1943) unternahm, «le vœu de Saussure» zu realisieren, das heißt Sprachen mit anderen (menschlichen) Zeichensystemen zu konfrontieren.[27] Buyssens führte den Terminus *Sem* ein, den er definierte als «tout

---

26 Vgl. Osgood, Suci und Tannenbaum, 1957, sowie Weinreichs Rezension, 1958; vgl. dazu auch Snider und Osgood, 1969. Zum Behaviorismus und der Semiotik im allgemeinen vgl. auch Wells, 1967, besonders II.

27 Ob er dabei erfolgreich war, wurde von Vertretern der Genfer Schule in Abrede gestellt, z. B. Frei, 1963. Vgl. dazu auch Buyssens, 1967, dessen erster Teil aus einer in gewisser Hinsicht modifizierten und vermehrten Ausgabe von Buyssens, 1943, besteht; in derselben Tradition Pohl, 1968, besonders der erste Band, «Le symbole, clef d'humain».

procédé idéal dont la réalisation concrète permet la communication», wobei das Adjektiv *semisch* lautet und der Ausdruck *semischer Akt* jede konkrete Verkörperung eines Sems bedeutet: Seme – nicht Zeichen,[28] die Buyssens zufolge nicht rein darstellbar sind und sich lediglich als eine semische Funktion definieren lassen – werden demnach durch ein doppeltes Kriterium klassifiziert: gemäß der daran beteiligten sinnlichen Modalität, wie zum Beispiel der auditiven, visuellen usw., oder verschiedenen Modalitäten (da Seme so wie das Etikettensystem Worte, Gesten, Parfüms, Dekors kombinieren können); und gemäß ihrer Ätiologie, die von der Art der Relation zwischen der Form und der Bedeutung eines gegebenen Sems abhängt. Sie kann entweder *intrinsisch* sein, «existant antérieurement entre deux faits», was ich als ikonisch und/oder indexikalisch begreife, oder *extrinsisch*, wo die Relation «uniquement en vue de la communication» besteht, oder ‹arbiträr› im Saussureschen Sinne ist. Einige Seme können auch einen gemischten Charakter besitzen.

Zu den intrinsischen Semen zählt Buyssens die folgenden:

l'art, la publicité imagée, certains symboles, certains gestes, les histoires sans paroles, les dessins qui à l'envers de certains postes récepteurs de radio indiquent l'endroit où il faut relier l'antenne, la prise en terre, le pick-up ou le réseau; les dessins qui, sur les machines-outils destinées à l'exportation, indiquent la fonction des manettes, pédales, leviers, boutons, interrupteurs; les enseignes parlantes; les dessins qui, par exemple, sur le ferry-boat, *Londres-Istamboul,* indiquent à l'entrée de chaque salle sa destination: un serveur pour le restaurant, une dame sur un tabouret pour le bar, etc.

Zu den extrinsischen Semen zählt er:

le discours et ses transcriptions . . .; les signalisations routière, ferroviaire et maritime; les sonneries de clairon, de trompette ou de cor; les batteries de tambour; les signaux auditifs par sifflet, sirène, cloche, gong, canon; les signaux optiques par fusées, lampes, phares, bouées, fumées; les symboles des mathématiciens, physiciens, chimistes, logiciens; les notations commerciale, musicale et prosodique; les modèles de quantité de documents officiels (billets de banque, pièces d'identité, affiches, etc.); les taches de couleurs par les quelles on marque dans les campagnes les itinéraires touristique; la croix rouge sur fond blanc des services sanitaires; le coup de sonnette du visiteur; la sonnerie de télé phone et son signal ‹occupé›, etc. etc. (Buyssens, 1943: 46).

Eine Mischung intrinsischer und extrinsischer Seme findet sich unter

28 Vgl. dagegen Prieto, 1968: 125: «le terme ‹signe› . . . est sans doute synonyme de ‹sème›.» Nichtsdestoweniger hält er ‹Zeichen› für einen mehrdeutigen Begriff und plädiert mit Buyssens dafür, an seiner Stelle den Terminus ‹Sem› zu verwenden. Zu Saussures Konzeption des *Sems* vgl. Engler, 1968: 44.

anderen Strukturen in der Etikette sowie in Landkarten, Blaupausen und so weiter.

Zusammenfassend behauptet Buyssens, er habe nachgewiesen, daß es im Prinzip *(de nature)* überhaupt keinen Unterschied zwischen (natürlichen) Sprachen und anderen *Semien* gibt, das heißt Gruppen von Semen, die sich voneinander durch normale und signifikante Unterschiede abheben; für ihn ist die Überlegenheit der gesprochenen Sprache lediglich eine quantitative Angelegenheit.

Das wohlbegründete, angemessen illustrierte, wenn auch in gewisser Hinsicht wunderliche Buch von Buyssens ist von anderen Linguisten im wesentlichen ignoriert worden, was möglicherweise daran liegt, daß es während des Zweiten Weltkrieges erschien; nichtsdestoweniger zahlt sich seine sorgfältige Lektüre aus. Trotzdem ist es kurios genug, wenn Buyssens selbst etwa dreizehn Jahre später (1956) bei der Beschreibung des aus 460 Gesten bestehenden Systems, das von den Mitgliedern eines religiösen Zisterzienserordens benutzt wird, seinen gesamten theoretischen Apparat aufgab und es im hergebrachten Sinne als ein Zeichensystem behandelte.[29]

Bis auf den heutigen Tag findet sich jedoch die deutlichste und formalisierteste Darstellung des Saussureschen Erbes in der glossematischen Theorie, wie sie in den Arbeiten der beiden dänischen Linguisten Louis Hjelmslev (1953) und H. J. Uldall enthalten ist, in der semiotische Begriffe eine führende Rolle spielten und alle möglichen Verzweigungen aufweisen (die hier nicht weiter diskutiert werden). Die glossematische Theorie basiert auf der grundsätzlichen Annahme, daß die Eigenschaften aller semiotischen Systeme – die durch einen gemäßigt komplexen algebraischen Apparat erklärt werden – auf einer kleinen Gruppe von Grundelementen beruhen, zu denen beispielsweise zählen: Klasse und Komponente, Funktion, notwendiges und nichtnotwendiges Funktiv, Sowohl-als-auch- und Entweder-oder-Funktionen und die empirische Annahme zweier ungleichförmiger Ebenen – Inhalt und Ausdruck –, die beide aus zwei ungleichförmigen Hierarchien bestehen, der Form und der Substanz (vgl. dazu auch Mulder und Hervey, 1972, sowie Parkinson, 1975).

Auf ihrer letzten Ebene wurde die Algebra der Funktionen, die sowohl von Hjelmslev als auch von Uldall vorgeschlagen wurde, als ein höchst allgemeiner und einheitlicher Rahmen für die Beschreibung des menschlichen Verhaltens betrachtet. Eli Fischer-Jørgensen (1967) hat in ihrer

---

29 Vgl. Clelia Hutts neuere Arbeit über die Trappisten (1968). Teilweise in der Tradition von Buyssens, dem er die Beobachtung verdankt, «qu'il existe des procédés de signalisation a-systématiques», stehen verschiedene Artikel von Mounin, vgl. z. B. 1959.

Einleitung zur zweiten Auflage von Uldall (1957) die Unterschiedlichkeiten in Hjelmslevs und Uldalls Konzepten vom Geltungsbereich der Glossematik hervorgehoben. Sie weist darauf hin, daß für Uldall die Glossematik «eine formale Theorie (darstellte), die nicht durch irgendein spezifisches Material definiert wird, sondern ausdrücklich so angelegt ist, daß sie auf die gesamte menschliche Aktivität angewandt werden kann», während die glossematische Theorie für Hjelmslev eine linguistische Theorie war, «die implizit ebenfalls als ein Modell anderer geisteswissenschaftlicher Disziplinen dienen könnte» (1967: X–XI). Auf den ersten Blick läßt all das an Noam Chomskys skeptische Haltung gegenüber einer solchen Universalität denken; ist es jedoch lohnenswert, sich auf eine Abstraktionsebene zu begeben, auf der «viele andere Dinge unter denselben Verallgemeinerungen versammelt sind, von denen niemand erwartet hätte, daß sie mit der Sprache fortdauern oder für die Mechanismen der Sprache von besonderer Relevanz sind?» (Chomsky, 1967: 73). Es handelt sich tatsächlich um eine der zentralen Fragen der Semiotik, ob solche Verallgemeinerungen, wie sie von den Glossematikern dargestellt werden (und sich erneut finden in Arbeiten wie denjenigen von Barthes, z. B. 1968), lediglich eine methodologische Einstellung ausdrücken, die bestenfalls einen einheitlichen Bezugsrahmen für einige oder alle Verhaltenswissenschaften liefert, oder ob sie echte empirische Einsichten enthalten. Die Glossematiker würden vermutlich anführen, daß eine systematische Konfrontation der Sprache mit anderen – sowohl mehr als auch minder komplexen – semiotischen Systemen Besonderheiten der sprachlichen Struktur offenlegen würde, daß eine derartige Untersuchung einen einheitlichen Bezugsrahmen voraussetzte und daß sich die Frage daraufhin zuspitzt, welche Sorgfalt man bei der Wahl einer gemeinsamen Perspektive walten läßt, so daß «sich diese Wissenschaften um ein sprachlich definiertes Problemfeld gruppieren» (Hjelmslev, 1953: 69).

Der glossematischen Konzeption zufolge sind natürliche Sprachen unterscheidbar und werden von Nichtsprache aufgrund folgender spezifischer Eigenschaften unterschieden. Sie gehören zur Klasse derjenigen semiotischen Systeme, die zwei Ebenen mit einer divergierenden Form aufweisen; weiterhin kann der Inhalt von Sprachen durch alle möglichen Inhaltssubstanzen manifestiert werden, oder, mit anderen Worten, eine Sprache ist dasjenige semiotische System, das in der Lage ist, all das auszudrücken, was überhaupt ausdrückbar ist. Demgemäß sagt Hjelmslev:

In der Praxis ist eine Alltagssprache eine Sprache, in die sich alle anderen Sprachen übersetzen lassen, sowohl alle anderen Alltagssprachen als auch alle anderen denkbaren Sprachstrukturen; diese Übersetzbarkeit beruht darauf, daß die Alltagssprachen, und nur sie, in der Lage sind, einen beliebigen Sinn zu formen; in einer Alltagssprache, und nur in einer Alltagssprache kann man «arbeiten mit dem Unaussagbaren, bis es ausgesagt ist» (Kierkegaard). Diese Eigenschaft ist es, die überhaupt die Alltagssprache als Alltagssprache brauchbar macht, dazu geeignet, jeder beliebigen Situation zu genügen . . . Es besteht kein Zweifel, daß sie auf einer Struktureigentümlichkeit beruht, die sicherer erhellt werden könnte, wenn wir mehr über die spezifische Struktur der Nicht-Alltagssprachen wüßten. Es liegt nahe anzunehmen, daß der Grund in der unbegrenzten Möglichkeit zur Zeichenbildung liegt und in den sehr freien Regeln für die Bildung von Einheiten von großer Ausdehnung (Perioden und dergleichen), die in jeder Alltagssprache gelten . . . Die Alltagssprache ist überhaupt unabhängig von jedem spezifischen Zweck (Hjelmslev, 1953: 69; dt. 106f).

Wie Manfred Bierwisch (1972) zutreffend festgestellt hat, treffen Hjelmslev und Chomsky genau an diesem Punkt mit der Tradition der cartesianischen Linguistik zusammen und setzen sich mit dem auseinander, was der letztere manchmal den «kreativen Aspekt der Sprachverwendung» nannte, der unter dieser Perspektive als die spezifische Eigenschaft erscheint, die die Sprache von allen anderen semiotischen Systemen unterscheidet (‹Kreativität› in Chomskys Verständnis scheint sich auf die Angemessenheit der Sprache für irgendeine neue Situation zu beziehen).

Hjelmslev stellt in seiner abschließenden Bemerkung die Behauptung auf, daß «sich die semiotische Struktur als eine Grundlage offenbart, von der aus alle wissenschaftlichen Objekte betrachtet werden können» (1953: 81), und in der Tat beobachten wir seit Mitte des vergangenen Jahrzehnts, wie Jakobson kürzlich bemerkt hat, «eine spontane und rasche internationale Entwicklung der neuen Disziplin, die eine allgemeine Zeichentheorie, eine Beschreibung der verschiedenen Zeichensysteme und deren vergleichende Analyse und Klassifikation umfaßt» (1969: 78). Wissenschaftliche Forschungsstellen in verschiedenen Ländern[30] – vor allem in Frankreich, Italien, Polen, den USA und der UdSSR – befassen sich jetzt mit einer großen Anzahl semiotischer Probleme, die unterschiedlichste akademische Disziplinen umfassen. (Es ist jedoch zuzugeben, daß *einige von ihnen* – in gewisser Hinsicht in der Weise des Herrn

---

30 Hjelmslevs Auffassung über die Semiotik und damit verwandte Begriffe wird in Europa gegenwärtig von Greimas (und seinen Schülern, vor allem in Frankreich und Italien) fortgeführt – vgl. fünfzehn seiner gesammelten Aufsätze (1970), von denen sechs auch in Italien unter dem Titel «Modelli semiologici» (1968) erschienen. In den USA stehen Lamb und seine Schüler in dieser Tradition – vgl. z. B. sein «Outline of Stratificational Grammar» (1966) – sowie Chafe, der (1968) Lambs *Outline* rezensierte und auf Seite 603 weitere bibliographische Angaben zu Lambs und seinen eigenen Arbeiten gibt; vgl. auch Fleming, «Stratificational Theory: An Annotated Bibliography» (1969).

Jourdain – semiotische Ziele, «il y a plus de quarante ans», verfolgt haben, ohne es zu wissen!)

In den Vereinigten Staaten fand die erste Semiotikkonferenz[31] vom 17. bis 19. Mai 1962 (Sebeok, Hayes und Bateson, 1964) statt. In der Versammlung, ursprünglich dazu einberufen, die beiden Themenbereiche Paralinguistik und Kinesik zu diskutieren, wurden Fragestellung und Debatte bald so ausgeweitet, daß sie andere Bereiche der nonverbalen Kommunikation umfaßten, obwohl es eine durchgängige zentripetale Tendenz gab, Probleme unter ständigem Bezug auf die Sprache zu sehen. Erst in der Abschlußsitzung dieses dreitägigen Treffens – ja tatsächlich in den letzten Konferenzminuten – gelang es Margaret Mead in ihrer bekannten prägnanten Art, die Gedanken von ungefähr sechzig Wissenschaftlern unterschiedlichsten Herkommens unter dem Stichwort ‹Semiotik›[32] zusammenzufassen. «Es wäre sehr schön», sagte sie,

> wenn wir hier abreisen könnten und wenigstens eine vorläufige Übereinstimmung über die Verwendungsweise irgendeines Ausdrucks erzielt hätten, den wir auf diesen gesamten Bereich anwenden könnten. Kinesik und Paralinguistik sind letzten Endes zwei . . . Ich bin allerdings der Meinung, daß wir denkbarerweise in einem Bereich arbeiten, der in einer gewissen Zeit den Forschungsbereich der gesamten nach bestimmten Mustern ablaufenden Kommunikation aller Ausprägungen umfassen wird, von denen die Linguistik die fachlich fortgeschrittenste ist. Wenn wir einen Ausdruck für nach bestimmten Mustern ablaufende Kommunikation aller Ausprägungen hätten, wäre das nützlich . . . Viele der hier Anwesenden, die den Eindruck erweckt haben, als gehörten sie in das andere Lager, haben das Wort ‹Semiotik› benutzt. Es scheint mir genau das Wort zu sein, das in dieser oder jener Ausprägung von denjenigen benutzt worden ist, die von ziemlich unterschiedlichen Positionen aus argumentiert haben . . . Sicherlich werden sich viele Leute nicht lange mit diesem Bereich befassen, bevor er sich nicht auf allen Ebenen und in allen Ausprägungen etabliert haben wird, wozu allerdings die Linguisten einen großen Teil beitragen werden (Mead, 1964: 275).

Diese bahnbrechende interdisziplinäre Konferenz war absichtlich unter fünf Aspekten organisiert worden: Ihre fünf Schwerpunkte waren: Medizin, das heißt Kommunikation ohne Worte zwischen Patient und Arzt (Ostwald, 1964);[33] Psychologie, vor allem die Erforschung außersprachlicher Phänomene (Mahl und Schulze, 1964); pädagogische Perspektiven in Paralinguistik und Kinesik (Hayes, 1964); kulturüberschreitende Perspektiven (La Barre, 1964) und emotive Sprache (Stankiewicz,

---

31 Die Konferenz, die vom amerikanischen Erziehungsministerium unterstützt wurde, fand in der Indiana University in Bloomington statt.

32 Ein editorischer Kommentar zu dem Wort ‹Semiotik› erschien in meinem Vorwort zu Sebeok, Hayes und Bateson, 1964.

33 Eine verbesserte Fassung dieses Aufsatzes erschien 1968.

1964).[34] Die publizierten Kongreßbeiträge enthielten auch einen allgemeinen Beitrag von Margaret Mead, in dem sie die Glanzpunkte des Symposiums zusammenfaßte und einen Weg aufzeigte, wie «die Arbeit an der vielfältigen Kommunikationsanalyse fortgesetzt werden kann». Sie betonte, daß wir «bei der Einführung der neuen Wissenschaft» Semiotik im Interesse der Menschheit handeln müßten, worunter sie die Verurteilung jeglicher manipulativer Anwendungen verstand (Mead, 1964; vgl. dazu auch Mead 1969, wo sich eine spätere Version ihrer Ansichten über die Semiotik findet).

In demselben Jahr, als dieser erste systematische amerikanische Versuch in Buchform erschien, hielten sowjetische Wissenschaftler das erste einer fortlaufenden Reihe von Semiotikkolloquien in Kääriku (in der Nähe von Tartu in Estland) unter der Leitung von Jurij M. Lotman[35] ab. Während detaillierte Informationen über dieses Treffen fehlen,[36] wurde ein Bericht über das nächste, das vom 16. bis 26. August 1966 stattfand (und an dem auch zwei Amerikaner teilnahmen), publiziert (Venclova, 1967). Dieser Darstellung zufolge war das Treffen vor allem auf denjenigen Bereich der Semiotik gerichtet, der französisch als ‹systèmes secondaires modelants› bezeichnet worden ist, das sind (im engeren Sinne) komplexe Makrostrukturen, die aus einer natürlichen Sprache als ihrer Infrastruktur zusammengesetzt sind und zumindest einen Text aufweisen, der aus vorgefertigten Einheiten und Konstruktionen als ihrer sekundären Superstruktur kodiert ist.[37] Die Erzeugnisse der verbalen

---

34 Stankiewicz schreibt zur Zeit auf der Grundlage dieses Aufsatzes an einer Monographie, die in der Reihe *Studies in Semiotics* erscheinen soll.

35 Die wichtigsten Arbeiten sowjetischer Semiotiker kamen aus dem Kreis um Lotman (der Ordinarius der Abteilung für russische Literatur an der Staatsuniversität Tartu ist) und sind bislang unter seiner Herausgeberschaft in den *Trudy po znakovym systemam*, Bd. 2, 3 (vgl. auch Venclova, 1967), 4 und 5 erschienen. Siehe auch den Essay (1967) von Julia Kristeva (der 1969 b zusammen mit zehn anderen Aufsätzen erneut gedruckt wurde), die die Arbeiten der sowjetischen Semiotiker zu ihrem Ausgangspunkt wählt. Zu einem umfassenden Überblick über die Semiotik in der UdSSR vgl. Faccani und Eco, 1969, Papp, 1969, und vor allem den Überblick von Segal in Jurij M. Lotman und Boris A. Uspenskij (Hg.), 1973, S. 452–470.

36 Drei der Beiträge, die während des Kolloquiums in Tartu, das vom 10. bis 20. Mai 1968 stattfand, vorgetragen wurden, erschienen im Bd. 1 von *Semiotica*: Ivanov, 1969, Kristeva, 1969 a, und Lotman und Pjatigorskij, 1969.

37 Es handelt sich bei ‹Systèmes secondaires modelants› um eine Übersetzung eines Ausdrucks aus dem Russischen, der von A. A. Zaliznjak, V. V. Ivanov und V. N. Toporov im Hinblick auf den Bezugsrahmen vorgeschlagen wurde, den sie in ihrer gemeinsamen Arbeit über belorussische Mythen und Riten, «Slavjanskie jazykovyie modelurujuščie semiotičeskie sistemy» (1965: 6–8), verwendet haben.

Kunst gehören offensichtlich hierher und befördern das Studium der poetischen Funktion der Sprache auf die Ebene der semiotischen Forschung; in gleicher Weise fällt die semiotische Interpretation von Mythen und anderen Arten mündlicher Tradition in diesen Bereich. Die nahezu dreißig vorgetragenen Beiträge lassen sich unter Umständen in acht Gruppen einteilen: Texttypologie; Semiotik der Folklore; Poetik; Kulturtypologie; Probleme der Mythologie; die Semiotik von Raum und Zeit in modellbildenden Systemen; künstlerische Modelle in kommunikativer Sicht; allgemeine Probleme der Semiotik.

1965 wurde eine Versammlung nach Warschau einberufen, aber die erste im eigentlichen Sinne internationale Semiotikkonferenz – an der Vertreter aus der Tschechoslowakei, Dänemark, Frankreich, der Deutschen Demokratischen Republik, Italien, Polen, den USA und der UdSSR teilnahmen – fand vom 12. bis 18. September 1966 in Kazimierz nad Wisła (Polen) statt. Zur gleichen Zeit hatte das Collège de France, Laboratoire d'Anthropologie Sociale, seine Section de Sémio-linguistique gegründet, die von A. J. Greimas geleitet und von Lévi-Strauss, Benveniste und Barthes gutgeheißen und unterstützt wurde. Die polnische Leitung führten Stefan Zołkiewski und Kollegen, besonders Maria Renata Mayenowa.[38]

Der Begriff ‹sekundäres modellbildendes System› bezieht sich im weiteren Sinne auf ein ideologisches Weltmodell, in dem die Umgebung in einer wechselseitigen Beziehung zu einigen anderen Systemen steht, wie zum Beispiel einem individuellen Organismus, einer Gemeinschaft, einem Computer usw., und dessen Reflex als Kontrolle der Gesamtheit der Kommunikationsweisen dieses Systems fungiert. Ein Weltmodell konstituiert auf diese Weise ein Programm für das Verhalten des Individuums der Gemeinschaft, der Maschine usw., da es die Wahl der Operationen sowie die ihnen zugrunde liegenden Regeln und Motivationen definiert. Ein Weltmodell kann in den verschiedenen Formen menschlichen Verhaltens und seiner Produkte aktualisiert werden, worunter auch sprachliche Texte fallen – daher die Betonung der verbalen Künste –, soziale Institutionen, Entwicklungen der Zivilisation, und so fort. Wenn ich den Begriff richtig verstehe, dann ist er dem thematischen Prinzip verwandt, das einige amerikanische und nichtamerikanische Anthropologen – eher mit künstlerischer Einfühlung als mit wissenschaftlicher Strenge – *Ethos* genannt haben, das integrierende oder zusammenfassende Raster einer Kultur; vgl. Kroeber und Kluckhohn, 1952, besonders S. 165–171. Zu einer breiten Verwendungsweise, vor allen Dingen in der Literatursoziologie, vgl. auch Zołkiewski, 1969. Die einschlägige Literatur wurde mit besonderem Bezug auf die Folklore von Voigt, 1969 b, rezensiert. Zu der Beziehung zur Linguistik vgl. Pawlowski, 1974.

38 Zu den amerikanischen Teilnehmern gehörten: Henry Hiz, Roman Jakobson, Krystyna Pomorska, Meyer Schapiro und ich; Noam Chomsky legte einen schriftlichen Beitrag vor. Die Kongreßakten, die sämtliche vorgetragenen oder

Eine Bemerkung von Mayenowa spiegelt die Stimmung dieser Konferenz wider; sie schrieb später:

Erst jüngst hat die Semiotik begonnen, sich als autonomes Forschungsgebiet zu konstituieren, das die verschiedenen Disziplinen überlagert, die sich mit spezifischen Zeichensystemen befassen. Weil jedoch diese Disziplinen, mit der einzigen Ausnahme in der Linguistik, selbst neueren Ursprungs sind, das heißt der Semiotik hinsichtlich ihres Alters mehr oder minder entsprechen, dürfen wir bislang nicht behaupten, angemessene und allgemein anerkannte Theorien von Zeichensystemen entwickelt zu haben, die sich von denjenigen unterscheiden, die die Linguistik für die natürlichen Sprachen entwickelt hat (1967: 59–64; vgl. Sebeok, 1967 b).

Nichtsdestoweniger waren die Konferenzteilnehmer zuversichtlich, daß die Zeit dafür reif war, die Semiotik durch zwei praktische und miteinander verknüpfte Handlungen weiterzuentwickeln: die Gründung einer internationalen Vereinigung für Semiotik und die Vorbereitung einer periodischen Publikation. Es wurde entschieden, 1967 ein weiteres Treffen in Warschau abzuhalten, um die Vorbereitungen für die vorgeschlagene Organisation abzuschließen und um unmittelbar den Rahmen eines geeigneten Publikationsorgans zu autorisieren. Unglücklicherweise mußte das Treffen auf 1968 verschoben werden, und zu diesem Zeitpunkt war eine internationale politische Krise dafür verantwortlich, daß in Warschau nur eine Rumpfsitzung abgehalten werden konnte. Schließlich wurde jedoch ein Organisationstreffen für den 21. Januar 1969 nach Paris einberufen, wo die Association Internationale de Sémiotique (International Association for Semiotic Studies) gegründet wurde.[39]

Die Assoziation hat sich drei Ziele gesteckt: semiotische Forschungen mit wissenschaftlichem Anspruch zu fördern; internationale Kooperation in diesem Bereich zu verbessern; mit lokalen Vereinigungen zusam-

---

eingesandten Beiträge vollständig wiedergeben, erschienen 1970 als Bd. 1 der Reihe *Janua Linguarum, Series Maior* (Den Haag: Mouton).

39 Ihre Anschrift lautet: 23 via Melzi d'Eril, Milano, Italien. 1975 war das Präsidium folgendermaßen zusammengesetzt: Präsident: Cesare Segre (Italien); Ehrenpräsident: Emile Benveniste (Frankreich); Vizepräsidenten: Roman Jakobson (USA), Jurij M. Lotman (UdSSR), A. Ludskanov (Bulgarien); Generalsekretär: Umberto Eco (Italien); Geschäftsführer: Julia Kristeva (Frankreich); Schatzmeister: Jacques Geninasca (Schweiz); und *ex officio*: Thomas A. Sebeok (USA). Zum Vorstand gehören: Eliseo Verón (Argentinien); Nicolas Ruwet (Belgien); Decio Pignatari (Brasilien); A. Ludskanov und M. Yanakiev (Bulgarien); Paul Bouissac und René Lindekens (Kanada); F. Miko und Ivo Osolsobě (Tschechoslowakei); Holger S. Sørensen (Dänemark); Emile Benveniste und Julia Kristeva (Frankreich); Erhard Albrecht und Manfred Bierwisch (Deutsche Demokratische

menzuarbeiten (die sich bereits in Frankreich, Italien, Polen und der UdSSR gebildet haben). Sie hat sich vorgenommen, diese Ziele durch die Organisation nationaler und internationaler Treffen zu erreichen sowie durch ihre Unterstützung einer internationalen Zeitschrift, *Semiotica.*

Semiotica – die sowohl vom Conseil International des Sciences Sociales wie vom Conseil International de Philosophie et de Sciences Humaines der UNESCO unterstützt wird – stellt eine direkte Fortsetzung der *Studies in Semiotics – Recherches Sémiotiques* dar, die von der Versammlung in Kazimierz autorisiert war und über elf Hefte (Bd. 6, Nr. 2–6, 1967; Bd. 7, Nr. 1–6, 1968) eine regelmäßige Abteilung der zweisprachigen Zeitschrift *Social Science Information – Information sur les Sciences Sociales* bildete. Sie wurde unter der gemeinsamen Leitung eines ständigen Publikationskomitees hergestellt, das in Kazimierz etabliert wurde, editorisch betreut durch A. J. Greimas (Chefherausgeber 1967), Jurij M. Lotman, Thomas A. Sebeok (Chefherausgeber 1968) und M. W. Skalmowski (1967; 1968 wurde er durch Jerzy Pelc ersetzt). Mit Wirkung von 1969 wurde dieser relativ bescheidene anfängliche Versuch in eine vollständige, unabhängige Monatszeitschrift übergeführt, die den Namen *Semiotica* erhielt und von Thomas A. Sebeok herausgegeben wurde.[40]

Darüber hinaus wird die Zeitschrift durch die Reihen *Approaches to Semiotics, Advances in Semiotics* und *Studies in Semiotics* ergänzt, um Beiträge von Buchlänge unterbringen zu können, wie zum Beispiel Originalmonographien, Aufsatzsammlungen, relevante Konferenzakten, wichtige Reprints und Übersetzungen. Bei dem vierten Band der erstgenannten Reihe handelt es sich um eine Neuauflage der wichtigsten Beiträge aus den elf Heften der *Studies in Semiotics – Recherches Sémiotiques,* die publiziert wurde, um ihre bequeme Zugänglichkeit in einem Band zu ermöglichen.[41]

Durch die Gründung der Assoziation und die gleichzeitige Begründung vielfältiger Publikationsplattformen wird zweifelsohne ein Sam-

---

Republik); Hans-Heinrich Lieb und Hansjakob Seiler (Bundesrepublik Deutschland); J. Cohen und D. MacKay (Großbritannien); Iván Fónagy und György Szépe (Ungarn); Benjamin Hrushovski (Israel); Umberto Eco und A. Rossi (Italien); Shigeo Kawamoto (Japan); Teun A. van Dijk (Niederlande); Jerzy Pelc und S. Żołkiewski (Polen); Mihai Pop (Rumänien); Bertil Malmberg (Schweden); Jacques Geninasca (Schweiz); S. Bayrav (Türkei); Henry Hiz und Roman Jakobson (USA); Jurij M. Lotman (UdSSR).

40 Zu den augenblicklichen Mitgliedern des Herausgebergremiums vgl. Kap. 5, Fußn. 13.

41 «Essays in Semiotics/Essais de sémiotique», hg. von Julia Kristeva, Josette Rey-Debove und Donna Jean Umiker (Den Haag: Mouton, 1971).

melpunkt und vielleicht ein Katalysator für alle interessierten Individuen und Gruppen geschaffen, die sich ernsthaft mit dem Zeichenbegriff beschäftigen; deshalb wird sich möglicherweise das Jahr 1969 als Meilenstein in der Geschichte der Semiotik herausstellen.

3. Beiträge zur Klassifikation von Zeichen und Zeichensystemen

Aus dem Vorangegangenen muß deutlich geworden sein, daß zwar im Laufe der Geschichte der Semiotik zahlreiche Versuche von Philosophen und philosophisch orientierten Linguisten unternommen worden sind, Zeichen oder Zeichensysteme[42] zu klassifizieren, keiner von ihnen jedoch bislang allgemein und dauerhaft anerkannt wurde. Ich werde im folgenden einen nicht erschöpfenden Überblick über die Kriterien geben, die meiner Ansicht nach bei der Entwicklung einer annehmbaren historischen Kategorisierung berücksichtigt werden müssen, wobei es sich sicherlich um eine Aufgabe handelt, die erst in ferner Zukunft erledigt werden wird. Die Wechselbeziehungen zwischen den hier vorgeschlagenen Klassen sind deutlich von der Art, die in Euler-Venn-Diagramme übertragbar sind, das heißt, sie überschneiden sich; mir scheint dieser Klassifikationsansatz beim augenblicklichen Entwicklungsstand der Semiotik unvermeidlich (vgl. Lenneberg, 1969). Der folgende Versuch unterscheidet sich von früheren vorrangig insofern, als er besonderen Nachdruck auf semiotisch relevante Daten aus der neueren ethologischen Literatur legt (Sebeok, 1972).

Wie Ralph Gerard vorgeschlagen hat, ist es in der Biologie nützlich, ein materielles System – ein Org – auf dreierlei Weise zu betrachten: sein ‹Wesen› oder seine *Struktur*, das heißt seinen bleibenden Zustand in einer synchronen Sicht; sein ‹Verhalten› oder seine *Funktion*, ‹eine sich wiederholende Störung›, die einer langwierigen Entwicklung folgt; und sein ‹Werden› oder seine *Geschichte*, die kumulative Veränderungen in einem zeitlichen Längsschnitt darstellt (Gerard, 1957; 1960). Ein semiotisches System – ein Zeichen – läßt sich in gleichermaßen fruchtbarer Weise unter jeder dieser drei Hinsichten untersuchen: Wir können danach fragen, was ein Zeichen ist, wie die Umgebung und ihre Bewegung auf das Zeichen einwirken und wie es zustande kam. Funktionale Zeichenklassifikationen sind empirisch, extrinsisch; sie beruhen auf Va-

---

42 Einer der durchdachten Versuche war Ballys «Qu'est-ce qu'un signe?» (1939). Spang-Hanssens «Recent Theories on the Nature of the Language Sign» (1954; abgeschlossen jedoch 1948) stellt den umfassendsten Überblick über ‹moderne› psychologische Zeichentheorien (Ogden und Richards, Karl Britton, Bertrand Russell, Charles W. Morris) wie auch über ‹moderne› linguistische Theorien (Ferdinand de Saussure, Leo Weisgerber, Alan H. Gardiner, Karl Bühler, Eric Buyssens, Leonard Bloomfield, Louis Hjelmslev) dar. Vgl. auch Mahmoudians Artikel «Signe» in Martinets «La Linguistique: Guide alphabétique» (1969). Jakobson hat kürzlich der Klassifikation von Zeichensystemen eine gesonderte Untersuchung gewidmet (1970), die in Jakobson, 1969: 80, Anm., angekündigt wurde.

riationen an verschiedenen Knotenpunkten in einem erweiterten Kommunikationsmodell. Eine strukturelle Bestimmung des Zeichens ist analytisch, intrinsisch; sie verwendet gewisse Verbindungsarten, die potentiell im Aufbau des Zeichens selbst enthalten sind. Das Problem des Entstehens löst diachronische Überlegungen von zweierlei Art aus: Wir können uns auf die Evolution von Zeichensystemen in der Phylogenese konzentrieren oder ihre Entwicklung in der Ontogenese untersuchen. Das Folgende ist diesem Schema gemäß aufgebaut, wobei allerdings in diesem Artikel diachronische Betrachtungen unterbleiben.

Funktion

Als wir zu Beginn die Umrisse des Untersuchungsbereichs absteckten, lag dem eine pragmatische Implikation zugrunde: Bei dem Vorschlag, die Diskussion auf «die semiotischen Manifestationen ganzheitlicher lebender Systeme» (S. 16, oben) zu beschränken, wurde die Aufmerksamkeit wesentlich auf den Ursprung und/oder die Wirkungen von Zeichen konzentriert, oder, allgemeiner ausgedrückt, diejenigen Beziehungsarten, die zwischen der Quelle einer Nachricht und ihrem Ziel vorherrschen können. Das erste grundsätzliche klassifikatorische Kriterium läßt sich deshalb gemäß der Natur aller möglichen Zeichenquellen konstruieren, da es vernünftig ist, die Klassifikation dort zu beginnen, wo die Kodierung selbst beginnt – auf der Input-Seite. Im Anschluß an die Unterscheidungen, die in Abschnitt 1 eingeführt wurden, lassen sie sich vorläufig wie in Abbildung 3 in einem Diagramm darstellen:

Abbildung 3

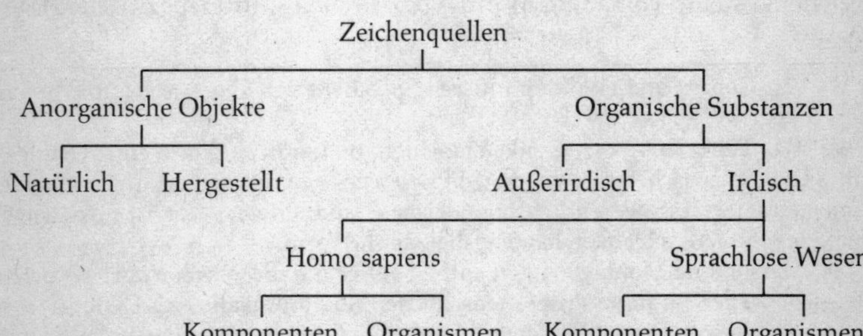

Dieses außerordentlich vereinfachende Schema wird auf der Stelle komplizierter, wenn die Natur des Zeichenempfängers – das andere Ende der Rückkopplungsschleife in der Handlungskette – zusätzlich in die Untersuchung einbezogen wird. Man kann die menschlichen arteigenen

Nachrichten zum Beispiel untergliedern in intrapersonal, wobei nur ein Teilnehmer erforderlich ist, der sich mit einem voraussichtlichen oder vorgestellten Gesprächspartner befaßt (vgl. das Phänomen ‹inneren Sprechens›[43] oder des ‹inneren Dialogs›)[44], interpersonal (ein Dialog, der neben dem *ego* ein *alter* verlangt)[45] oder pluripersonal[46] – so spricht beispielsweise in der mündlichen Tradition der Eskimos «der Mythenerzähler als viele-zu-vielen und nicht als Person-zu-Person» (Carpenter, 1960). Eine menschliche Nachricht kann sich an eine Maschine richten[47] oder an ein personifiziertes übernatürliches Wesen, wie im Fall eines Zauberspruchs oder eines an eine Gottheit gerichteten Gebets (Sebeok, 1962 b); die Kommunikation mit dem Geist der Vorfahren ist in vielen Kulturen wie zum Beispiel in Neuguinea (Eilers, 1967: 34–36) weit verbreitet und vorherrschend. Umgekehrt können Lebewesen Zeichen aus der Umgebung empfangen – vgl. das Phänomen der Echobestimmung (Griffin, 1968) – oder sich einbilden, sie zu empfangen, «wie man sich in einigen Epigrammen des Kallimachus und seiner Nachahmer vorstellt, daß der Stein einen kurzen Dialog mit dem Vorübergehenden hält» (Hadas, 1954: 50–51), oder auch aus der Stellung von Sternen und Planeten, der Länge und Schnittpunkte von Handlinien, dem Eingeweide von Tieren, der Anordnung des Bodensatzes in einer Teetasse – kurz, durch jene pseudosemiotischen Weissagungsverfahren, die bekannt sind als Wahrsagung, Astrologie, Chiromantie, Haruspikation und ähnliches (Kleinpaul, 1888: Kap. III; Kahn, 1967: 92). Animalische Sender und Empfänger von Zeichen sind entweder artspezifisch, oder sie gehören zu zwei oder mehr verschiedenen Arten, von denen eine der Mensch sein kann (vgl. Hediger, 1965, 1967). Demgemäß neigen Zoologen dazu, Zeichensysteme vorrangig in intraspezifische vs. interspezifische Arten

---

43 Zur Genese und Funktion inneren Sprechens vgl. Egger, 1904, und besonders Vygotsky, 1962.

44 Vgl. Peirce, 4.6: «. . . Denken geschieht immer in der Form eines Dialogs – eines Dialogs zwischen verschiedenen Phasen des *ego* – so daß es aufgrund seiner dialogischen Natur wesentlich aus Zeichen zusammengesetzt ist . . .», sowie ders., 6.338: «Alles Denken hat eine dialogische Form.»

45 Matson und Montagu, 1967, enthält einige nützliche, wenn auch gesuchte, Beispiele zu der Auffassung der menschlichen Kommunikation als Dialog.

46 Eine aus mehreren Personen bestehende Gruppe kann zentrifugal (einer-zu-vielen) oder zentripetal (viele-zu-einem) sein; vgl. Abbildung D auf S. 277 in Ruesch und Bateson, 1951. Zu einer Diskussion der ‹pluripersonalen› Kommunikation bei Alloprimaten vgl. Altmann, 1967.

47 Vgl. S. 15, Fußn. 3, sowie Dewan, 1969. Zu einer kennzeichnend pessimistischen Auffassung über «The Future of Man-machine Languages» vgl. Bar-Hillel, 1968.

einzuteilen;[48] ein Lebewesen kann darüber hinaus seine Nachrichten an ein *einzelnes* Mitglied seiner eigenen Art richten oder an ein Individuum einer anderen Art.[49]

Der Kontakt zwischen Sendern und Empfängern, der sie über Raum und Zeit miteinander verbindet, wird in unterschiedlichen Verlaufsprozessen entwickelt und aufrechterhalten, und unsere Klassifikation von Zeichensystemen wird noch raffinierter, wenn dieser operational problematische dritte Faktor – das Übermittlungsmedium – in die Untersuchung einbezogen wird. Im Prinzip kann jede Form der Energieausbreitung oder Materieübertragung als Zeichenträger dienen, je nach der Gesamtheit der Wahrnehmungsmittel eines Lebewesens. Zeichensysteme sind demnach ebenfalls hinsichtlich des Kanals oder der Kanäle unterscheidbar, die die Input-Seite mit der Output-Seite verbinden. Sollte die Sinneskapazität eines Lebewesens die parallele Informationsverarbeitung durch mehrere Input-Kanäle erlauben, wird sich herausstellen, daß berechenbare Redundanzen vorherrschen (dieser Effekt wird manchmal als ‹das Gesetz ungleichartiger Summierung› bezeichnet) (Sebeok, 1968: 36), und die Anwendung von Regeln für den Wechsel von einer Untergruppe zu einer anderen wird unter speziellen Bedingungen verschiedene hierarchische Anordnungen hervorbringen, die die Klassifikationen infolge kontextueller Wirkungen noch subtiler machen.

Unter semiotischer Perspektive - ganz zu schweigen von einer evolutionären Betrachtungsweise – ist es außerordentlich wichtig, sowohl die Vorteile als auch die Nachteile jedes Kanals (Abbildung 4) umfassend einzuschätzen, der im Interesse erfolgreicher Kommunikation innerhalb und quer durch die Arten benutzt wird.

Trotzdem hat man kaum damit begonnen, die Grundlagen einer derar-

---

48 So schreibt Wynne-Edwards (1962: 24): «. . . Eine erste Unterteilung von Kommunikationsfunktionen sollte deutlich zwischen Signalen vorgenommen werden, die an andere Mitglieder derselben Art gerichtet sind, und solchen, die an andere Tierarten gerichtet sind; diese Unterteilungen sind intra- und interspezifisch.» Vgl. auch den tabellarischen Überblick über Tierverhalten, der auf dem Ursprung und der Bestimmung von Signalen beruht, bei Wenner, 1969.

49 Zu einem bemerkenswerten Beispiel der ersten Sorte vgl. die wechselseitige auditive Entfaltung der Würger von der Gattung *Laniarius*: Jedes Paar der Art *Aethiopicus* «versucht, ein spezielles Repertoire an Duettmustern zu entwickeln, an dem man es von anderen Paaren in der Nachbarschaft unterscheiden kann», wie bei Thorpe, 1963, gezeigt wird; zu allgemeineren Zusammenhängen vgl. Thorpe, 1968. Die außerordentlich komplexe Beziehung zwischen Pikardenvögeln und ihren Säugetier-Symbionten (Honigdachsen, Pavianen oder Menschen) liefert eine noch eindrucksvollere Veranschaulichung der zweiten Sorte; vgl. Friedmann, 1955.

Abbildung 4

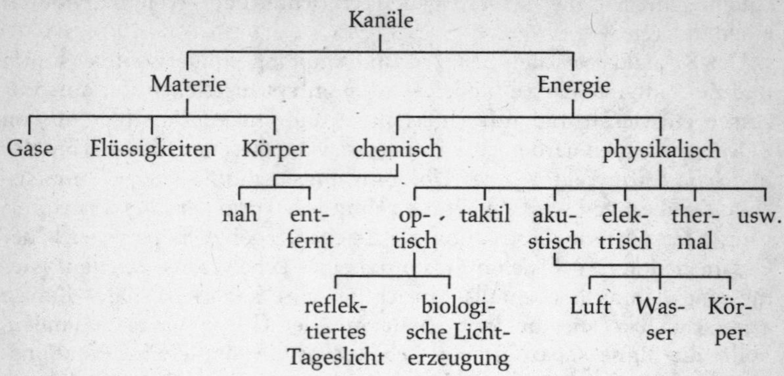

tigen vergleichenden Analyse zu legen.[50] Es wäre in der Tat für jedes semiotische System nützlich, über eine klare und präzise Darstellung zu verfügen, die der folgenden Charakterisierung der Sprache vergleichbar wäre: «Die Sprache wird ausschließlich mit dem menschlichen Körper ohne Zuhilfenahme irgendeines Werkzeuges hergestellt; sie ist unabhängig vom Licht und kann bei Tag und Nacht verwendet werden; sie füllt den gesamten Bereich um die Quelle aus und verlangt keine direkte Verbindungslinie zu dem Empfänger; außerdem ist sie von andeutendem Geflüster bis zu lautem Rufen stark variierbar, und sie benötigt nur eine sehr geringe Energiemenge» (Lotz, 1950: 712).

Unter den gerade zitierten kennzeichnenden Einteilungsmerkmalen der Sprache hat Lotz besonders hervorgehoben, daß Zeichen, die auf diese Weise kodiert werden, ausschließlich mit dem menschlichen Körper herstellbar sind, ohne daß auf irgendwelche Hilfsmittel zurückgegriffen werden muß. Die Verwendung sowohl fertiger Objekte als auch gestalteter Produkte als Hilfsmittel ist in verschiedenen Ausprägungen in der Tierwelt bekannt, die von Motten, Spinnen und Vögeln bis zu Ottern und Primaten reicht.[51] So bauen zum Beispiel Schimpansen aus dem Gombe-Reservat Nester, falten bestimmte Blätter, um sich das

50 In zusammenfassender Art wird eine Typologie angedeutet, in Sebeok, 1967 c. Vgl. dazu auch Geldard, 1960, sowie Jakobson, 1964, 1967; Sebeok, 1967 d.

51 Zu der Verwendung von Werkzeugen bei Tieren im allgemeinen vgl. Hall, 1963, sowie die darauffolgenden Kommentare in *Current Anthropology* 7: 215–216 (1966); zu Motten und Spinnen vgl. Wickler, 1968: 58, 131–132; über Vögel (hier den ägyptischen Geier, *Neophon peromopterus*) wurde in *Time*, 6. Januar

Trinken zu erleichtern oder ihren Körper zu reinigen, benutzen Stöcke, Zweige oder Gräser, um an Termiten, Ameisen oder Honig zu gelangen, und verwenden sie ebenfalls zur olfaktorischen Sondierung; außerdem benutzen sie Steine, um Nüsse aufzuschlagen, und benutzen sowohl Stöcke als auch Steine bei kämpferischen Auseinandersetzungen (van Lawick-Goodall, 1968). Das instrumentelle Verhalten dieser Schimpansen veranschaulicht eine doppelte Funktion von Werkzeugen, die von Tieren und Menschen verwendet werden: eine (vermutlich) primäre Anwendungsfunktion und eine (vermutlich) sekundäre semiotische Funktion. Wenn der Schimpanse einen Stein dazu verwendet, eine Nuß aufzuschlagen, dann zieht er materielle Hilfsmittel aus seiner Umgebung dazu heran, um mit relativ geringem Energieaufwand adaptiv die manipulatorischen Systeme auszuweiten und zu verbessern, die für seine Existenz in seinem Lebensraum erforderlich sind. Wenn er andererseits einen Stein in kämpferischen Auseinandersetzungen benutzt, wird die primäre Anwendungsfunktion mit einer sekundären Zeichenfunktion besetzt – in der Sprechweise des Ethologen ist das Verhalten ritualisiert worden. Die instrumentelle – im Gegensatz zur bloß somatischen – Herstellung tierischer Zeichen nimmt manchmal außerordentlich bizarre Formen an, wie etwa bei den «wunderbaren Arenavögeln, die Laubenvögel genannt werden, mit ihren Häusern und geschmückten Gärten und ihrer werbenden Zurschaustellung, bei der das Gefieder durch glitzernden natürlichen Schmuck ersetzt wird» (Gilliard, 1963).[52]

Sowohl menschliche als auch tierische Zeichensysteme können auf diese Weise in organismische oder künstliche eingeteilt werden, je nachdem, ob sie ausschließlich durch den Körper hervorgebracht werden oder durch den unterstützten Körper. Auf diese Weise können verschiedene Ersatzmöglichkeiten gesprochener Sprachen (vgl. Stern, 1957) voneinander abgehoben werden (natürlich gibt es auch andere Kontrastierungsmöglichkeiten): So ist zum Beispiel die Übertragung von Sprechen auf Pfeifen organismisch, auf Trommelschläge jedoch künstlich, obwohl sie sich alle in derselben akustischen Substanz manifestieren; oder in relativ autonome graphische Systeme, oder in Blindenschrift (die alle für den

---

1967, unter der Überschrift «Birds That Throw Stones» berichtet; zu dem kalifornischen Seeotter, *Enhydra lutris*, vgl. Hall und Schaller, 1964; zu Primaten vgl. Hall, 1963, sowie Kortland und Kooij, 1963.

52 Diese Vögel mit ihrer Zurschaustellung haben sich in recht unterschiedlicher Weise entweder zu Baumeistern alleenartiger Lauben entwickelt oder zu Baumeistern maibaumartiger Lauben, aber beide Arten «verwenden Darstellungsobjekte verschiedener, festgelegter Farben, die mit großem Unterscheidungsvermögen gesammelt werden . . .», wie Marshall, 1954: 170, berichtet.

Adressaten[53] in unterschiedlichen Substanzen offenbar sind, nämlich auditiv, visuell, taktil).[54] Eine Übergangsgruppierung der Werkzeuge wird durch absonderbare Teile des Tierkörpers selbst gebildet; so kann ein Dungpartikel oder die Sekretspur auf dem territorialen Markierungsplatz mit dem von dem Tier abgelösten *pars* als eine Art Synekdoche fungieren – die auch noch nach der zeitweiligen Entfernung oder ständigen Auslöschung der Quelle wirksam sein kann –, die *pro toto*[55] steht. Der identische semiotische Prozeß bildet die Grundlage für übelwollende – im Gegensatz zu homöopathischer – Zauberei, bei der die Fingernagelspäne oder etwas Ähnliches des angezielten Opfers als indexikalische Zeichen fungieren.[56] Objekte, die zur semiotischen Darstellung benutzt werden, lassen sich darüber hinaus daraufhin unterscheiden, ob es sich um ‹gefundene Objekte› handelt, wie eine gepflückte Blume, oder um Materie, wie ein wertvolles Metall, das in eine Blumenform verarbeitet wird, um als Brosche getragen zu werden; prähistorischen Künstlern wird nachgesagt, sie hätten durch ein semiotisches Verfahren, das manchmal ‹épouser les contours› (Giedion, 1960) genannt wird, in natürlichen Felsformationen die Bilder der Tiere entdeckt, die sie suchten.[57]

---

53 Dem Adressanden mag sich selbstverständlich die Situation ganz anders darstellen: Ein geschriebenes Zeichen kann chemisch kodiert sein (z. B. mit Tinte), jedoch visuell dekodiert werden; vgl. Sebeok, 1967 d: 1778. Visuell kodierte Zeichen können von einem Blinden mit Hilfe der Haut dekodiert werden; vgl. Bach-Y-Rita u. a., 1969.

54 Zu Ersatzmöglichkeiten der Sprache im allgemeinen vgl. Umiker, 1974, sowie Sebeok und Umiker-Sebeok, 1976.

55 Bilz, 1940: 195, entwickelte das *pars-pro-toto*-Prinzip in einem doppelten Sinne: «Einmal als Möglichkeit sprachlicher Mitteilungen, indem der Erzähler eine der Teilfunktionen herausgreift und für das *Ganze* setzt, das heißt mit der Komponente das volle Funktionsbild meint oder das ganze Objekt bezeichnet, zum anderen aber verfährt auch *die Natur* in der gleichen Weise, indem sie das ganze Funktionsbild tatsächlich in seine Teilfunktionen aufsplittern kann und nur die eine oder die andere Komponente statt des Ganzen mobilisiert.»

56 Frazer, «The Golden Bough» (1951: 43): «Das bekannteste Beispiel übelwollender Zauberei ist die magische Sympathie, die angeblich zwischen einem Menschen und irgendeinem abgetrennten Teil seines Körpers besteht, wie zum Beispiel seinen Haaren, seinen Nägeln . . .»

57 Zu zufälliger semiotischer Organisation vgl. auch O'Brien, 1969. Kommunikation, in der fertige Objekte als Zeichen fungieren, «wobei die dargestellte Realität selbst als Informationsträger dient», ist von Osolsobě (1967: 101) *Ostension* genannt worden; Osolsobě hat untersucht, welche Bedeutung «das Zeigen von Dingen und Personen, die tatsächlich existieren und in Zeit und Raum anwesend sind . . . beschränkt auf dasjenige, was zu dem Zeitpunkt der Kommunikation gerade hier und jetzt zu unserer Verfügung steht», in den Künsten und vor allem im Kontext des Theaters hat.

Eine andere wichtige Unterscheidung, die ebenfalls ausgesprochen relevant für das Klassifikationsproblem ist, resultiert aus der Gegenüberstellung der ‹reinen› mit anderen Arten der Semiotik. Rufen wir uns ins Gedächtnis zurück, daß Morris die Aufgabe der reinen Semiotik dahingehend bestimmte, eine «Sprache zu entwickeln, um über Zeichen zu sprechen» (vgl. S. 30, oben). Da es offensichtlich notwendig ist, Zeichen zu benutzen, um sich in einer Abhandlung über Zeichen auf Zeichen zu beziehen, wird ein Signifikant (oder *signans*, oder Zeichenträger; vgl. unten) gewöhnlich als ein Index seines eigenen Zeichens benutzt, so daß «eine Sprache, um über Zeichen zu sprechen», oder ein semiotisches System, das darauf spezialisiert ist, über ein anderes semiotisches System zu kommunizieren, als Konstitution einer *Metasemiotik* (in Analogie zu ‹Metasprache›) betrachtet werden kann. Die *Objektsemiotik* (in Analogie zu ‹Objektsprache›) wird dann irgendein ‹anderes› semiotisches System, über das in der Metasemiotik kommuniziert wird.[58] Morris wies die Untersuchung solcher realer Zeichensysteme der beschreibenden Semiotik zu. Irrtümlicherweise sprechen andere Wissenschaftler jedoch dann, wenn sie sich auf das Studium von Phänomenen beziehen, die entstehen, wenn Zeichen tatsächlich im Kommunikationsprozeß verwendet werden, von angewandter Semiotik (man könnte das ‹Performanz› nennen) im Gegensatz zur reinen Semiotik, die sich dann mit dem Studium der zugrunde liegenden Regeln befaßt, die die objektive Struktur von Zeichen (‹Kompetenz›) regulieren. Anders ausgedrückt, ist einer von Jakobson eingeführten Unterscheidung zufolge der Gegenstand der reinen Semiotik das sprachliche Zeichen, während sich die angewandte Semiotik mit solchen Zeichensystemen befaßt, die zum Beispiel in der Kochkunst, der Kleidung, den Produkten der Gartenarbeit oder in architektonischen Konstruktionen verkörpert sein können (wie er bemerkte, «bewohnen wir keine Zeichen»).[59] Wieder andere ziehen es jedoch vor, den letzteren Ausdruck auf rein pädagogische Anwendungen zu beschränken. Morris selbst wollte mit dem Terminus ‹angewandte Semiotik› das Feld umschreiben, das «Wissen über Zeichen zur Erreichung verschiedener Ziele» benutzt; diese Definition habe ich dann später ausgeweitet auf die

---

58 Varianten dieser Begriffspaare werden von Hjelmslev operational benutzt; vgl. 1943, Def. 102: Eine Metasemiotik «ist eine wissenschaftliche Semiotik, in der eine oder mehrere (zwei) ihrer Ebenen (eine) Semiotik(en) ist (sind)», und Def. 103: Eine Objektsemiotik «ist eine Semiotik, die als eine Ebene Eingang in eine Semiotik findet».

59 Vorlesung über «Language in Relation to Other Communication Systems» vom 14. Oktober 1968, über die in de Mauro und Grassi, 1969, berichtet wird und an der der Autor teilnahm.

angewandte Zoosemiotik. Da ich die Morrissche Trichotomie für nützlich halte, besonders beim heuristischen Vergleich menschlicher und tierischer Kommunikation, ziehe ich sie einem zweipoligen Modell vor und werde alle drei Termini – rein, beschreibend und angewandt – zumindest vorläufig weitgehend in der Weise verwenden, in der er sie für die Semiotik und per Implikation, *mutatis mutandis*, für die Zoosemiotik definiert hat.

Höhere Lebewesen sind innerlich wie äußerlich so beschaffen, daß sie in der Lage sind – obwohl sie es nicht brauchen –, sich gleichzeitig auf zwei oder mehr Zeichensystemrepertoires zu beziehen. Diese Fähigkeit, die vor allem für den Menschen charakteristisch ist, ermöglicht eine größere Anzahl und viele Arten von Ausdruckszusätzen. Außerdem liefert sie ein weiteres Kriterium zur Klassifizierung von Zeichensystemen, das von ‹einfachen›, homogenen Strukturen bis zu synkretistischen Formationen unterschiedlicher Komplexitätsgrade reicht, denen Komponenten weiterhin symmetrisch beigeordnet sein können oder nicht. Dieser letzte Punkt kann folgendermaßen veranschaulicht werden: Wenn ich ‹ja› sage und gleichzeitig bestätigend mit dem Kopf nicke, ist mein verbales Zeichen symmetrisch zu meinem kinesischen Zeichen – wie sie auch wechselseitig redundant sind. In einer Operette von Franz Lehár singt ein chinesischer Mandarin eine Arie, in der er heftig seine angebliche Empfänglichkeit für Bestechungen in Abrede stellt, während er gleichzeitig hinter seinem Rücken die geöffnete Hand ausstreckt: Dem Publikum wird deutlich zu verstehen gegeben, daß von den beiden asymmetrischen, ja in der Tat völlig gegensätzlichen Komponenten der Nachricht die kinesische als wahr und die akustische als falsch zu interpretieren ist.[60]

Was Lotz (1950: 717) ein ‹Serienkonzept› der Kommunikation genannt hat – ein Begriff, der sich natürlich mit dem überschneidet, was Birdwhistell (z. B. 1968 b) und andere ‹multi-modale› Kommunikation[61]

60 Ein schlagendes Beispiel für Asymmetrie zwischen einer akustischen und einer visuellen Nachrichtenkomponente wurde in Sebeok, 1962 a: Anm. 8, zitiert: «Einer Patientin wurde unter Hypnose gesagt, sie solle den rechten Zeigefinger erheben, um eine bestätigende Antwort anzuzeigen, den linken für eine ablehnende. Aus der Trance aufgeweckt, wurde sie von ihrem Doktor befragt. Unfähig dazu, ihrem emotionalen Problem ins Gesicht zu sehen, schüttelte sie in deutlicher Verneinung heftig ihren Kopf, aber ihr rechter Finger schoß nach oben und zeigte, daß die richtige Antwort ‹ja› war.» Das Problemfeld ist von Ekman und Friesen, 1969 a, rezensiert und diskutiert worden; die klassische Abhandlung auf diesem Gebiet bleibt jedoch Quintilians «Institutione Oratoria» (vgl. besonders Buch XI, Kap. III) aus dem ersten Jahrhundert.

61 Mary Catherine Bateson schreibt (1968: 10–11), daß «wir annehmen müs-

genannt haben, wenn er auch nicht damit identisch ist –, scheint den größten Teil normalen menschlichen Signalverhaltens zu charakterisieren. Ließe sich diese imaginäre Serie zu irgendeinem Zeitpunkt unterbrechen, würden sich in der Mehrzahl der Fälle verbale, paraphonetische, kinesische, proxemische, olfaktorische und vielleicht auch noch andere Zeichenstränge zeigen, die zwar miteinander vermischt sind, sich jedoch in einer Hierarchie befinden, die den Erfordernissen der einbegriffenen Gesamtnachricht angemessen ist. Zeichen werden in geeigneter – Linguisten würden sagen ‹grammatischer› – Weise miteinander kombiniert, um ein zusammengesetztes Designatum (oder *signatum*, das heißt der bezeichnete Inhalt; siehe unten) hervorzubringen. Die emotionale Einstellung eines Sprechers gegenüber seiner verbalen Nachricht kann entweder durch – emotive, expressive – Merkmale übermittelt werden, in der Sprache selbst kodiert sein (Stankiewicz, 1964) oder durch begleitende nonverbale – paraphonetische, kinesische usw. – Merkmale transportiert werden, die dazu dienen, sie entweder zu unterstützen oder Lügen zu strafen (was zu ironischen oder sarkastischen Effekten beiträgt). Der enthüllende Charakter der nonverbalen Merkmale bei latenter verbaler Ausführung ist von Freud (1959: 94) in einer oft zitierten Bemerkung unterstrichen worden: «Der, der Augen hat zu sehen und Ohren hat zu hören, kann sich selbst davon überzeugen, daß kein Sterblicher ein Geheimnis für sich behalten kann. Wenn seine Lippen stumm sind, dann schnattern seine Fingerspitzen; aus jeder seiner Poren sickert Verrat.»

Die semiotischen Systeme, die ‹secondaires modelants› oder Makrosysteme genannt werden – das heißt diejenigen, die per definitionem eine natürlichsprachliche Infrastruktur implizieren (wie es in Fußnote 37 diskutiert wurde) –, stellen alle besondere Fälle von Synkretismus dar, zu denen auch solche gehören, die eine vorrangig folkloristische und künstlerische Funktion aufweisen. Hierzu gehören alle Textsorten, die aus vorgefertigten Texten zusammengesetzt sind, wie zum Beispiel Mythen und andere Erzeugnisse der mündlichen Tradition; die verbalen Künste im allgemeinen und die Dichtung im besonderen; solche hybriden Bildungen – die im Bewußtsein ihres Übergangscharakters bezeichnet werden – wie Vokalmusik, Zirkusaufführungen, Theateraufführungen, Tonfilm; vermischte Strukturen höchster Verzweigung wie die Oper. Um es zu veranschaulichen: In einem Tonfilm lassen sich vier Zeichen-

---

sen, daß kodierte sprachliche Kommunikation mit wenig bekannten Kommunikationsarten anderer Modalitäten konkurriert und daß das übergreifende System Regeln für die Art und Weise enthält, in der die Kodes aufeinander einwirken, und welche Arten des Kodewechsels möglich sind». Vgl. dazu auch die Bemerkungen verschiedener Diskussionsteilnehmer sowie Bar-Hillel (1970).

systeme unterscheiden, ein visueller und drei auditive – Sprache, Musik und andere Geräuscheffekte (‹bruit›);[62] bei einem akrobatischen Akt sind mindestens fünf unterscheidbar, nämlich das dynamische Verhalten des Akrobaten, sein soziales Verhalten, sein Kostüm und andere Zubehörstücke, die sprachliche Begleitung und die musikalische Begleitung (Bouissac, 1960, 1971). Was die Kunst der Oper anbelangt, die in der Formulierung von Stender-Petersen (1949) unabdingbar die literarischen, musikalischen und szenischen Künste voraussetzt, so handelt es sich um ein semiotisches Erzeugnis, das in der Tat «un degré très élevé d'indépendance raffinée» erreichen kann.

Struktur

Rulon Wells (1967) schreibt, daß die «Semiotik zwei Affinitätsgruppen hat. Auf der einen Seite ist sie mit der Kommunikation verbunden, und auf der anderen mit Bedeutung.» Wenn ich mich bislang in diesem Aufsatz auf Phänomene der Verwendung konzentriert habe und speziell auf diejenigen, die zu vielfältigen Handlungsbeziehungen gehören, geschah das nicht aufgrund eines Mangels an Interesse für solche Sachverhalte wie Intention;[63] die therapeutischen Untersuchungen der *paysage intérieur* des Menschen durch Freud und durch Jung (Jung u. a., 1968),

---

62 Vgl. verschiedene Aufsätze von Metz, besonders 1968 b: 113–114. Zur Semiotik des Films vgl. u. a. die folgenden Arbeiten: Metz, 1968 a und b; Bettetini, 1968; Garroni, 1968; Wollen, 1969 (besonders Kap. 3, über «The Semiology of the Cinema») und Worth, 1969, sowie das Sonderheft von *Sprache im Technischen Zeitalter* Nr. 27 (1968), das ausschließlich dem Thema «Zeichensystem Film – Versuche zu einer Semiotik» gewidmet ist.

63 Die Stellung von ‹Intention› – oder, noch allgemeiner, Zielorientierung – in einem Kommunikationsmodell stellt ein verwickeltes und strittiges Problem dar. Im Sinne von Selbst-Bewußtheit – der sogenannten ‹subjektiven Teleologie› – kann der Begriff als Definitionsmerkmal aller anthroposemiotischen Systeme betrachtet werden, wobei er vor allen Dingen die Sprache charakterisiert (wie D. M. MacKay gewöhnlich betont, z. B. in seinem Aufsatz von 1961, wo er hervorhebt, daß semantische Fragen ihren natürlichen Platz in der Informationstheorie dann und nur dann finden können, wenn die Sprache im Rahmen eines ‹*zielgerichteten*, selbst-adaptiven› Diagramms entworfen wird). Jakobson (1970: 10) spricht beispielsweise von Symptomen als «bloßen nichtintendierten Indizes, als einer Unterart einer umfassenderen semiotischen Klasse», und von ‹unbewußten Indizes› als einer Zeichenart. Das ist für zoosemiotische Systeme jedoch kaum zutreffend, wie Verplanck, 1962, andeutet. Evans und Bastian, 1969, argumentieren überzeugend gegen die ‹nutzlosen Effekte› der unbegründeten Intentionalitätskonzeption in dem sozialen Verhalten des Butzkopfdelphins und anderer Meeressäugetiere. Auf der anderen Seite, im Sinne implizierter Erklärungen – der

Lacan (1966, 1968; Bär, 1971) oder Shands (1970a und b, 1971) und andere Psychiater; solche symbolischen Formen in den Dimensionen unseres *milieu extérieur*, wie sie, neben vielen anderen, von Ernst Cassirer (1923, 1924, 1929, 1944) und seinen Schülern (z. B. Langer, 1948) untersucht worden sind, oder die dialektische ‹Dramatik› von Kenneth Burke (1966; von Hymes, 1968b, rezensiert) und diejenigen, die sein Modell der symbolischen Handlung in den verschiedenen Sozialwissenschaften anwenden wollen;[64] oder die faszinierenden Probleme der *Weltanschauung*,[65] wie sie von Wilhelm von Humboldt (vgl. Miller, 1968: Kap. 2, der Einfluß von Humboldt auf Cassirer) vorgetragen wurden, von Edward Sapir (1929) erneut überprüft und von Benjamin Lee Whorf (Carroll, 1956) popularisiert wurden, von Max Black (1968: 71–75) zurückgewiesen und von Adam Schaff mit der Bemerkung umgekehrt wurden, daß «die Realität die Sprache formt . . .» (1962: 349). Es geschah vielmehr deshalb, weil ich Weinreichs Urteil teile, daß die semantische Analyse sehr rasch alle Spekulanten «in einige der ergebnisloseren Widersprüche der Sozialwissenschaft» (Weinreich, 1968: 165)[66] verwickelt, und weil sowohl die Referenz- als auch die Bedeutungstheorie so un-

---

sogenannten ‹objektiven Teleologie› –, mag der Begriff zur Darstellung richtungsgebend organisierter Strukturen, Mechanismen und Verhaltensmuster nicht nur geeignet sein, sondern ist unter Umständen unentbehrlich für die Erforschung der Kommunikation aller Lebewesen; vgl. Ayala, 1968; zu der Verwendung teleologischer Konzeptionen bei der Analyse und Beschreibung von Verhalten im allgemeinen vgl. auch Miller, Pribram und Galanter, 1960. Zu den beiden Arten von Teleologie vgl. die beiden Aufsätze von Hofstadter, 1941–42 und 1942. Lange-Seidls Argumente (1975: 260f) haben meiner Meinung nach *Ad-hoc*-Charakter und lassen sich nicht aufrechterhalten.

64 Soziologische Rückwirkungen werden bei Duncan, 1968, veranschaulicht, der von Hymes, 1969, rezensiert wurde; zu anthropologischen Auswirkungen vgl. z. B. die Reihe der Cornell University Press über *Symbol, Myth and Ritual*, die von Victor W. Turner und Peacock, 1968, herausgegeben und von Hymes mit einem Vorwort versehen wurde, die sie deutlich in die Burke-Tradition stellt. Zu einem neueren Überblick vgl. Turner, 1975.

65 Zu einem Überblick über das Weltanschauungsproblem insgesamt vgl. Rossi-Landi, 1968.

66 Träfe es nur zu, daß die Bemerkung von Sørensen (1967) in einem ernsthaften Sinne wahr wäre: «Da der Bedeutungsbegriff ein Grundbegriff ist, möchte man annehmen, daß jeder die Bedeutung von ‹Bedeutung› kennen muß. Dabei handelt es sich aber in der Tat um dasjenige, was jeder tut.»

durchsichtig und schwer handhabbar wie eh und je bleiben.[67] Und wenn die semantische Theorie widerspruchsvoll ist und bei der Anwendung auf natürliche Sprachen nur wenig zuverlässig – sicher ist sie in einem beschränkten Maße im Bereich hochsystematischer grammatischer Elemente, weniger sicher schon im Falle des lockerer strukturierten Lexikons und praktisch überhaupt nicht im Falle zusammengesetzter Zeichen (Idiome, Sätze im allgemeinen) –, kann man von der Existenz einer zoosemantischen Theorie im eigentlichen Sinne überhaupt nicht sprechen.[68] Nichtsdestoweniger ist die Frage nach der Beschaffenheit der Verbindung der Teile, die traditionsgemäß und allgemein als die Minimalbestandteile jedes Zeichens anerkannt sind, ständig für jeden ein entscheidendes Problem gewesen, der sich ernsthaft für Semiotik interessiert hat, und deshalb ist zumindest eine Elementarkenntnis der Komposition von Zeichen selbst für ihre bloße Klassifikation eine Vorbedingung.

Ein Zeichen wird demnach allen Darstellungen zufolge – von der stoischen Philosophie bis zum zeitgenössischen Denken – als Konstitution aus zwei unentbehrlichen Hälften betrachtet, von denen die eine sinnlich wahrnehmbar und die andere intelligibel ist: das *Bezeichnende*, ein wahrnehmbarer Einfluß auf zumindest eines der Sinnesorgane des Interpreten, und der *bezeichnete* Inhalt. Dante formulierte das 1305 in seiner unvollendeten «Dē vulgarī eloquentiā» (I, 3) sehr präzise in folgender Weise: «hoc equidem signum sensuale quid est, in quantum sonus est; rationale vero, in quantum aliquid significare videtur ad placitum» («dieses Zeichen . . . ist hinsichtlich des Lautes von *sinnlicher* Natur, aber *rational* [das heißt intelligibel], insofern es aufgrund von Konventionen [das heißt arbiträr] irgendeine Bedeutung trägt») (1957:

---

67 Trotz – oder gerade wegen – dieser Tatsache habe ich keine editorischen Mühen gescheut, damit diese Themen in der Reihe *Current Trends in Linguistics* überall dort, wo sie auftreten, angemessen behandelt werden; folgende größere Kapitel sind erschienen: in Bd. 1, «Soviet and East European Linguistics», Weinreich über sowjetische «Lexicology» (1963); in Bd. 3, «Theoretical Foundations», Weinreich, «Explorations in Semantic Theory» (1966); in Bd. 9, «Linguistics in Western Europe», Ullmann, «Semantics» (1972); in Bd. 12, «Linguistics and Adjacent Arts and Sciences», drei getrennte Kapitel, nämlich von Coseriu und Geckeler «Linguistics and Semantics» (1974), von Clark «Semantics and Comprehension» (1974) und von Werner u. a. «Some New Developments in Ethnosemantics and the Theory and Practice of Lexical/Semantic Fields» (1974).

68 Zwei Aufsätze von W. John Smith (1969 a und b) sind für die entstehende zoosemantische Theorie von besonderer Bedeutung. Die klassische Abhandlung zur Zoosemantik ist Jakob von Uexkülls «Bedeutungslehre» von 1940 (1970).

18; 1890: 6). (Im mittelalterlichen Latein entsprach den Termini Bezeichnendes und Bezeichnetes das Paar *signans* und *signatum*, das von Saussure in *signifiant* und *signifié* übersetzt wurde, von Morris in *Zeichenträger* und *Designatum*, usw.) Die Unterscheidung zwischen den beiden läßt sich in etwa durch folgende Anekdote veranschaulichen: Der Lehrling eines dänischen Fotografen wird nach Amerika geschickt, um seine Porträttechniken zu verbessern; dort bringt man ihm bei, seine Modelle immer dazu zu veranlassen, *cheese* zu sagen; nach seiner Rückkehr nach Dänemark fordert er sie auf, *ost* zu sagen – der Witz basiert auf seiner Verwechslung der zweisprachigen Bezeichnungen mit dem gemeinsamen (das heißt übersetzbaren) Bezeichneten.

In verschiedenen Zeichensystemen, und vor allen Dingen in der Sprache, kann ein Zeichenträger manchmal – bei geeigneten Kontextbedingungen – gerade durch seine Abwesenheit, das heißt in der *Nullform*, ein Vorkommen bezeichnen.[69]

Ein individuelles Vorkommen eines Zeichens – was Peirce als ein ‹Sin-Zeichen› bezeichnete – wird jetzt allgemeiner *Token* genannt, während die Klasse aller Vorkommen des Zeichens – das ‹Legi-Zeichen› bei Peirce – ein *Typ* genannt wird. Betrachten wir erneut sein eigenes Beispiel: Wenn auf der Seite eines Buches 250 Wörter stehen, ist das die Anzahl der Wort-Token, während die Anzahl der unterschiedlichen Wörter auf der Seite die Anzahl der Wort-Typen ist.[70]

Bei den beiden wichtigsten Fragekomplexen, die die meisten Zeichentheoretiker beschäftigt haben, handelt es sich um folgende: (1) in welcher Weise *referieren* individuelle Zeichen*token*, und in welcher Weise besitzen Zeichen*typen* eine konstante *Bedeutungs*fähigkeit, und (2) worin genau besteht der Unterschied zwischen der Referenz- oder *Denotations*-Relation und der Bedeutungs- oder *Designations*-Relation?[71] Die Theorie sprachlicher Referenz und die Theorie sprachlicher Bedeutung wer-

---

69 Vgl. S. 92, unten.

70 Vgl. Fußn. 17, oben. Zu einer neueren Untersuchung dieser Unterscheidung vgl. Richards, 1969.

71 Obwohl die meisten Theoretiker zwischen der Referenzfähigkeit von Zeichen und ihrem tatsächlichen Referieren unterschieden haben, stammt diese spezielle Unterscheidung zwischen *Sinn* und *Bedeutung* von Gottlob Frege; vgl. seinen Aufsatz von 1892; vgl. Husserls *Bedeutung* vs. *Bezeichnung*, Mills *connotation* vs. *denotation*, Pauls *Bedenkung* vs. *Benutzung*, Saussures *valeur* vs. *substance*, usw. usw. Zu einer kritischen Diskussion der Fregeschen Unterscheidung in Sinn und Bedeutung vgl. Kap. III in Grossmann, 1969. (Eine andere wichtige Frage, die hier nicht behandelt wird, spricht Rulon Wells mit dem Titel seines Aufsatzes an, der das Thema «Meaning and Use» behandelt [1954].)

den gewöhnlich beide dem Terminus *Semantik* subsumiert;[72] der Ausdruck *Zoosemantik* wurde kürzlich geprägt, um vermutlich entsprechende Prozesse bei Tieren zu erfassen (Sebeok, 1965). Obwohl ein Verständnis der Denotata und Designata, und der Unterschied zwischen Referenz und Bedeutung, unbedingt erforderlich ist, um eine große Anzahl semantischer und zoosemantischer Fakten zu erklären, besteht unter Philosophen kein Einvernehmen über irgendeine Theorie, derzufolge die von Linguisten im Laufe vieler Jahrhunderte in allen Sprachen der Welt gesammelten Daten und die von Ethologen im Laufe mehrerer Jahrzehnte an einer wachsenden Anzahl von Arten[73] zusammengetragenen Ethogramme zusammenhängend analysiert, geordnet, verglichen und umfassend verstanden werden können. Einige der zahlreichen linguistischen, ethnolinguistischen und psycholinguistischen Ansätze zu den Problemen der Referenz und/oder Bedeutung – die natürlich um die Arbeiten zahlloser Philosophen und Logiker ergänzt werden könnten[74] – fallen in die folgenden (sich teilweise überschneidenden) Gruppen:

A) ein ganzes Spektrum ‹traditioneller› Ansätze, die vor allem in Kontinentaleuropa und Großbritannien praktiziert und in verschiedenen Arbeiten von Stephen Ullmann umfassend dargestellt werden;[75]

---

72 Vgl. dazu aber auch die Kritik bei Quine, 1963: 130: «Wenn die Trennung zwischen Bedeutung und Referenz in angemessener Weise berücksichtigt wird, teilen sich die Probleme dessen, was ungenau als Semantik bezeichnet wird, auf zwei Bereiche auf, die sich so grundsätzlich unterscheiden, daß sie eine gemeinsame Benennung überhaupt nicht verdienen.»

73 Niko Tinbergen bestimmte das ‹Ethogramm› als den Ausgangspunkt ethologischer Forschung, als er erklärte, daß «besonderer Nachdruck auf die Wichtigkeit einer vollständigen Bestandsaufnahme der Verhaltensmuster einer Art gelegt werden sollte» (1951: 78).

74 Es ist kennzeichnend für analytische Philosophen, daß sie die Wahrheitstheorie und die Theorie logischer Deduktion der Semantik aufgrund der Tatsache zuweisen, daß Wahrheit und logische Schlußfolgerung Begriffe sind, die auf der Designationsrelation beruhen, und folglich semantische Begriffe sind (Carnap, 1942: 10); die Auffassung wurde zum Beispiel in einer Reihe von Aufsätzen von Donald Davidson entwickelt (das jüngste ist von 1970). Ryle (1957) zufolge «haben Antworten auf diese äußerst abstrakte Frage, ‹Was sind Bedeutungen?›, in den letzten Jahrzehnten einen großen Platz in den philosophischen und logischen Diskussionen eingenommen. Die Voreingenommenheit für die Bedeutungstheorie könnte als die Berufskrankheit der angelsächsischen und österreichischen Philosophie des zwanzigsten Jahrhunderts beschrieben werden.» S. J. Schmidt, 1969, ist sich in einer neueren Studie philosophischer Trends jedoch ebenfalls der linguistischen Mitwirkung bewußt.

75 Seit kurzem in Ullmann, 1972; siehe zu Hinweisen auf andere seiner Abhandlungen vor allem seine Arbeit «Semantics: An Introduction to the Science

B) die sogenannte ‹strukturale› Textsemantik, wie beispielsweise in dem jüngst erschienenen Buch des Semiotikers A. J. Greimas[76] (1966; rezensiert von Ullmann, 1967; Baumann, 1969);

C) das semantische Differential (das von C. E. Osgood entwickelt wurde), verwandte freie Assoziationsverfahren und psycholinguistische Analysen im allgemeinen;[77]

---

of Meaning» (1962). Vgl. dazu auch Todorov, 1966; Alain Rey, 1969 (mit zusätzlichen bibliographischen Hinweisen auf den Seiten 124ff), sowie Coseriu und Geckeler, 1974.

76 Das Wort ‹struktural›, wie es Greimas in seinem Titel verwendet, ist nur entfernt verwandt mit demselben Wort, wie es von John Lyons im Titel seines Buches «Structural Semantics: An Analysis of Part of the Vocabulary of Plato» (1963) verwendet wird. ‹Strukturale› Semantik stellt bei Lyons den Versuch dar, den Begriff *Wortfelder* oder lexikalische Subsysteme zu modernisieren, wie er von J. Trier (vgl. Trier, 1931) und anderen entwickelt wurde und der locker mit Chomskys transformationellem Modell verbunden ist (vgl. dazu auch Lyons, 1968, besonders Kap. 9 und 10). Die Beziehung von Weisgerber zum Strukturalismus wird in Schaeder, 1969, besprochen. Auf der anderen Seite scheint Greimas, wie bereits in Fußn. 30 bemerkt, vorrangig von Hjelmslev beeinflußt worden zu sein, und vielleicht besonders durch dessen «Pour une sémantique structurale», das 1957 verfaßt und 1959 publiziert worden ist. Vgl. auch die Plenarsitzung des 8. Internationalen Linguistenkongresses, die sich mit der Frage befaßte, «Inwieweit kann man sagen, Bedeutung sei strukturiert?», wozu es wichtige Beiträge von Hjelmslev und Wells gab, an die sich eine interessante Diskussion anschloß, wie den *Proceedings*, S. 636–704 (1958), zu entnehmen ist. Eine zweite wichtige Quelle der Semantik von Greimas war die erste englische Ausgabe von Propps «Morfologija skazki» («Morphology of the Fairytale») (1958, 2. Aufl. 1968; 1. Aufl. des russischen Originals 1928, 2. Aufl. 1969), wie Eleazar M. Meletinsky in seinem Nachwort zur zweiten russischen Auflage (Moskau: Nauka) und erneut in seinem Aufsatz von 1969 (b) hervorgehoben hat.

Das Wort *Struktur* und seine Ableitungen *struktural* und *Strukturalismus* gehören zu den überladensten Klischees des zeitgenössischen sozialen Denkens (besonders in Frankreich). Einige Titel aus der anscheinend endlosen Literaturliste – die hier aufgrund ihrer partiellen Eignung im Kontext semiotischer Studien ausgewählt wurden – sind: Bastide, 1962; Viet, 1965; Ehrmann, 1966; Bierwisch, 1966; Piaget, 1968; Ducrot, Todorov, Sperber, Safouan und Wahl, 1968; Macksey und Donato, 1970. Es können auch drei elementare Einführungen zu Rate gezogen werden: Auzias, 1967; Fages, 1968; Lane, 1970. In diesem ganzen Gewirr von Publikationen zum ‹Strukturalismus› und trotz der Tatsache, daß der ‹Strukturalismus› auf das engste mit der modernen Semiotik verknüpft ist, gibt es keine erschöpfende Abhandlung, die die Wechselbeziehungen der beiden untersucht; vgl. dazu jedoch auch Segre, 1969.

77 Die wichtigsten Literaturangaben zu dem Werk von Osgood und seinen Mitarbeitern wurden in Fußn. 26 aufgeführt. Im allgemeinen vgl. dazu das

D) die Methode der ‹Rückübersetzung› und ähnliche Verfahren, die aus der anthropologischen Feldforschung stammen;[78]

E) Methoden der kognitiven Anthropologie;[79]

F) Methoden, die auf die Vereinbarkeit mit den generativ-transformationalen Ansätzen in der Grammatik, speziell in der Syntax, abzielen.[80]

Eine bemerkenswerte Diskrepanz zwischen dem, was ein Zeichentyp designiert, und dem Denotatum eines seiner Token ist unter Umständen auf verschiedenen Ebenen für die sprachlichen Prozesse verantwortlich, die als ‹Redefiguren› (z. B. die Metapher) bekannt sind, wie auch für vielleicht damit verwandte Phänomene bei Tieren.[81] Das ist auch der Mechanismus, der dem Lügen zugrunde liegt, das – ungeachtet gewisser

---

Journal of Verbal Learning and Verbal Behavior von Bd. 1 (1962) an; Brown, 1958, besonders Kap. 3, über «Reference and Meaning»; Carroll, 1964, Abschnitt über «Meaning as a Problem for Psychology», S. 33–42; sowie Clark, 1972.

78 Phillips, 1959–60; Nida, 1964, Kap. 3–5; Nida und Taber, 1969, sowie Nidas Aufsatz «Science of Translation» (1969) mit weiteren Literaturangaben in seiner 3. Anm. (Nidas «Componential Analysis of Meaning» wurde 1975 in der Reihe *Approaches to Semiotics* publiziert. Einige der Probleme, die mit diesem Ansatz verbunden sind, wurden von Susan M. Ervin 1965 (1954) vorweggenommen.

79 Dieser Ausdruck deckt in der Anthropologie ungefähr den gleichen Bereich ab wie ‹Formalanalyse›, ‹Komponentenanalyse›, ‹Volkstaxonomie›, ‹Ethnowissenschaft›, und ‹Ethnosemantik›. Zu der neuesten Aufsatzsammlung, die verschiedene der klassischen Beiträge dieses Ansatzes in der semantischen Analyse enthält, vgl. Tyler, 1969, sowie Bendix, 1966, und Werner u. a., 1974.

80 Beispiele für verschiedene Ansätze in der semantischen Interpretation syntaktischer Strukturen sind: Katz, 1966, 1967; Weinreich, 1966; Bierwisch, 1969. McCawley, 1968, nimmt eine Mittelstellung zwischen Weinreich und Katz ein, die kurz gesagt darin besteht, daß die grammatische Tiefenstruktur das gleiche ist wie die semantische Struktur und daß deshalb eine gesonderte semantische Komponente von der Art, wie sie Katz (und einige seiner Mitarbeiter) anstrebt, überflüssig ist. Chomsky betont in seinem Aufsatz «Deep Structure, Surface Structure, and Semantic Interpretation» (1971) erneut nachdrücklich, daß die Eigenschaften der Oberflächenstruktur eine Rolle bei der Bestimmung der semantischen Interpretation spielen. Weitere Literaturangaben finden sich in der Bibliographie von Katz und in verschiedenen der zuvor erwähnten Aufsätze. Krenn und Müller (1970) stellen eine 146 Titel umfassende Bibliographie zur ‹generativen› Semantik ihrer Anmerkung zum Thema zur Seite.

81 Das Problem wurde bei Bronowski, 1967, folgendermaßen dargestellt: «Weist irgendeine Tiersprache Redefiguren auf?», und er beobachtete, daß «es sich hierbei um eine interessante Frage handelt, da die Antwort nicht einfach ist», und Licht darauf wirft, wie wir selbst die ambivalenten Bedeutungen in der menschlichen Sprache miteinander verbinden». Wenn diese Frage in formalerer Terminologie lautet, «ob ein Tier jemals die gleiche Geste für zwei verschiedene Bedeutungen benutzt», dann bin ich davon überzeugt, daß die Antwort ‹ja› heißt,

Auffassungen – verschiedenen Formen der Täuschung entspricht, die im gesamten Tierreich vorkommen.[82]

Die Anerkennung der vielfältigen möglichen Relationen zwischen dem Bezeichnenden und dem Bezeichneten haben zu entsprechenden Zeichenklassifikationen geführt, von denen das Peircesche Maximalschema mit sechsundsechzig Arten (Weiss und Burks, 1945) das sicherlich umfassendste war. Heute wird lediglich rund ein halbes Dutzend Zeichenarten regulär bestimmt und allgemein angewandt (mit nur ungefähr vergleichbaren Definitionen). Es sollte weiterhin deutlich werden, daß es sich hierbei keineswegs um die Klassifikation von Zeichen, sondern vielmehr von Zeichenaspekten handelt. Ein Zeichen kann, mit anderen Worten, mehr als einen Aspekt aufweisen, so daß wir graduelle Unterschiede feststellen können. So kann zum Beispiel ein Symbol wie ein Befehl auch mit einem Signalwert besetzt sein; ein Emblem wie zum Beispiel die amerikanische Flagge ist zum Teil ikonisch; oder ein vorrangig indexikalisches Zeichen wie ein Richtungspfeil kann zusätzlich eine erkennbare symbolische Komponente besitzen.[83] Aspekte treten in einer festgelegten Hierarchie auf; daher ist es zulässig, das Zeichen, wenn auch ungenau, nach demjenigen Aspekt zu bezeichnen, der vorrangig ist.

Die folgenden Termini scheinen mir in der augenblicklichen semiotischen Diskussion am häufigsten vorzukommen (vgl. dazu auch Kap. 4, unten):

---

und ich vertrete aus den von Smith genannten Gründen allgemein die Ansicht, daß nämlich zwar die Anzahl der Darstellungen bei allen Vogel- und Säugerarten ausgesprochen begrenzt ist (von etwa 15 bis 45 pro Art), die Kontextinformation «jedoch die Gruppe der Ereignisse stark erweitert, hinsichtlich deren Kommunikation mit Hilfe der Darstellungen erfolgen kann» (Smith, 1969 b: 149).

82 Vgl. Caws, 1969: «Die Wahrheit . . . betritt erst vergleichsweise spät die linguistische Bühne, und es ist sicherlich ein Irrtum anzunehmen, daß die Sprache mit dem Interesse erfunden wurde, sie auszusagen.» Sturtevant (1947: 48) mutmaßte, daß «die Sprache mit der Absicht erfunden worden sein muß zu lügen»; Hockett stellte im Zusammenhang mit seinem Darstellungsmerkmal 14 aus der Liste in 1966 fest, daß «Lügen bei Tieren äußerst selten zu sein scheint»; es gibt eine Menge Belege für das Gegenteil (Altmann, 1967: 353–355, unter dem Stichwort «Ausflüchte»). Zum Lügen als einem linguistischen Problem vgl. Weinreich, 1966. Zum Begriff des Lügens bei Tieren im allgemeinen vgl. u. a. Kap. 8 über «Lügenerscheinungen im Tierreich» in Kainz, 1961; Hediger, 1968: 150f; sowie Lorenz und Leyhausen, 1968: 370 (bei Leyhausen). Ein neuer Bericht, der ein deutliches Beispiel für dieses Phänomen bei Füchsen liefert, findet sich in Rüppell, 1969, so daß Pfeiffers Behauptung (1969: 265), daß Heucheln oder Täuschung «charakteristisch für das Primatenverhalten ist; es findet sich bei keiner anderen Art», sicherlich falsch ist.

83 Vgl. Count (1969: 102): «Symbolisierung . . . ist als eine Angelegenheit einer kontinuierlichen (qualitativen) Abstufung vorstellbar.»

(1) SIGNAL. *Wenn ein Zeichentoken auf seiten des Empfängers mechanisch oder konventionell*[84] *irgendeine Handlung auslöst, sagt man, daß es als Signal fungiert.* Im Zusammenhang einer Arbeit über Alloprimaten definiert C. R. Carpenter Signalverhalten im allgemeinen, in vielfältigen Qualitäten, Formen und Ausprägungen, als «ein abgekürztes Reizgeschehen, einen Teil eines längeren Ganzen, das ausgedehnte Handlungen hervorrufen kann. Die Signalisierungstätigkeit wird in ihrer einfachsten Form von einem einzelnen Lebewesen hervorgebracht; sie repräsentiert Information; sie wird durch einen physikalischen Träger übermittelt und von einem oder mehreren Individuen wahrgenommen und beantwortet. Wie das Reizgeschehen, zu dem das Signalverhalten als ein Sonderfall gehört, BEFREIT diese Verhaltensweise mehr Energie, als zur Signalisierung benötigt wird» (Carpenter, 1969: 44; vgl. dazu auch Resnikow, 1968). Beispiele dafür sind: der Ausruf ‹Los!› oder alternativ dazu das Abfeuern einer Pistole als Start eines Wettlaufs; Tonstöße, die von einem sich schallorientierenden Meeressäuger oder einer Fledermaus ausgestoßen werden.[85]

(2) SYMPTOM. *Ein obligatorisches, automatisches, nichtarbiträres Zeichen, wobei das Bezeichnende mit dem Bezeichneten in der Weise einer natürlichen Verbindung verknüpft ist.* Ein SYNDROM *ist eine Struktur von Symptomen.* (Beide Termini haben starke, nicht jedoch ausschließliche medizinische Konnotationen.)[86] Beispiele dafür sind: Fieber ist ein Symptom einer Krankheit; Hediger (1968: 144–145) bemerkt zu den Exkrementen von Giraffen, daß «normalerweise das Fallen des Kots einen typischen raschelnden Ton geben sollte; wenn (aber) der

---

84 «Signale können . . . von der ‹Natur› bereitgestellt werden, aber sie können auch künstlich hergestellt werden», wie Kecskemeti (1952: 36) betonte.

85 Wir sollten uns hier im Vorübergehen daran erinnern, daß sich dem wohlbekannten und sehr einflußreichen ‹Organonmodell› von Karl Bühler (1934: 28 und passim) zufolge das *Signal* auf das Ziel richtet, dessen Verhalten es regiert (das heißt, es ist ein Handlungsauslöser oder -hemmer); das *Symptom* hat mit der Quelle zu tun, deren inneres Verhalten es ausdrückt; und das Symbol bezieht sich auf die Designation; vgl. Fußn. 1 auf S. 98, unten. Zu weiteren Beispielen für ein Signal bei Tieren vgl. z. B. Burkhardt u. a., 1967; Sebeok, 1968 b–c, 1972 und 1977 a; dazu auch Sebeok und Ramsay, 1969.

86 Vgl. Ostwald, 1964. Die Denotata von Symptomen und Syndromen sind gewöhnlich für den Adressanten (hier den Patienten) und den Adressaten (hier den Arzt) nicht gleich; zu einigen freudianischen Implikationen dieser Beobachtung vgl. Brown, 1958: 313; vgl. ebenfalls Kecskemeti, 1952: 61. Drei grundlegende Bücher in diesem klassischen Gebiet der Semiotik sind Ruesch, 1957, 1961 und 1972. Zu einer Diskussion der Unterscheidung, die von den Logikern von Port-Royal vorgenommen wurde, vgl. Kap. 4, Abschnitt 2.4, unten. Vgl. ebenfalls Fußn. 2 auf S. 100, unten.

Kot in formlosen, klatschenden Portionen ausgeschieden wird, ist das ein wichtiger Hinweis für den (Zoo-)Wärter» auf den Gesundheitszustand des Tieres.[87]

(3) IKON.[88] *Man spricht dann von einem ikonischen Zeichen, wenn eine topologische Ähnlichkeit zwischen einem Bezeichnenden und seinen Denotata besteht.* Beispiele dafür sind: ein Gemälde, eine algebraische Formel; das Ende des Hinterleibs eines Aphiden, das für eine Arbeiterameise den Kopf einer anderen Ameise bezeichnet, und das Stoßen mit den Hinterbeinen des Aphiden repräsentiert eine Imitation der Fühlerbewegung einer Ameise (Kloft, (1959).

(4) INDEX. *Man spricht dann von einem indexikalischen Zeichen, wenn sein Bezeichnendes seinem Bezeichneten benachbart ist oder eine Probe davon darstellt.* Beispiele dafür sind: eine Uhr; die sprachlichen Kategorien, die als ‹Deiktika› bekannt sind, besonders die ‹Ablöser› (wie zum Beispiel die Personalpronomina im Englischen);[89] der Schwänzeltanz, den eine Biene auf einer horizontalen Fläche aufführt.[90]

---

87 Symptomatische Darstellungen – die manchmal ‹autonome Wirkungen› genannt werden – wurden von Charles Darwin, 1872, sorgfältig beobachtet und beschrieben. In einer berühmten Passage, S. 101–102, bemerkte er, «daß die Aufrichtung der Hautanhängsel» bei verschiedenen Wirbeltieren «eine Reflexhandlung unabhängig vom Willen ist; und diese Handlung darf dann, wenn sie unter dem Einfluß von Zorn oder Angst vorkommt, nicht als eine Macht betrachtet werden, die im Interesse irgendeines Vorteils erworben wird, sondern als ein zumindest weitgehend zufälliges Ergebnis des betroffenen Sensoriums. Insofern es zufällig ist, läßt sich das Ergebnis mit dem heftigen Schwitzen im Todeskampf oder im Schrecken» beim Menschen vergleichen.

88 Zum Begriff des Ikons vgl. S. 25, Fußn. 18, oben; zu ikonischen Funktionen in der Sprache vgl. Jakobson, 1965, und Valesio, 1969. Peirce (2.277) unterschied drei Unterarten des Ikons: Bilder, Diagramme und Metaphern. Die Theorie des Diagramm war in der Peirceschen semiotischen Forschung von großer Bedeutung und wurde zum Thema mehrerer neuerer amerikanischer Dissertationen: Don D. Roberts, «The Existential Graphs of Charles S. Peirce» (University of Illinois, 1963); eine durchgesehene Ausgabe wurde später als Roberts, 1973, publiziert; sowie J. Jay Zeman, «The Graphical Logic of C. S. Peirce» (University of Chicago, 1964). Jakobson stellte fest: «Die Untersuchung von Diagrammen ist in der modernen Graphentheorie weiterentwickelt worden», deren Implikationen für die Semiotik zwar unverkennbar sind, jedoch niemals genau überprüft wurden; vgl. jedoch die provokative Arbeit von M. Gardner, 1968, wo auch auf S. 144 weitere Literaturangaben zu finden sind.

89 Zu dem Begriff *Deixis*, bei dem es sich natürlich um den griechischen Ausdruck für ‹Anzeigen› handelt, vgl. Frei, 1944, sowie Lyons, 1968: 275–281. Zu dem Begriff Ablöser vgl. Jespersen, 1964: 123–124, Sturtevant, 1947: 135–136, sowie Jakobson, 1963: Kap. 9. Vgl. dazu auch Peirce, 2.289.

90 Vgl. S. 111f, unten.

(5) SYMBOL. Die operativen Ausdrücke in den vorangegangenen Definitionen von Ikon und Index waren ‹Ähnlichkeit› bzw. ‹Nachbarschaft›. Ein Zeichen, das weder ähnlich noch benachbart ist, sondern lediglich *eine konventionelle Beziehung zwischen seinem Bezeichnenden und seinen Denotata aufweist und eine intensionale Klasse*[91] *für sein Designatum besitzt, wird Symbol genannt.* (Zugegebenermaßen ist das der am häufigsten mißbrauchte Terminus in dieser Gruppe. Die Folge davon war, daß er entweder in geradezu grotesker Weise überfrachtet wurde[92] oder auf solche allgemeinen Arten von Verhaltensphänomenen wie ‹Reiz›[93] oder sogar ‹Nichtigkeit›[94] reduziert wurde. Der Terminus EMBLEM wird manchmal als ein partielles – eingeschränkteres – Synonym für Symbol verwendet, das gewöhnlich in visueller Art und Weise bestimmt wird; so könnte man sagen, daß die ‹Stars and Stripes› entweder das Symbol oder das Emblem von Amerika sind, aber man kann nicht sagen, H_2O sei ein ‹chemisches Emblem›.[95] Es ist oft behauptet worden, Symbole lägen ausschließlich im Vermögen menschlicher Wesen, aber die Fähigkeit lebender Dinge, intensionale Klassenbegriffe zu bilden, reicht weit in die Phylogenese zurück, und dieses Vermögen, Allgemeines am Besonderen zu organisieren, ist vor fast einem Vierteljahrhundert mit einer mathematisch-neurologischen Erklärung versehen worden (Pitts und McCulloch, 1947; vgl. Arbib, 1971). Sowohl der obigen Definition eines Symbols zufolge als auch gemäß den allgemeinen aristotelischen Definitionen, die, auf der Arbitraritätslehre beruhend, in der Linguistik vor allem von William Dwight Whitney und, nach ihm, von Saussure[96] befürwortet wurden, haben Tiere zweifellos Symbole. Ich

---

91 Eine intensional definierte Klasse ist eine solche, die durch die Verwendung einer Propositionalfunktion definiert wird; die Denotata der Designation wurden hinsichtlich der Eigenschaften definiert, die allen und nur den Mitgliedern dieser Klasse gemeinsam sind. Vgl. Reichenbach, 1948: 193. In der Terminologie von Lewis (1946: 39) bezieht sich Intension auf «die Konjunktion aller Termini, von denen jeder auf all das anwendbar sein muß, auf das der gegebene Terminus korrekt anwendbar wäre». Zu einer maßgebenden fachlichen Darstellung der Extensions- und Intensionsmethode siehe besonders Carnap, 1956; vgl. außerdem Stanosz, 1970, sowie weiterhin Fußn. 98 unten.

92 Vgl. z. B. die Literaturangaben zu Cassirer, Langer und Burke in der Bibliographie sowie damit verwandte Zitate, die in Fußn. 64, oben, angeführt wurden, sowie White, 1940, und Kahn, 1969, der auf S. 113, unten, zitiert wird.

93 Kantor (1936: 63): «. . . der Terminus Symbol ist dazu gebildet worden, um all dem zu dienen, was der Psychologe einen Reiz nennt.»

94 Vgl. dazu auch Kap. 4, unten, Abschnitt 5.3.3.

95 Zu einer Diskussion des Emblems vgl. S. 113 f, unten.

96 Selbst Leonard Bloomfield hat in «Language» (1933: 145) erneut hervorgehoben, daß «die Beziehung sprachlicher Formen zu ihren Bedeutungen völlig

habe bereits früher dieses Beispiel von ‹Arbitrarität› bei Tieren angeführt: Bei einem Hund designieren Schwanzbewegungen Freundschaft, bei einer Katze Feindschaft, aber bei einem Pferd denotieren sie lediglich die Anwesenheit von Fliegen; es ließen sich ohne Schwierigkeiten viele weitere Beispiele anführen.[97]

(6) NAME. *Ein Zeichen, das eine extensionale Klasse als Designatum hat, wird Name genannt.*[98] So haben Individuen, die durch den Eigennamen ‹Veronika› denotiert werden, keine ihnen zugewiesenen gemeinsamen Eigenschaften außer der Tatsache, daß sie alle auf ‹Veronika› hören.[99] Namen scheinen zu derjenigen Bezeichnungsart zu gehören, die Morris als *Identifikatoren* bezeichnete. Er unterschied dabei drei Arten, von denen *Namoren* und *Indikatoren* hier zutreffend erscheinen. Namoren sind sprachliche Identifikatoren, weshalb sie singuläre Zeichen wie Eigennamen enthalten. Indikatoren sind auf der anderen Seite nichtsprachliche Zeichen; solche ‹Namen› sind allgemein – *ex hypothesi* – im Ruf von Vögeln und Säugetieren enthalten.[100]

Zusammenfassend können wir feststellen, daß die folgenden formalen Attribute als Kriterien der zuvor erwähnten Kategorien von Zeichenaspekten dienen: Die Denotation eines SYMPTOMS ist gleichbedeutend mit seiner Ursache im Sender, während diejenige eines SIGNALS eine Veränderung im Verhalten des Empfängers verursacht; ein IKON hat

---

arbiträr ist». Zu der Kontroverse, die sich an Saussures Prinzip der arbiträren Natur des Zeichens entzündet hat, vgl. die Literaturangaben in der Titelanmerkung (S. 191) zu Sechehaye, Bally und Frei, «Pour l'arbitraire du signe», erstmalig publiziert 1940–1941, wieder abgedruckt in Godel, 1969. Zu einer neueren Diskussion des Lehrsatzes von der Arbitrarität in der Sprache vgl. Bolinger, 1968: 14–17, 240–243, der vor geraumer Zeit einen Aufsatz mit dem Titel «The Sign Is Not Arbitrary» (1949) verfaßte. Zu einem vollständigen Überblick vgl. Engler, 1962, sowie besonders Coseriu, 1967.

97 Vgl. S. 108f, unten.

98 Eine extensional definierte Klasse ist eine solche, die durch Auflistung der Namen der Mitglieder definiert wird oder indem man, Reichenbach (1948) zufolge, nacheinander auf jedes Mitglied hinweist. Vgl. dazu auch Fußn. 91, oben.

99 Vgl. Abschnitt 6.2 auf S. 117, unten.

100 Zu den verschiedenen Arten von Identifikatoren vgl. Morris, 1946: 76–77; zu der Universalität der Identifizierungsnachricht in allen Darstellungen von Wirbeltieren vgl. Smith, 1969 a, b; zu den Zeichen, die eine individuelle Identität anzeigen, vgl. die Literaturangaben zu Thorpe in der Bibliographie und auf S. 118, unten; zu weiteren besonders guten Beispielen aus einer großen Anzahl von Vögeln vgl. Armstrong, 1963: 9–12; zu einzelnen Beispielen von Primaten vgl. Marler, 1965, sowie van Lawick-Goodall, 1968: 270. Zu der offensichtlichen Klarheit individueller Lautketten bei Walen (‹Signatur›) vgl. Backus und Schevill, 1966.

eine Ähnlichkeit zwischen Bezeichnendem und Bezeichneten zur Folge, während die Komponenten eines INDEX einander benachbart sind; ein SYMBOL verlangt den Begriff einer intensionalen Klasse, während ein NAME denjenigen einer extensionalen Klasse verlangt; ein EMBLEM schließlich steht einem Symbol als eine Kategorie gegenüber, die durch den Kanal bestimmt wird, in dem es sich manifestiert.

2. Ist eine vergleichende Semiotik möglich?*

> Il y a un double mouvement, une aspiration de la nature vers la culture, c'est-à-dire de l'objet vers le signe et le langage, et un second mouvement qui, par le moyen de cette expression linguistique, permet de découvrir ou d'apercevoir de propriétés normalement dissimulées de l'objet, et qui sont ces propriétés mêmes qui lui sont communes avec la structure et le mode de fonctionnement de l'esprit humain (Lévi-Strauss an Charbonnier, 1961).
>
> Même les sciences de l'homme ont leurs relations d'incertitude (Lévi-Strauss, 1962 b).

Viele frühere Anthropologen waren sich sicher, daß es universale Kulturmuster oder universale Kategorien gäbe, die allen Kulturen zugrunde lägen; so gab sich beispielsweise Adolf Bastian – der ursprünglich ein unerschütterlicher Kritiker des Darwinismus gewesen war – damit zufrieden, daß die «psychische Einheit der Menschheit» aufgrund eines allgemeinen Gesetzes *Elementargedanken* (vgl. Hugo Schuchardts [1912] Begriff einer sprachlichen *elementaren Verwandtschaft,* der sich direkt von Bastian herleitet) hervorbringt, die, empfänglich für verschiedene äußere Reize, dann räumliche Trennungen verstärkten und auf einer weiteren Stufe der evolutionären Entwicklung kulturelle Unterschiede in der Geschichte im eigentlichen Sinne herbeiführten; vergli-

---

* Die in diesem Aufsatz entwickelte Argumentation wurde zum erstenmal in einem improvisierten Vortrag präsentiert, der im Januar 1967 in einem Seminar gehalten wurde, das im Collège de France unter der gemeinsamen Leitung von Claude Lévi-Strauss, Roland Barthes und A. J. Greimas stattfand. Claude Lévi-Strauss gewidmet, erschien der Aufsatz in «Echanges et communications: Mélanges offerts à Claude Lévi-Strauss à l'occasion de son 60ème anniversaire», hg. von Jean Pouillon und Pierre Maranda (Den Haag: Mouton, 1968), S. 614–627; vgl. auch Sebeok, 1972, S. 106–121, sowie eine jüngst publizierte ungarische Version in «A Jel Tudománya», hg. von György Szépe und Özséb Horányi (Budapest: Gondolat, 1975), S. 417–426. Mein besonderer Dank gilt der National Science Foundation für ein langfristiges *Senior Post-doctoral Fellowship* 1966/1967 am Center for Advanced Study in the Behavioral Sciences und an der Universität von Kalifornien (Berkely) sowie für einen Forschungsauftrag (GB – 5581), der vom NSF-Programm für Psychobiologie vergeben wurde.

chen mit den grundlegenden Gesetzen wies er den letzteren jedoch eine untergeordnete Bedeutung zu (Lowie, 1937).

Zeitgenössische Anthropologen haben gelegentlich partielle Listen von Gegenständen vorgelegt, die in jeder menschlichen Gesellschaft vorzukommen scheinen, die der Geschichte oder Ethnographie bekannt ist, und sie haben gezeigt, daß dann, wenn einige davon – vor allem die Sprache – detailliert analysiert werden, die Ähnlichkeiten zwischen allen Kulturen in der Tat zahlreich seien: «So hat zum Beispiel nicht nur jede Kultur eine Sprache, sondern alle Sprachen lassen sich auch aufgliedern in identische Arten von Komponenten . . .» (Murdock, 1945). Während Kluckhohn (1953) auf der anderen Seite betont hat, daß «die Linguistik der einzige Bereich der gesamten Anthropologie ist, der elementare Einheiten entdeckte . . . die universal objektiv und theoretisch bedeutsam sind», fragte er auch danach, ob vergleichbare Einheiten «im Prinzip in kulturellen Bereichen nachweisbar sind, die weniger mechanisch als die Sprache und weniger fest . . . an die biologische Realität gebunden sind». Was man auch immer über die hier zugrunde liegenden Annahmen über die Art der Beziehungen zwischen den biologischen und den sozialen Wissenschaften denken mag – ich schließe mich der von Tiger und Fox (1966) skizzierten Auffassung an und bekräftige die dadurch implizierte Forschungsstrategie (vgl. Glass, 1967) –, eine unzweideutige Lösung dieser offensichtlichen Schwierigkeit resultiert aus der konsequenten Anwendung des Systembegriffs auf die Kultur- und Sozialanthropologie, der den Grundstein der gesamten modernen Linguistik darstellt. Das wurde von Lévi-Strauss (1962 a) prägnant formuliert, als er mit dem Ziel, solche vagen Begriffe wie ‹Archetypen› oder ein ‹kollektives Unbewußtes› abzuschaffen, die Gültigkeit latenter relationaler gegenüber offenbarer substantieller Invarianz betonte: «seules les formes peuvent être communes, mais non les contenus». Der allgemeinere Slogan von Gregory Bateson (Sebeok, 1968 b: Kap. 22), «Das Muster ist das Ding», unterstreicht noch einmal, was jeder Linguist weiß, daß jede Typologie durch eine rigorose Ausscheidung von Redundanzen aus den Systemen aufgebaut werden muß, die topologisch für äquivalent gehalten werden. Bei dieser Betrachtungsweise erscheinen zwei beliebige Kulturen als oberflächlich verschiedene Repräsentationen einer abstrakten Struktur, nämlich der menschlichen Kultur; und gerade diese Isomorphie erklärt die Möglichkeit der Kommunikation über Kulturen hinaus. Die Suche nach Universalien erweist sich in dieser Weise erneut als die Suche nach der ‹psychischen Einheit der Menschheit›, das heißt nach den grundlegenden Gesetzen, die das menschliche Verhalten regieren.

In keinem Bereich ist diese Suche sorgfältiger – und, nach verschiedenen falschen Ansätzen, produktiver – gewesen als in der Linguistik, die bei Roger Bacons Ausspruch ansetzte, «grammatica una et eadem secundum substantiam in omnibus linguis, licet accidentaliter varietur». Die ersten Jahrzehnte des neunzehnten Jahrhunderts waren von einem kreativen Eifer erfüllt, da die Linguisten dieser Ära das einmütige Ziel verfolgten, die enormen Mengen konkreter Sprachdaten zu fundieren und zu ordnen, die im achtzehnten Jahrhundert hauptsächlich durch den Anstoß von Leibniz angehäuft worden waren. Ihre Inanspruchnahme durch die Veränderung der Sprache im Laufe der Zeit und die begleitende Rekonstruktion versunkener Sprachebenen mittels der vergleichenden historischen Methode überlagerte zeitweilig eine frühere Tradition der ‹philosophischen› Grammatik – wenn die auch niemals ganz aufgehoben wurde –, der die Sprachforscher des siebzehnten und achtzehnten Jahrhunderts zutiefst verpflichtet waren (vgl. Sebeok, 1966). Bereits 1808 schlug Friedrich von Schlegel – der ein Schüler Georges Cuviers war, des Begründers der vergleichenden Anatomie – ein Forschungsprogramm vor, das von einer biologischen Metapher beseelt wurde, die in etwa den Zentralbetriff der allgemeinen Ethologie vorwegnahm, daß sich Verhalten mit morphologischer Entwicklung und Differenzierung entfaltet (als eine Folge genetischer Programmierung; vgl. z. B. Lorenz, 1965): «Die vergleichende Grammatik wird uns völlig neue Informationen über die Genealogie der Sprache liefern, und zwar genau in der gleichen Weise, wie die vergleichende Anatomie Licht auf die Naturgeschichte geworfen hat» (Pedersen, 1962). Die lohnende Beschäftigung des vergangenen Jahrhunderts mit Problemen sprachlicher Verwandtschaft drückte den Bemühungen dieser Ära um eine Typologie ihre Spuren auf, von denen vielleicht Marrs Stadialtheorie – die im Laufe der zwanziger Jahre unseres Jahrhunderts als mißverstandene marxistische und gleichfalls entstellte wissenschaftliche Bemühung entwickelt wurde, um sprachliche (speziell morphologische) Typen, die als pseudoevolutionäre Stadien geordnet wurden, mit psychologischen und sozialen Ebenen parallel zu schalten – der letzte und am gründlichsten diskreditierte Überrest war (Thomas, 1957).

Ein ursprünglicher Eindruck der reichen und anscheinend unerschöpflichen Vielfalt – zurückführbar auf die Vorrangstellung empirisch orientierter anthropologischer und anderer deskriptiver Linguisten des (ungefähr) zweiten Viertels unseres Jahrhunderts – wird jetzt erneut allmählich durch die wachsende Überzeugung einer durchdringenden und signifikanten Invarianz inmitten oberflächlicher Verschiedenartigkeit verdrängt. Die Geschichte des linguistischen Denkens hat immer zwischen einer überwiegenden Vorliebe für das Datensammeln und der Ansicht, daß Sprachen separate Objekte sind, die beschrieben, verglichen und interpretiert werden müssen, und, im Gegensatz dazu, einer konzentrischen Suche nach sprachlichen Universalien und ihren definierenden Eigenschaften geschwankt. Dieses letztere Ziel – speziell in seiner augenblicklichen Ausprägung – schließt notwendig ein Verständnis der neurophysiologischen (Darley, 1967) und, noch allgemeiner, der biologischen (Lenneberg, 1967; Sebeok, 1968 b: Kap. 21) Eigenschaft des Menschen, seiner Wahrnehmungs-, Kategorisierungs- und Transformationsweisen ein, um dem Verhalten dieser einmaligen, sprachverwendenden Art Rechnung zu tragen und – unmittelbarer – im Interesse des Prozesses sprachlicher Ontogenese. Zvegintsev (1967) hat darauf bestanden, daß das Studium sprachlicher Universalien «erst dann (bedeutungsvoll) wird, wenn es in Wechselbeziehung zu anderen Wissenschaften gesehen wird und wenn die Resultate dieses Studiums sowohl für die Linguistik im eigentlichen Sinne als auch für andere Wissenschaften gleiche Wichtigkeit erlangen».

Das Studium sprachlicher Universalien – entweder gegenständlich, wie es traditionell betrieben wurde (und wie es von Greenberg, 1963 und 1966, veranschaulicht wurde), oder formal, wie es vor einiger Zeit von den generativen Grammatikern vorgeschlagen wurde (Katz und Postal, 1964; Chomsky, 1965) – zeigt, daß alle bekannten natürlichen Sprachen relativ oberflächliche Variationen eines einzigen zugrunde liegenden Themas sind – was Humboldt 1821 ausdrücklich als «einen intellektuellen Instinkt des Geistes» (Cowan, 1963) anerkannte –, ein Modell, das darüber hinaus sowohl artspezifisch als auch mit der Art vereinbar ist. Die fruchtlose (aber offensichtlich noch immer nicht völlig aufgegebene) Antithese zwischen ‹angeborenen› und ‹erworbenen› Verhaltenskategorien (vgl. Hinde, 1966) läßt sich auf unserer Ebene aufheben, wenn wir annehmen, daß das universale glotto-poetische Schema (Tiefenstruktur; dieser Ausdruck wird verstanden als Annäherung an Humboldts Begriff der ‹inneren Form›) ererbt ist, während die Umgebung die Verhaltensunterschiede hinzufügt (die sich in der Oberflächenstruktur oder den ‹äußeren Formen› niederschlagen). Mit anderen Worten: Die Entwicklung der Sprachfähigkeit eines normalen Neugeborenen, die vermutlich eine Reihe universaler Elemente des sprachlichen Kodes enthält, ist völlig durch den genetischen Kode determiniert, allerdings in einer solchen Art und Weise, daß dieser identische genetische Plan durch Raum und Zeit in der Phänogenese unterschiedliche Ausdrucksformen finden kann. Die Rückwirkung der Umgebung des Menschen auf seine genetische Konstitution, die Interaktion zwischen seiner Natur und seiner Kultur, führt zu den Tausenden natürlichen Sprachen, aber keiner der beiden Parameter kann mehr als einen Teil der Bildungsregeln berücksichtigen, die zu ihrer Schöpfung führten. Die Schlußfolgerungen scheinen zwingend, daß die Sprachfähigkeit – *le langage* – sich im Laufe der Entwicklung nur einmal durchsetzte, daß ihr fundamentaler Grundriß in unserer Art sowohl unverändert blieb als auch typisch für sie ist und daß die vielfältigen Sprachen – *les langues* –, die in den menschlichen Gesellschaften konkret realisiert wurden, durch die verschiedenartigen, mehr oder minder anerkannten Prozesse der historischen Sprachforschung unterschieden wurden.

Während die Sprache, in ihren verschiedenen konkreten Manifestationen, und vor allen Dingen die gesprochene Sprache (aber auch ihre Ableitungen und Übersetzungen, zum Beispiel in Schrift oder elektrische Impulse) natürlich das menschliche Signalsystem *par excellence* ist, ja das Kennzeichen von Menschlichkeit (oder, wie es Simpson [1966] ausdrückte, «das bestimmendste Einzelmerkmal des Menschen»), stellt sie keineswegs seine einzige Kommunikationsmethode dar, sondern lediglich einen speziellen, außergewöhnlich anpassungsfähigen Fall. Die anderen ihm zur Verfügung stehenden Mittel konstituieren zusammen mit den im eigentlichen Sinne sprachlichen einen wichtigen Teil der Semiotik, der sich rasch zu einem autonomen Forschungsbereich auswächst. Der Terminus *Semiotik*, der in der frühesten Verwendungsweise auf die medizinischen Interessen an sinnlich wahrnehmbaren Hinweisen auf Veränderungen am Zustand des menschlichen Körpers, das heißt auf die Symptomatologie beschränkt war, wurde später von den Stoikern in einer umfassenderen Bedeutung verwendet und scheint von John Locke im Kapitel XXI seines «Essay Concerning Humane Understanding» in die englische philosophische Diskussion eingeführt worden zu sein. Locke betrachtete die Lehre von den Zeichen als denjenigen Bereich seiner Dreiteilung aller Wissenschaften, «dessen Aufgabe darin besteht, die Natur der Zeichen zu untersuchen, die der Geist verwendet, um sich die Dinge verständlich zu machen oder anderen sein Wissen mitzuteilen». Zur Kommunikation und Aufzeichnung unserer Gedanken «sind Zeichen unserer Ideen . . . notwendig: Diejenigen Zeichen nun, die den Menschen am zweckdienlichsten erscheinen und infolgedessen allgemein verwendet werden, sind *artikulierte Laute*. Deshalb bildet die Betrachtung der *Ideen* und *Wörter* als der hauptsächlichsten Hilfsmittel der Erkenntnis einen nicht zu unterschätzenden Teil der Erwägungen dessen, der das menschliche Wissen in seinem gesamten Umfang überschauen will. Wenn wir sie gründlich abwägten und gehörig untersuchten, so würden sie uns vielleicht eine andere Art von Logik und Kritik liefern als die, die uns bisher bekannt ist.»

Der tatsächliche Begründer und erste systematische Erforscher der Semiotik war jedoch der scharfsinnige und gründliche amerikanische Philosoph Charles Peirce: «Soweit ich weiß», stellte er fest, «bin ich ein Pionier oder eher noch ein Hinterwäldler bei der Arbeit an der Klärung und Begründung desjenigen, was ich *Semiotik* nenne, das heißt der Lehre von der wesenhaften Beschaffenheit und den grundlegenden Verschiedenartigkeiten einer möglichen Semiosis; meiner Meinung nach ist das Forschungsgebiet für einen ersten Forscher in diesem Bereich zu umfangreich und die Arbeit zu groß. Ich bin deshalb dazu gezwungen, mich auf die wichtigsten Fragen zu beschränken» (Peirce, 5.488; [etwa 1906]). Nebenbei bemerkt verdanken wir Peirce die Einteilung der Zeichen in Ikone, Indizes und Symbole, die sich (mit einigen wesentlichen Modifikationen) in verschiedenen neueren Studien sowohl menschlicher (Jakobson, 1964, 1965 und 1967) als auch tierischer Kommunikation (Sebeok, 1967 d; vgl. dazu auch Kap. 4, unten) als sehr nützlich erwiesen hat.

Die einmalige Stellung der Semiotik innerhalb der Wissenschaften – nicht nur als eine unter den anderen, «sondern ein Organon oder Instrument aller Wissenschaften» – ist von Charles Morris hervorgehoben worden, der (1938) vorschlug, Logik, Mathematik und Linguistik vollständig der Semiotik einzuverleiben. Die Morrissche Dreiteilung der Semiotik in Syntaktik, Semantik und Pragmatik hat sich ebenfalls als allgemein sehr nützlich herausgestellt, vor allem durch die Anregung verschiedener Ansätze in der Tierkommunikation (vgl. Marler, 1961, sowie die Kapitel von Altmann und Sebeok in Altmann, 1967). «Die gesamte Wissenschaft von der Sprache», bekräftigte Rudolf Carnap 1942, «wird Semiotik genannt», und 1946 führte Morris weitere Verfeinerungen ein, die wertvolle Dienste bei der Abgrenzung des Bereichs der Tierkommunikation leisten (Sebeok, 1967 a), wie zum Beispiel die Unterscheidung in reine Semiotik, die eine Sprache entwickelt, um über Zeichen zu sprechen, beschreibende Semiotik, die reale Zeichen untersucht, und angewandte Semiotik, die Erkenntnisse über Zeichen zur Realisierung verschiedener Absichten verwendet. Der Terminus *Semiotik*[1] – der eher in Analogie zu *Semantik* und deren Stammverwandten als zu *Logik* und deren Stammverwandten gebildet ist – scheint sich kürzlich auf eine Anregung von Margaret Mead hin als ein Terminus durchgesetzt zu haben, der dazu geeignet ist, «alle Arten geformter Kommunikation» (Sebeok, Hayes und Bateson, 1964) zu erfassen.

Als eine wissenschaftliche Disziplin steckt die allgemeine Semiotik noch in ihren Kinderschuhen. Als Saussure (in einer Version seines postum erschienenen Buches, 1967 [1916]) die Existenz einer Wissenschaft postulierte, die «das Leben der Zeichen im Rahmen des sozialen Lebens» untersucht, stellte er weiterhin fest, daß die *Semiologie* (wie er sie damals nannte; heutzutage wird der französische Terminus in zuneh-

---

1 Die englischen Termini sind: semiotics, semantics und logic (Anm. d. Übersetzers).

mendem Maße durch *Semiotik* ersetzt, da der erstere Terminus meistens «Symptomatologie» bedeutet) noch nicht existiert und man deshalb nicht sagen kann, was sie sein wird; man könnte lediglich sagen, daß die Sprachwissenschaft einen ihrer Teile ausmachte und daß die Gesetze der ersteren auch auf sie anwendbar sein würden. Auch heute noch fehlt der Semiotik eine umfassende theoretische Begründung; vielmehr wird sie weitgehend als eine folgerichtige gemeinsame Perspektive betrachtet (Barthes, 1964), deren Gegenstandsbereich sämtliche Zeichensysteme unabhängig von ihrer Beschaffenheit und der Art der daran beteiligten Sender oder Empfänger bilden. Wie Mayenowa (1967) zutreffend festgestellt hat, können wir deshalb, weil die semiotischen Disziplinen, wobei nur die Linguistik eine Ausnahme bildet, «selbst neueren Ursprungs sind, das heißt mehr oder weniger gleich alt wie die Semiotik sind, nicht von uns behaupten, wir hätten angemessene und allgemein anerkannte Theorien von Zeichensystemen entwickelt, die sich von denjenigen unterscheiden, die in der Linguistik für die natürlichen Sprachen entwickelt wurden». Es bleibt abzuwarten, ob eine allgemeine Theorie der Semiotik in einer solchen Weise aufgebaut werden kann, daß die Probleme und Lösungen, die sich auf die natürlichen Sprachen beziehen, selbst in interessanter Weise neu formuliert werden können. Zur Zeit setzt sich der Trend in die entgegengesetzte Richtung fort, das heißt die Beschreibungen anderer Zeichensysteme neigen dazu – trotz gelegentlicher Warnung, z. B. durch Lévi-Strauss (1945) –, mehr oder minder sklavisch und in den häufigeren Fällen ziemlich fehlerhaft die internen Modelle zu *imitieren*, die von Linguisten erfolgreich angewandt werden. Die semiotische Literatur ist daher eher mit bloßen Wiederholungen als mit Lösungen von Problemen angefüllt, und der Bedarf nach anderen Theoriearten auf anderen ‹Kodierungs›ebenen scheint erdrückend.

Das gesamte menschliche Kommunikationsrepertoire besteht aus zwei Sorten von Zeichensystemen: den anthroposemiotischen, das heißt denjenigen, die ausschließlich menschlich sind, und den zoosemiotischen, das heißt denjenigen, von denen gezeigt werden kann, daß sie Endergebnisse evolutionärer Reihen sind. Die beiden werden häufig miteinander verwechselt, aber es ist wichtig, die rein anthroposemiotischen Systeme, die nur beim Menschen vorkommen, von seinen zoosemiotischen (Sebeok, 1967 e) Systemen zu unterscheiden, die dem Menschen zumindest mit einigen Arten seiner Vorfahren gemeinsam sind.

Anthroposemiotische Systeme lassen sich wiederum in zwei Sorten untergliedern: erstens die Sprache sowie diejenigen, für die die Sprache eine unentbehrliche, integrierende Grundlage liefert, und zweitens diejenigen, für die Sprache lediglich – und vielleicht fälschlicherweise – als Infrastruktur oder zumindest als ein analytisches Modell betrachtet wird, das annähernd kopiert werden soll. Offensichtliche Beispiele für Systeme der ersten Art finden sich in all den Künsten, die genau aus diesem Grund als sprachliche bezeichnet werden (Stender-Petersen, 1949), in denen spezielle natürliche Sprache notwendig zwischen dem Sender einer Nachricht und ihrem Empfänger vermittelt (vgl. verschiedene Aufsätze in Lotman, 1965 und 1967). Zu solchen komplexen Makrostrukturen, die als sekundäre semiotische Systeme betrachtet werden können (vgl. jedoch die Diskussion bei Kristeva, 1967), gehören zum Beispiel Formen (vgl. T. Tsivian in Lotman, 1965) normativer Umgangsformen genauso wie diejenigen Objektverbindungen, die der Mensch in den Status von Zeichensystemen erhoben hat, als er sie durch seine Sprachen filterte. So erfüllt die Kleidung gleichzeitig eine schützende und kommunikative Funktion, und die Nahrung befriedigt sowohl ein Bedürfnis nach Kalorien wie ein Verlangen nach Information: Die Terminologie der Mode (Barthes, 1967 b) oder der Küche (Lévi-Strauss, 1966) ist das unübersetzbare *signans*, das in Relation zu der Verwendung zu verstehen ist, die die Objekte in dieser oder jener Gesellschaft erfahren, kurz, zu dem entsprechenden veränderbaren *signatum*. (Es ist nebenbei bemerkt interessant, daß die Kleidung diese doppelte Funktion nicht allgemein hat, sondern Körperschmuck ist, der ein Zeichensystem mit einer nichtevidenten Schutzfunktion konstituiert.)

Im Gegensatz dazu trifft das nicht zu, wenn der Adressant und der Adressat zum Beispiel in dem akustischen Kanal durch Musik (Ruwet, 1967), in dem visuellen Kanal durch Kreidezeichen (wie sie international von Schneidern verwandt werden) oder in dem chemischen Kanal durch hergestellte Geruchsstoffe (Sebeok, 1967 d) verbunden sind: Semiotische Systeme dieser Art, die zwar typisch menschlich sind, implizieren keinen speziellen sprachlichen Kode. Mythen und Riten, die *in situ* als wechselseitig redundante (wenn auch nicht notwendige homologe, vgl. Lévi-Strauss, 1956) Komponenten eines einzigen kulturellen Komplexes fungieren, veranschaulichen in hier angedeutetem Sinne typologische Gegensätze.

Zoosemiotische Systeme, die *inter alia* beim Menschen vorkommen, werden manchmal unter solchen Überschriften wie Paralinguistik und Kinesik (vgl. die Bibliographie von Hayes, in Sebeok, Hayes und Bateson, 1964), Proxemik (Hall, 1968) oder einfach hinsichtlich der Sinneskanäle klassifiziert, die zum Geschmack körpernaher und zum Geruch entfernter chemischer Signalisierung (Sebeok, 1967 d) oder zu taktiler (Frank, 1957), spezifischerer Hautkommunikation benutzt werden (Moles, 1964). Obwohl es keinen zwingenden Grund für die Annahme zu geben scheint, und gewisse (intuitionsgeschützte) Beweise für das Gegenteil, daß derartige Zeichensysteme nur in trivialer Weise sprachähnlich sind –

die Auffassung resultiert vorrangig aus der offensichtlichen Tatsache, daß sie wie die Sprache als semiotische Disziplinen eingestuft werden –, werden sie dennoch mit schädlichen Folgen dieser oder jener gerade modernen Sprachtheorie entsprechend gebildet. So wurde die Kinesik, um ein offensichtliches Beispiel anzuführen (es ließen sich jedoch ohne Schwierigkeiten weitere benennen), wissentlich und eng in Analogie zu einem Entwurf entwickelt, der zeitweilig von einer vorherrschenden Schule amerikanischer Deskriptivisten der späten vierziger Jahre für nützlich erachtet wurde. Diese Verhaftung hat die Darstellung einer Fülle von wertvollen Daten zur Körperbewegung nachhaltig beschränkt, wie sie in der Folge ebenso die zutreffende Einschätzung der Kinesik in der Hierarchie semiotischer Systeme im allgemeinen behinderte. Der Partikularismus in der Linguistik der vorangegangenen Generation, der bereits erwähnt wurde, hat selbst einen der schärfsten Beobachter menschlicher Haltungen und Bewegungen, Birdwhistell (z. B. 1963), dazu veranlaßt, die Existenz universaler Gesten gänzlich zu bestreiten, und das trotz Darwins (1872) empirischer Analyse von Darstellungen, die eine gründliche Behandlung der menschlichen Ausdrucksweisen umfaßt, und Birdwhistells eigener anerkannter Einstellung, als er erstmalig mit der Formulierung einer Forschungsstrategie unabhängig von der Linguistik begann. Als eine Tatsache, und als eine solche, die man *a priori* erwarten sollte, haben neuere Pilotstudien bestätigt, daß Darwin weitgehend recht hatte mit seiner Behauptung, daß gewisse menschliche Ausdrucksweisen transkulturell vorkämen und vermutlich universal seien: So zeigen beispielsweise Filmdokumente flirtender Mädchen aus fünf Kulturen «im Prinzip den gleichen Typ von Gesichtsausdruck und ambivalentem Verhalten» (Eibl-Eibesfeldt und Hass, 1967).

Es gibt allerdings in der Tat zwingende Gründe dafür, sich Chomskys (1967) Zweifel gegenüber einer im gleichen Rahmen vorgenommenen Erforschung von tierischen Kommunikationssystemen, menschlichen Gesten und Sprache anzuschließen, vorausgesetzt, man ist nicht dazu bereit, sich auf eine Abstraktionsebene zu begeben, auf der «zahlreiche weitere Dinge in denselben Verallgemeinerungen enthalten sind, von denen niemand angenommen hätte, daß sie die Sprache begleiteten oder von besonderer Relevanz für die Mechanismen der Sprache wären». Die Einrichtung dieser Abstraktionsebene stellt genau die Herausforderung der Semiotik dar, aber diachronische Kontinuitäten sind nicht wesentlich für die Theorie. Auch Tavolga (Sebeok, 1968 b: Kap. 13) geht ganz recht mit seiner Annahme, daß es «fehlerhaft ist, die Methoden und die Theorie, die für die Erforschung der menschlichen Sprache entwickelt wurden, bei der Untersuchung einer Kommunikationsart zu benutzen, die bei einer anderen Art auf einer unterschiedlichen Organisationsebene vorkommt», und in seinem Beharren darauf, daß sich Integrationsebenen im Verhalten qualitativ unterscheiden und daher «eine spezifische Instrumentierung, experimentelle Operationen und theoretische Ansätze» verlangen. Trotzdem folgt daraus einfach nicht seine Behauptung: «Kommunikation existiert nicht als ein Einzelphänomen»; es sind im Gegenteil bereits äußerst scharfsinnige transphyletische Vergleiche angestellt worden (z. B. von Marler, 1967) und werden, wie wir getrost annehmen dürfen, auch in Zukunft angestellt, vorausgesetzt, daß der verwendete Analyserahmen derjenige einer wohlentwickelten Theorie der Zeichen, und nicht nur der sprachlichen Zeichen, ist.

Es sollte nebenbei herausgestellt werden, daß die Behauptung, ein semiotisches System funktioniere zu irgendeinem gegebenen Zeitpunkt unabhängig von den prozessualen Kräften, die zu seiner Bildung führten (vgl. die linguistische Gegenüberstellung von Synchronie und Diachronie), nicht besagt, daß es sich eine holistische Analyse – sagen wir der menschlichen Gesten – leisten könne, ihre Vorgänger in der Entwicklung zu vernachlässigen. Sie lassen sich in sorgfältiger Einzelanalyse zumindest bis zu dem zoosemiotischen Verhalten primitiver Primaten und Insektenfresser zurückverfolgen, wie Andrew (1963) überzeugend nachgewiesen hat, daß sich zahlreiche menschliche Gesichtsausdrücke aus solchen Mechanismen wie Reaktionen entwickelt haben, durch die verletzbare Bereiche geschützt werden, und aus solchen, die mit der Atmung oder der Vorbereitung in Verbindung stehen. Auf der anderen Seite gibt es zwei Auffassungsweisen über den Sprachursprung: «Es gibt diejenigen, die wie Darwin an eine allmähliche Entwicklung glauben, aber es hat andere gegeben, die die Auffassung vertraten, Sprache sei eine spezifisch menschliche Eigenschaft, eine Funktion *de novo*, die sich in ihrer Art von allem unterscheidet, zu dem andere Lebewesen fähig sind» (Pumphrey, 1951). Auf jeden Fall kann es keine leichten Verallgemeinerungen geben, die sowohl die Sprache als auch die zahlreichen, wohlbestimmten zoosemiotischen Systeme umfassen, die sich beim Menschen finden, wie etwa die territorialen – unter Einschluß temporaler – Ausdehnungsmechanismen, die er mit der übrigen organischen Welt teilt (Hall, 1968).

Es erhebt sich jetzt die Frage, ob eine wirklich vergleichende Wissenschaft von den Zeichen möglich ist. Wir haben Gründe dafür angeführt, daß alle natürlichen Sprachen Entwicklungen aus einer einzigen Schablone sind. Falls das zutrifft, gewinnt man den Eindruck, daß die Kenntnisse der Linguisten von der ‹Tiefenstruktur› unter dem Nachteil zu leiden haben, daß sie auf einen Fall beschränkt sind. Die Regeln der Sprache lassen sich in einem gewissen Maße beschreiben; wenn sie aber einmalig sind, kann man sie dann in dem Sinne erklären, daß sie aus einer Reihe höherwertiger semiotischer Gesetze logisch deduzierbar sind? Das Studium und die Charakterisierung der anderen semiotischen Systeme des Menschen, und besonders des Signalisierungsverhaltens der anderen etwa zwei Millionen existierenden Arten, sind außerordentlich dringliche Aufgaben, da sie vielleicht einen Ausweg aus dem Dilemma aufzeigen können, das sich aus der Notwendigkeit ergibt, aus einem einen einzigen Fall umfassenden Muster zu extrapolieren, und uns auf diese Weise dazu befähigen, das zu unterscheiden, was in Kommunikationssystemen notwendig und was zufällig ist. Diese Hoffnung hat meine eigenen Forschungen in diesem Bereich angetrieben und sowohl die Zusammenstellung eines Bandes zur menschlichen Kommunikation (Sebeok, Hayes und Bateson, 1964) als auch eine Aufsatzsammlung zur Tierkommunikation motiviert, die Untersuchungen über ihre Implikationen für die Anthropologie, Psychologie, Linguistik und Kommunikationstheorie enthält (Sebeok, 1968b; zu einer erweiterten und auf den neuesten Stand gebrachten Fassung dieser Publikation vgl. jetzt Sebeok, 1977 a).

Letzten Endes muß sich jedoch die Zoosemiotik als Ganzes mit dem gleichen Problem auseinandersetzen, aus einem nur einen einzigen Fall umfassenden Muster zu extrapolieren. Das ist deshalb der Fall, weil sich die irdischen Lebewesen, von den Protozoen bis zu dem Menschen, in ihren biochemischen Einzelheiten so ähnlich sind, daß es im Grunde genommen sicher ist, daß sie sich alle aus einem einzigen Fall ursprünglichen Lebens entwickelt haben. Eine Vielzahl von Beobachtungen unterstützt die Hypothese, daß die gesamte organische Welt linear von einem ursprünglichen Leben abstammt, wobei die beeindruckendste Tatsache in der Allgegenwart des DNS-Moleküls besteht. Das genetische Material aller bekannten Lebewesen auf der Erde ist weitgehend aus den Nukleinsäuren DNS und RNS zusammengesetzt, die in ihren Strukturen eine Information enthalten, die von Generation zu Generation in der Fortpflanzung übermittelt wird, und die darüber hinaus die Fähigkeit zur Selbstnachbildung und Mutation besitzen. Kurz gesagt, der genetische Kode «ist universal oder zumindest nahezu universal»; seine Dechiffrierung stellte einen überwältigenden Fortschritt dar, weil dadurch aufgezeigt wurde, wie «die beiden bedeutenden polymeren Sprachen, die Nukleinsäure-Sprache und die Protein-Sprache, miteinander verbunden sind» (Crick, 1966; Einzelheiten in Clark und Marcker, 1968). Der sowjetische Mathematiker Liapunov hat weiterhin behauptet (1963), daß alle lebenden Systeme über ausdrücklich vorgeschriebene Kanäle geringe Energie- oder Materialmengen übermitteln, die einen enormen Informationsgehalt besitzen, der für die spätere Kontrolle unermeßlicher Energie- und Materialmengen verantwortlich ist. Auf diese Weise lassen sich eine Unzahl biologischer wie kultureller Phänomene als Aspekte der Informationsverarbeitung verstehen: Speicherung, Rückkopplung, Entwicklung von Nachrichtenkanälen usw. Die Reproduktion erweist sich daher letzten Endes in hohem Maße als Informationsverdoppelung, aber nichtsdestoweniger als eine andere Kommunikationsart, als eine Art der Kontrolle, die eine universale Eigenschaft des irdischen Lebens zu sein scheint, unabhängig von Form oder Substanz.

In den frühen sechziger Jahren habe ich auf eine Sichtweise neuer und aufsehenerregender Dimensionen aufmerksam gemacht: die Konvergenz von Genetik und Linguistik, wobei ich betonte, daß beide «als autonome, aber dennoch Nachbardisziplinen im größeren Kontext der Kommunikationswissenschaften (entstehen), zu denen auf der molaren Ebene auch die Zoosemiotik beiträgt» (Sebeok, 1963). Die Terminologie der Genetik ist mit Ausdrücken angefüllt, die der Linguistik und der Kommunikationstheorie entlehnt sind, wie Jakobson (1974) kürzlich aufzeigte, der ebenfalls die herausragenden Ähnlichkeiten und die gleichermaßen wichtigen Unterschiede zwischen den entsprechenden Strukturen und Funktionen der genetischen und sprachlichen Kodes betonte. Selbstverständlich müssen diese dringend weiter geklärt und präzisiert werden. Dennoch ist es bereits jetzt weitgehend klar, daß der genetische Kode als der grundlegendste des gesamten semiotischen Netzwerkes zu betrachten ist und daß er deshalb den Prototyp aller anderen von Lebewesen unter Einschluß des Menschen verwendeten Signalisierungssysteme abgibt. Unter dieser Perspektive konstituieren Moleküle, die Teilsysteme darstellen, die als stabile physikalische Informationsträger fungieren, zoosemiotische Systeme sowie schließlich kulturelle Systeme, die die Sprache umfassen, eine natürliche Folge von Stadien immer komplexerer Energieebenen in einer einzigen universalen Evolution. Deshalb ist es möglich, Sprache genauso wie lebende Systeme unter einem einheitlichen kybernetischen Blickwinkel zu beschreiben. Mag es sich hierbei im Augenblick auch um nichts mehr als eine nützliche Analogie handeln, die hoffentlich zu neuen Einsichten führt, wenn auch noch nicht zu neuen Informationen, so führt vielleicht die wechselseitige Würdigung von Genetik, Studien zur Tierkommunikation und Linguistik zu einem umfassenden Verständnis der Dynamik der Semiosis, und das kann sich in der letzten Analyse als nichts Geringeres als die Definition von Leben herausstellen.

3. Zoosemiotik: Am Schnittpunkt von Natur und Kultur*

Als John Locke gegen Ende des 17. Jahrhunderts eine hellenistische Variante des Terminus *Semiotik* in die englische philosophische Diskussion einführte und dabei den Forschungsbereich in die ‹Lehre von den Zeichen› umgestaltete und erweiterte (denn er übernahm *séméiotikè* aus einem Kontext, in dem darunter lediglich die Kunst musikalischer Notation verstanden wurde), charakterisierte er sie als denjenigen Bereich seiner dreiteiligen Untergliederung der Wissenschaften, «deren Aufgabe darin besteht, die Natur der Zeichen zu untersuchen, die der Geist verwendet, um sich die Dinge verständlich zu machen oder anderen sein Wissen mitzuteilen». Während er sich vorrangig mit denjenigen Zeichen unserer Ideen befaßte, «die den Menschen am zweckdienlichsten erschienen und infolgedessen allgemein verwendet werden», das heißt «artikulierten Lauten» oder sprachlichen Zeichen, war sich Locke völlig bewußt, daß andere Lebewesen wie zum Beispiel Vögel ebenfalls Wahrnehmungen haben, «Ideen in ihrem Gedächtnis bewahren und sie nach Mustern verwenden», kurz, daß sie sich in vergleichbarer Weise der Zeichen bedienen. Der außergewöhnliche amerikanische Philosoph C. S. Peirce, der davon überzeugt war, daß viele Passagen in Lockes *Essay* von 1690 «die ersten Schritte grundsätzlicher Analysen darstellen, die noch nicht weiter entwickelt sind», übernahm den Terminus in seiner Definition von ihm und widmete dann ein lebenslanges Studium «der Lehre von der wesentlichen Natur und den grundlegenden Verschiedenartigkeiten einer möglichen Semiosis», wobei er die Auffassung vertrat, daß «das gesamte Universum mit Zeichen angefüllt ist, wenn es nicht ausschließlich aus Zeichen zusammengesetzt ist». Folgerichtig lehnte Peirce es ab, eine scharfe Trennung zwischen menschlichen und tierischen Zeichenprozessen vorzunehmen. Sein Erbe, Charles Morris, legte sein System vergleichbar weit aus. Weder Peirce noch Morris waren jedoch dazu ausgerüstet, detaillierte Untersuchungen der Tierkommunikation oder -bezeichnung durchzuführen, obwohl beide aus ihrer Gei-

* Dieser Aufsatz entstand im Auftrag von *The Times Literary Supplement*, wo er in Nr. 3, 735 (5. Oktober 1973) unter dem Titel «Between Animal and Animal» erschien. Er wurde unter dem ursprünglichen Titel in einer etwas erweiterten Fassung in «The Tell-Tale Sign: A Survey of Semiotics», hg. von Thomas A. Sebeok (Lisse: The Peter de Ridder Press, 1975), S. 85–95, erneut abgedruckt; in einer geringfügig gekürzten Version erschien er ebenfalls in *The Review* 17 (1975), S. 1–10, 20.

steshaltung heraus Anwendungen in diesen Bereichen nicht nur zuließen, sondern tatsächlich dazu aufzufordern scheinen. Schließlich hielt eine ganze Reihe von Tierverhaltensforschern das Morrissche Modell und seine Terminologie zumindest für heuristisch wertvoll: gelegentliche Arbeiten von R. M. Yerkes und H. W. Nissen (1939), P. Marler (1961), S. A. Altmann (1967) und W. J. Smith (1968, 1969 a und b) liefern einige hervorragende Beispiele zoologischer Versuche, speziellen Einblick in die Vokalisation eines Schimpansen oder diejenige von Buchfinken zu erhalten oder offenstehende theoretische Fragen innerhalb eines anerkannten semiotischen Rahmens zu klären.

In einer unabhängigen, jedoch parallelen Tradition, die sich im Anschluß an F. de Saussure entwickelte, ist die Semiotik, alias *Semiologie*, unerschütterlich anthropozentrisch geblieben, indem sie mit der Sprache, dem *patron général* von Saussures programmatischer Wissenschaft, verbunden wurde. Zahlreiche Linguisten haben sich dem später mehr oder minder angeschlossen: So behauptete L. Bloomfield: «Die Linguistik erbringt den wichtigsten Beitrag zur Semiotik», und U. Weinreich nannte natürliche Sprachen «das semiotische Phänomen *par excellence*». Es war der bekannte französische Kritiker Roland Barthes, der – wie W. H. Audens «Linguist, der sich niemals in der Grammatik der Natur auskennt» – diese glottozentristische Haltung zu einer widernatürlichen (aber vielleicht scherzhaft gemeinten) Schlußfolgerung führte, indem er mit seiner Erklärung, daß «die Linguistik nicht Teil der allgemeinen Zeichenwissenschaft, nicht einmal ein privilegierter Teil ist, sondern vielmehr ist die Semiologie Teil der Linguistik . . .», Saussures Formulierung auf den Kopf stellte. Die Gültigkeit dieser paradoxen Umkehrung der gewohnten Ordnung der Dinge läßt sich – wenn überhaupt – nur um den Preis ins Auge fassen, die gesamte vergleichende Semiotik über Bord zu werfen, indem man die belebte Welt in zwei ungleiche Klassen einteilt – sprachlos vs. sprachbegabt – und dann das Zeichenverhalten von mehr als zwei Millionen existierender Tierarten über die semiotischen Grenzen hinausbefördert. Dennoch ist das die praktische Einstellung der meisten gallisch orientierten semiotischen Vorurteile. Sicherlich gibt es gewisse nennenswerte Ausnahmen, wie zum Beispiel die bioakustischen Forschungen von R.-G. Busnel, die informationstheoretischen Schriften des vielseitigen Wissenschaftlers A. Moles und besonders das begeisternde Werk von Paul Bouissac, einem besonderen Kenner der semiotischen Aspekte des Theaters – obwohl er bei sich in Frankreich kaum als Prophet gilt («parce que ce n'est pas sérieux», wie mir einmal aus dem Kreis um *Tel Quel* anvertraut wurde) –, dessen scharfsinnige und geschickte Beschäftigung mit Tiernummern im Zirkus (zum Beispiel von Bären, Großkatzen, Pferden) in wichtigen Hinsichten mit den vortrefflichen wissenschaftlichen Beobachtungen zusammengetroffen ist, die seit 1935 von dem weitsichtigen Schweizer vergleichenden Psychologen H. Hediger durchgeführt werden. Zum Besten der sowjetischen Wissenschaft hat sich diese ebenfalls bisher vornehmlich auf das fruchtbare Konzept der sekundären modellbildenden Systeme oder makrosemiotischen Strukturen konzentriert, die *per definitionem* eine sprachliche Infrastruktur implizieren; dennoch hat N. Zinkin seine Studien der Kommunikation bei Pavianen in einen explizit semiotischen Kontext gestellt, V. V. Ivanov ist bekannt dafür, daß er Eisensteins Vorliebe für den Zirkus teilt, und die Leiter eines jüngst gebildeten Arbeitskreises junger Biologen in Moskau haben privat ihre semiotische Perspektive als künftige Orientierung bei ihrem Studium grundlegender Probleme der Tierkommunikation erklärt.

Während Generationen von Philosophen und einige Linguisten eine schemenhafte Wissenschaft der Zeichen entwarfen (von der Saussure indirekt bemerkte: «Da sie noch nicht existiert, kann man nicht sagen, was sie sein wird . . .») und selten mehr als eine oberflächliche Aufmerksamkeit für andere Zeichensysteme als die artspezifischen Kodes des Menschen übrig hatten, hat sich eine völlig andere Art von Wissenschaftlern an die Arbeit begeben, um die *Ethologie* zu entwickeln oder vielmehr neu zu orientieren, indem sie sie weitgehend auf der Grundlage naturalistischer Beobachtungen auf gewisse Prozesse und den Fortschritt der geistigen Entwicklung konzentrierten. Obwohl die Ethologie (ein Terminus, der mit etwa den heutigen Konnotationen bis zu dem brillanten Evolutionisten des frühen 19. Jahrhunderts Etienne Geoffroy-Saint-Hilaire und seinem Sohn Isidore zurückverfolgt werden kann) unter Umständen heutzutage am umfassendsten und dennoch einfach als die biologische Verhaltensforschung definiert ist, stützt eine sorgfältige Analyse der Literatur seit Darwin – vor allen Dingen, wenn man mit «The Descent of Man» (1871) mit seiner besonderen Berücksichtigung von Darstellungsmitteln und anderen Zeichenreizen beginnt – vollständig die Bemerkung eines prominenten Arthropodenspezialisten, R. D. Alexander, daß «Daten aus der Tierkommunikation zu einer Kontinuitätslinie beigetragen haben, die . . . die prinzipielle Syntheseachse im gesamten Bereich des Tierverhaltens gewesen zu sein scheint».

Das semiotische Interesse an der Ethologie hat sich um das Prinzip der *Ritualisierung* kristallisiert, ein Terminus, der 1914 von Julian Huxley geprägt worden ist, um zu erklären, wie sich der sogenannte Pinguintanz, der den Höhepunkt der Werbezeremonie des großen Lappentauchers darstellt, aus einer einfachen lokomotorischen Bewegung entwickelt hat, mit der sich dieser Vogel dem Rand seines Nestes nähert; oder, allgemeiner interpretiert, wie eine minimal ungewisse Zeichenfunktion aus Bewegungen herausgearbeitet wird, die ursprünglich keine wahrnehmbare semiotische Motivation aufweisen. Dieses außerordentlich fruchtbare ethologische Konzept hat bereits weitreichende Perspektiven für eine diachronische Semiotik eröffnet, aber seine möglichen Implikationen für die phylogenetische Analyse der Komponenten der menschlichen Kommunikation sind bislang kaum berührt worden, zum Beispiel von R. J. Andrew, Ian Vine und anderen in England, von J. A. R. A. M. van Hooff in den Niederlanden, in I. Eibl-Eibesfeldts vorzüglichem Laboratorium zur ‹Humanethologie› in Bayern und im Verlauf einer enttäuschend ergebnislosen multidisziplinären Konferenz der Royal Society, deren umfangreiche Kongreßakten vor neun Jahren publiziert wurden.

Diejenigen Biologen, die, in etwa der Haltung M. Jourdains entsprechend, ihre semiotischen Forschungen «il y a plus de quarante ans» betrieben haben, ohne sich dessen bewußt zu sein, kamen erstmalig 1963 ausdrücklich damit in Kontakt, was sich in einer anderen Wortprägung, *Zoosemiotik*, niederschlug; dieser Ausdruck war als ein vermittelnder Begriff gedacht, der diese beiden scheinbar antithetischen Forschungsbereiche, Ethologie und Semiotik, vereinbaren sollte: Der eine von ihnen war im Bereich der Natur verankert, wobei er die Gesamtheit der mannigfaltigen Phänomene des Tierverhaltens auf der einen Seite umfaßte, während der andere im Bereich der Kultur verwurzelt war, die traditionell von vielen so verstanden wurde, daß sie ausschließlich die Bezeichnungskompetenz des Menschen auf der anderen Seite einschloß. Diese Neubildung war offensichtlich willkommen, da sie sich nicht nur rasch in einschlägigen wissenschaftlichen Arbeiten verbreitete, sondern auch, überraschender noch, 1965 in einem Roman von Pamela Hansford Johnson auftauchte, ganz zu schweigen von einer Karikatur, die Snoopy nachempfunden ist, die in einer Märzausgabe 1973 des Mailänder *Corriere della Sera* abgedruckt ist. Auf jeden Fall scheint es in den siebziger Jahren nicht mehr erstaunlich, wenn der Direktor eines größeren europäischen Zoos darauf besteht, daß theoretische Fragen der Tierkommunikation «unter dem Gesichtspunkt moderner Kommunikationslehren, besonders auch der Semiotik . . .», gelöst werden.

Ethologen nennen das Verhaltensdossier einer Art sein *Ethogramm*, und sie heben wie N. Tinbergen die besondere Wichtigkeit hervor, ein vollständiges Verzeichnis der Muster jeder Art aufzustellen. In semiotischer Terminologie schließt dieses Konzept den artspezifischen kommunikativen Kode eines Tieres ein, wobei die Rolle des menschlichen Beobachters in der Auseinandersetzung damit notwendigerweise diejenige eines Geheimschriftanalysators wird, die Rolle von jemandem, der Nachrichten empfängt, die nicht für ihn bestimmt waren, und der zu Anfang die anwendbaren Transformationsregeln nicht kennt. Der jedem System tierischer Kommunikation zugrunde liegende Kode unterscheidet sich wesentlich von jeder Sprache, insofern ersterer einfach gleichbedeutend mit der Gesamtheit des Nachrichtenrepertoires ist, das einer Art zur Verfügung steht, während eine wirkliche Sprache in das Strukturprinzip eingebunden ist, das Linguisten ‹doppelte Artikulation› oder ‹Dualität der Muster› nennen, zu dem eine regelgeleitete Anweisung zur Konstruktion einer potentiell unendlichen Reihe großer Einheiten (zum Beispiel Sätze in den sogenannten natürlichen Sprachen) aus einer endlichen, in der Tat sehr kleinen und stabilen Menge kleinerer (nämlich die einheitlich binären Unterscheidungsmerkmale) gehört. Diese außerordentlich leistungsfähige und produktive hierarchische Anordnung – die offensichtlich von Darwin in seiner scharfsinnigen Beobachtung erkannt wurde, daß «sich die niederen Tiere vom Menschen lediglich aufgrund seiner nahezu unendlich größeren Fähigkeit unterscheiden, die verschiedenartigsten Laute und Ideen miteinander zu verbinden . . .» – scheint nur zweimal in der irdischen Entwicklung vorgekommen zu sein, wobei sich in beiden Fällen erstaunliche Konsequenzen einstellten: dasselbe strukturale Prinzip erfüllt den genetischen Kode (die ‹Sprache des Lebens›) und den sprachlichen Kode (unsere eigene Sprachfähigkeit). Bislang ist er noch in keinem anderen untersuchten tierischen Kommunikationssystem festgestellt worden (nebenbei bemerkt eingeschlossen dasjenige eingefangener Schimpansen im Westen der Vereinigten Staaten, die sich vor einiger Zeit einer Publizität erfreuten, die früher nur den Butzkopfdelphinen zuteil wurde, den verblaßten Stars der Wahrheit und Dichtung der vergangenen Jahre). Es ist deshalb wissenschaftlich unrichtig, wie es auch selbst metaphorisch äußerst irreführend ist, von einer ‹Sprache› der Tiere zu sprechen.

Was das fromme Ziel eines vollständigen Ethogramms anbelangt, bleibt es unglücklicherweise nur dabei, weil trotz der Tatsache, daß die Literatur zum Tierverhalten mittlerweile sehr umfangreich ist und weiter stark anwächst, keiner der mehreren Millionen Kodes, die noch verwendet werden, dem Menschen vollständig bekannt ist. Das trifft selbst für den am besten erforschten Kode zu, nämlich denjenigen, der das bemerkenswerte Kommunikationssystem reguliert, das von *Apis mellifera*, der Honigbiene, entwickelt wurde. Während die Tatsache, daß diese Bienen schwierige Bewegungen – ihre berühmten ‹Tänze› – ausführen, um andere Stockbewohner zu einer Nahrungsquelle oder einem neuen Quartier zu leiten, ausführlich berichtet worden ist und mittlerweile allgemein bekannt ist, ist es weniger gut bekannt, daß diese Insekten Informationen ebenfalls mit akustischen Mitteln übertragen. Forscher, die in verschiedenen Laboratorien unabhängig voneinander arbeiten, haben sich darum bemüht, eine Darstellung dieser Facette des Ethogramms der Biene zu vervollständigen, trotz des Vorurteils einiger einflußreicher Forscher, daß die alten Vorstellungen von der akustischen Kommunikation zwischen den Bienen «in den Bereich der Phantasie gehören». Es gibt eine lautliche Kommunikation bei Bienen, und sie ist wahrscheinlich noch entwickelter und wichtiger, als man es erwartete. K. von Frisch hat selbst einmal gesagt, «das Leben der Bienen ist wie ein Zauberbrunnen. Je mehr man daraus hervorholt, desto mehr ist daraus hervorzuholen.» Das gleiche gilt zweifelsohne für das Leben aller anderen sprachlosen Wesen, wobei unser Wissen von ihren kommunikativen Fähigkeiten und Mitteln noch unvollständiger ist.

Ein anderer Allgemeinplatz im Vokabular der Ethologie ist das Wort *Darstellung*, das sich beispielsweise in dem Titel von E. A. Armstrongs gelehrter Zusammenfassung «Bird Display» (1942; in späteren Auflagen wurde der Titel erweitert in «Bird Display and Behaviour») zeigt. So wird beispielsweise der einfache starre Blick eines Rhesusaffen als eine schwache Darstellung von Feindlichkeit betrachtet. Dieser Terminus bleibt jedoch ein selten definierter oder undefinierter zoosemiotischer Grundbegriff, der von jedem vage als Hinweis auf solche Verhaltensmuster verstanden wird, die manchmal eine bizarre Komplexität aufweisen, und von denen ein erfahrener Beobachter annimmt, daß sie eine vorrangig kommunikative Funktion erfüllen: So steht es beispielsweise zweifelsfrei fest, daß das komplizierte Werbeverhalten der Laubenvögel, die ‹Darstellungsobjekte› gewisser spezieller Farbkombinationen benutzen, die sie mit großem Unterscheidungsvermögen ausgesucht haben, um ihre allee- oder maibaumartigen Häuser und verzierten Gärten zu schmücken, indem sie sozusagen glitzernde natürliche Schmuckstücke an die Stelle farbloser Federn setzen, in gleicher Weise als Darstellung charakterisiert wird. Kurz, der ‹Darstellungs›begriff des Ethologen ist dem Zentralbegriff des Semiotikers synonym oder überschneidet sich damit in wesentlichen Hinsichten; das Zeichen mag nun einfach oder zusammengesetzt sein, es wird allen Darstellungen zufolge – von der stoischen Unterscheidung in *sémainon vs. sémainomenon* bis zu vielfältigen neueren und neuesten Formulierungen – als eine doppelseitige Konstruktion betrachtet, das heißt als Konstitution aus zwei unentbehrlichen Hälften: das *Bezeichnende*, ein wahrnehmbarer Einfluß auf zumindest eines der Sinnesorgane des Interpreten, und der *bezeichnete* Inhalt. ‹Zeichen› ist jedoch ein Gattungsbegriff: Die Anerkennung der vielfältigen potentiellen Relationen zwischen den beiden Teilen des Zeichens, was Peirce die «grundlegenden Verschiedenartigkeiten einer möglichen Semiosis» genannt hat, führte zur Vorstellung vieler verschiedener Zeichenprozesse. Peirce selbst hat in seinem denkwürdigen Aufsatz von 1867 in «The Proceedings of the American Academy of Arts and Sciences» drei Zeichenklassen eingeführt, während sich gegen Ende des Jahrhunderts seine ursprüngliche Trichotomie auf zehn Zeichenklassen erweiterte, die später auf sechsundsechzig anwuchs, indem sie vermittelnde und hybride Formen einschloß sowie dasjenige, was er ‹degenerierte› Zeichen nannte.

Eine repräsentative Probe der allgemein anerkannten und benutzten Zeichen – zu denen vor allen Dingen Signale, Symptome und Syndrome, Ikone, Indizes, Symbole und Namen gehören – wurde einer detaillierten Untersuchung unterzogen, besonders im Lichte neuerer Daten aus der nonverbalen Kommunikation, was zu dem unerwarteten Ergebnis führte, daß jede dieser so analysierten Zeichenarten ebenso im Tierreich wie im menschlichen Handeln vorgefunden wurde, so daß es jetzt möglich ist, sagen wir, eine ikonische Darstellung von einer indexikalischen oder einer symbolischen Darstellung zu unterscheiden oder vollständig zu begreifen, was der Satz bedeutet, daß Wirbeltiere allgemein ihre eigenen ‹Namen› in all ihre Nachrichten einzutragen scheinen. Der ziemlich ungenaue ethologische Begriff *Gepräge* bezieht sich auf einen Lernprozeß, der für die Einschränkung des kindlichen Verhaltens junger Wirbeltiere verantwortlich ist, und er hängt von einer maßgeblichen frühen Sensitivität für ein hervorstechendes, vertrautes Objekt ab, kurz, für ein Zeichen, dessen Beschaffenheit jetzt ebenfalls spezifiziert werden kann. Die sorgsam gepflegte mythische Charakterisierung des Menschen als eines einmaligen *animal symbolicum*, die auf die Nachfolger E. Cassirers und viele andere zurückgeht, läßt sich nur aufrechterhalten, wenn die Definition von ‹Symbol› unauflöslich mit dem Begriff der natürlichen Sprache verknüpft wird, die G. G. Simpson sehr zutreffend als «den kennzeichnendsten einzelnen Zug des Menschen» charakterisierte. Jeder anderen Definition zufolge – die sich auf das Arbitraritätsprinzip beruft oder die Vorstellung einer konventionellen Beziehung zwischen einem Bezeichnenden und seinen Denotata, die ‹zugeschriebene Eigenschaft› von Peirce oder den Begriff einer intensionalen Klasse des Designatums – verwenden Tiere nachweislich Symbole. Aus Platzgründen kann ich hier nur zwei kurze Beispiele anführen, die wissentlich beide aus der Welt der Insekten ausgewählt wurden: Bei einer Art der Zweiflügler aus der Familie der fleischfressenden Empididen bietet das Männchen dem Weibchen vor der Kopulation einen leeren Ballon an. Die evolutionären Wurzeln, das heißt die zunehmende Ritualisierung dieser Geste, sind von Biologen Schritt für Schritt enträtselt worden, aber das ist in einer synchronischen Perspektive irrelevant: Die Tatsache bleibt bestehen, daß die Überreichung des Ballons ein vollständig arbiträres Symbol kennzeichnet, dessen Übermittlung lediglich die Wahrscheinlichkeit reduziert, daß das Männchen selbst die Beute seines weiblichen Partners wird. Im zweiten Beispiel betrachten wir erneut die Honigbiene. Es ist allgemein bekannt, daß dann, wenn die Nahrungsquelle mehr als hundert Meter entfernt ist, der Schwänzeltanz der Biene, neben anderen Informationseinheiten, die Richtung des Ziels mitteilt, wobei die Sonne als Bezugspunkt benutzt wird. Wenn nun die Biene auf einer horizontalen Fläche tanzt, dann weist von Frisch zufolge «die Richtung des Schwänzelns direkt auf das Ziel», das heißt, mit anderen Worten, die Darstellung ist indexikalisch (nebenbei bemerkt beschreibt der Rhythmus die Entfernung ikonisch, denn je weiter das Ziel entfernt ist, desto weniger Tanzumdrehungen kommen in einem gegebenen Zeitabschnitt vor). Findet der Tanz jedoch auf einer vertikalen Wabenoberfläche statt – wie es gewöhnlich in einem dunklen Stock der Fall ist –, dann übersetzt von Frisch zufolge «der Tänzer den Sonnenwinkel in einen Gravitationswinkel». Mit anderen Worten: Wenn eine vertikale Honigwabe den Untergrund bildet und ein Winkel mit Bezug zur Schwerkraft als Orientierungshinweis eingesetzt wird, vermindert sich der indexikalische Aspekt der Darstellung in dem Maße, daß zeitweilig der symbolische Aspekt die Oberhand gewinnt.

Die wesentliche Einheit eines zoosemiotischen Ereignisses kann nach Gutdünken des Feldforschers oder Laborexperimentators in sechs Aspekte aufgegliedert werden, und im Bereich tierischer Kommunikationsforschung hat man in der Praxis dazu geneigt, in ungefährer Übereinstimmung damit je nach Ausbildung und Vorliebe jedes Forschers die Faktoren einzuteilen, die dann tatsächlich betont wurden. Zwei dieser Faktoren – Kode und Nachricht – habe ich bereits angesprochen; ihre Erforschung gehört zur Zoosyntaktik, die sich mit Zeichenkombinationen befaßt, die von ihren spezifischen Bezeichnungen oder ihrem ökologischen Zusammenhang losgelöst sind. Die Zoosemantik befaßt sich mit der Bezeichnung von Zeichen und muß den Kontext einbeziehen, auf den sich die Quelle bezieht und der vom Empfänger wahrgenommen werden kann; hierbei handelt es sich um die am wenigsten bekannte Dimension tierischer Kommunikationsforschung.

Man kann sagen, daß sich die Zoopragmatik mit dem Ursprung von Zeichen in der Quelle oder dem Sender befaßt, der Verbreitung von Zeichen über ein Medium oder einen Kanal und der Wirkung von Zeichen am Zielort oder auf den Empfänger. Der Kontakt zwischen Sendern und Empfängern von Nachrichten wird durch eine beeindrukkende Vielfalt von Flußprozessen errichtet und aufrechterhalten, die sie über Raum und Zeit hinaus miteinander verbinden. Im Prinzip kann natürlich jede Form der Energieübertragung oder des Materietransfers als Zeichenträger fungieren, je nachdem, welche Wahrnehmungsmöglichkeiten einem Tier überhaupt zur Verfügung stehen. Teilweise aufgrund ihres unmittelbaren Bezuges zur Einbildungskraft des Menschen und teilweise angeregt durch technologische Verbesserungen der letzten drei Jahrzehnte stellt das Studium der mechanischen Schwingungen, mit deren Hilfe einige Arten kommunizieren – das heißt der Bereich der Bioakustik, die im Medium Luft, unter Wasser und sogar mit festen Körpern operiert –, einen der fortgeschrittensten Bereiche der Zoosemiotik dar. Die klassische Ethologie befaßte sich stärker mit optischen Systemen, auf deren Grundlage sie in der Lage war, solche mehr oder minder fruchtbaren Konzepte wie die ‹Intention› und ‹Verdrängungs›bewegungen und ‹selbstregulierende Effekte› zu verallgemeinern; und die Zoologie der wirbellosen Tiere konzentrierte sich vorrangig auf die Informationsübermittlung durch relativ stereotype chemische Substanzen (Pheromone). Einer der faszinierendsten Kanäle, der sich vor kurzem ‹eröffnet› hat, ermöglicht den Zugang zu einer geschäftigen Welt der Elektrokommunikation, von der jetzt überzeugend nachgewiesen wurde, daß verschiedene Arten von Entladungsänderungen in Korrelation zu sozialen Situationen stehen, die sich bei einer großen Anzahl beobachteter elektrorezeptiver Fischarten auf Nahrung, Gefahr, Angriff, Unterwerfung, Paarung usw. beziehen. Wenn die Wahrnehmungsfähigkeit eines Tieres den parallelen Informationsfluß durch verschiedenartige Aufnahmekanäle ermöglicht, wie etwa im Fall von Affen, deren Kommunikation, wie Thelma Rowell kürzlich ins Gedächtnis gerufen hat, «gewöhnlich zur gleichen Zeit auf verschiedene Art und Weise ausgeführt wird», dann wird sich herausstellen, daß sich abschätzbare Redundanzen durchsetzen, so daß die Entdeckung von Regeln für den Übergang von einer Teilmenge zu einer anderen im Prinzip bestimmbar sein sollte. Eine solche umfassende Beschreibung wird jedoch in der tierischen Kommunikationsforschung leider nur sehr selten gegeben, was aber andererseits nicht überraschen kann, da eine vollständige zusammenfassende Darstellung unserer verbalen und nonverbalen Prozesse ebenfalls leider fehlt: Wie für den Hamlet-Darsteller muß deshalb weiterhin unser Gutdünken unser Lehrmeister sein, wenn wir «die Handlung dem Wort anpassen und das Wort der Handlung».

Tierische Sender und Interpreten von Zeichenketten sind entweder von derselben Art oder sie gehören zu zwei oder mehr Arten, von denen eine der Mensch sein kann. Viele Zoologen, wie zum Beispiel V. C. Wynne-Edwards, neigen dazu, interindividuelle Zeichenrepertoires zuerst einmal in intraspezifische vs. interspezifische Spielarten einzuteilen, aber es ist angebracht zuzugeben, daß die Erforschung der ersten, bei der alle Nachrichten mutmaßlich nach einem einzigen Kode entworfen sind, viel weiter fortgeschritten ist als bei derjenigen, die sich mit Situationen befaßt, die zumindest partiell gemeinsame Kodes und den Wechsel zwischen verschiedenen Kodes verlangen. Mimikry erfordert im Unterschied zu bloßer Nachahmung – die beispielsweise ein junger Makake von seiner Mutter unternimmt – zur Realisierung fast immer zumindest zwei Tier- oder Pflanzenarten (oder einen anorganischen Stellvertreter), wie es W. Wickler in seiner ansehnlichen Einführung in das Thema gezeigt hat; in der sogenannten Müller-Manifestation wird das durch eine Reihe schwarzer Längsstreifen bei verschiedenen Arten von Reinigungsfischen veranschaulicht, die durch dieses gleichförmige Identifikationsmuster oder Abzeichen in der Lage sind, mit gewissen größeren Raubfischen zu kommunizieren, die das gleiche Konvergenzmerkmal aufweisen. Selbst Touristen auf einer Afrikareise haben jetzt gelernt, die fühlbare Gemeinsamkeit von – sagen wir – Alarmzeichen zwischen Vertretern verschiedener Tierarten einzuschätzen, die dasselbe Wasserloch aufsuchen. Darüber hinaus werden manchmal subtile semiotische Ökosysteme nicht nur zwischen verschiedenen wechselseitig abhängigen Tierarten errichtet, sondern auch in Beziehung zu Pflanzen, wie etwa in der komplexen Gemeinschaft, die von einer Gruppe von Insekten (den Danaidae) und dem Eichelhäher zusammen mit der Wolfsmilch aus der Familie der Asclepiadiceae aufgebaut worden ist.

Wie der Mensch mit Tieren kommuniziert und umgekehrt, ist bislang sowohl in der Semiotik wie in der Ethologie von untergeordnetem Interesse gewesen (obwohl es ein ständiges Thema in den bahnbrechenden Arbeiten von Professor Hediger bildet wie auch in K. und M. Brelands ausgezeichnetem kleinem Buch über «Animal Behavior», das mit ingenieursmäßiger Vorurteilslosigkeit geschrieben ist). Doch in allen Bereichen des Lebens wird jetzt das Verhältnis zwischen Mensch und Tier – von den Protozoen bis zu den Primaten – entscheidend. Wo immer sie auch zusammentreffen, ob der Mensch für das Tier zur Plage wird oder ob er ihm zum Opfer fällt (wie beispielsweise seinem nach wie vor gefährlichsten Mörder, dem Moskito); ob die beiden unabhängig von der Ungleichartigkeit ihrer Partnerschaft in einer Symbiose leben (wie beispielsweise der Mensch und sein Haustier); ob einer der Parasit des anderen ist (wie F. E. Zeuner das Verhältnis des Menschen zum Rentier charakterisierte); ob eine Art die andere als Artgenossen akzeptiert (ein Beweis ist Londons verstorbener Panda, der angeblich auf seinen Wärter fixiert war), oder, im Gegenteil, als ein unbelebtes Objekt ansieht (wie zum Beispiel den Menschen als Teil eines Fahrzeuges in einem Naturpark); die Verbindung bringt es mit sich, daß jeder notwendigerweise die wesentlichen Elemente des Kodes der anderen Seite kennenlernen, wenn nicht sogar vollständig beherrschen muß. Nach der Etablierung lockerer Kontakte zu einem Tier kann ein Mensch, wenn er will, fortfahren, indem er es zähmt; dieser Prozeß läßt sich beschreiben als eine systematische Herabsetzung der Fluchtdistanz, die durch bewußte Handhabung des tierischen Kodes erreicht wird. Ein zahmes Tier kann dann einem rein synchronen Trainingsprozeß unterworfen werden, und zwar auf eine von zwei komplementären Arten: *Ausbildung* oder *Abrichtung*, etwa für den wissenschaftlichen Versuch oder zum Auftritt in Vorführungen. Wie E. Kuckuk bereits in seiner Abhandlung von 1936 über zwei junge Braunbären betont hat, handelt es sich bei den beiden Möglichkeiten um direkte Gegensätze: «Die Zirkusdressur ist . . . das genaue Gegenteil eines tierpsychologischen Versuchs.» Die beiden Verfahren sind in zumindest zweierlei Hinsicht unterscheidbar: hinsichtlich des semiotischen Charakters des Zeichens, das die erforderliche Handlung veranlaßt (unmarkiert vs. markiert), sowie hinsichtlich des Ausmaßes emotionaler Intensität, das die Interagierenden verbindet (minimal vs. maximal). Wenn weiterhin ökonomische Umstände die geplante Entwicklung von Formen mit gewissen Eigenschaften diktieren, die der Mensch für wünschenswert hält, bringt er eine diachrone Dimension ein: Aus selektiver Zucht oder Änderung des genetischen Kodes folgt die Domestizierung (mit einer Fluchtdistanz, die konstant gegen Null geht). Der letzte und leider nicht mehr rückgängig zu machende Schritt kann darin bestehen, alle weitere Kommunikation mit Mitgliedern der eigenen Art abzuschneiden – die Verfolgung und dann die mögliche Ausrottung seiner wilden Vorfahren.

Es ist wichtig, detailliert einzuschätzen, wie die geeigneten semiotischen Analyseverfahren das Urteil über alle ethologischen Beobachtungen und Experimente erhellen können – ohne die man nur an den klassischen Skandal wissenschaftlichen Irrtums zu erinnern braucht, der als die Episode vom ‹Klugen Hans› bekannt ist und auf der Selbsttäuschung des Trainers über den ständigen Strom indexikalischer Signale beruhte, die, auf bloße Synekdochen reduziert, selbst für den aufmerksamsten Beobachter kaum wahrnehmbar waren, die er unwissentlich seinem Pferd mitteilte, die aber das Tier schnell und sicher interpretieren konnte; und selbst heute muß man ständig auf der Hut sein, um die Verwandlung kluger Pferde (Hans war keineswegs das einzige) in kluge Schimpansen zu verhindern! Unsere Beziehungen zu Tieren in Gehegen oder zoologischen Gärten, in der Vertrautheit des Zirkus und vergleichbaren Meereseinrichtungen oder biologischen Forschungslaboratorien, auf dem Bauernhof oder im Haus könnten wesentlich verbessert werden, wenn wir uns genau vergegenwärtigten, wie in all diesen dyadischen Kontakten paarweise aufgebaute Kommunikationssysteme, die sich gegenseitig in äußerst komplizierten Weisen beeinflussen, in konstantem Wechselspiel nebeneinandergestellt sind.

Während die Semiotik zumindest in der vitalen Locke-Peirce-Morris-Tradition damit fortfährt, ihren Horizont zu erweitern, um das gesamte

Tierreich zu erfassen, ja das gesamte organische Sein (deshalb bevorzugt G. Tembrock die umfassendere Bezeichnung *Biosemiotik*) wie auch die Zeichenfunktion von Maschinen (so spricht S. Gorn von den grundlegenden semiotischen Begriffen von Computern), ist die Ethologie in gleicher Weise dabei, ihren Bereich so zu erweitern, daß er den Menschen einbezieht (ein förderlicher Schritt in diese Richtung war vor einiger Zeit die Einrichtung einer halb selbständigen Forschungsgruppe für Humanethologie unter der prestigereichen Leitung des Max-Planck-Instituts für Verhaltensphysiologie; ebenso ist die Arbeit von N. Blurton Jones mit Kleinkindern in England hervorzuheben). Durch eine systematische Anwendung der Prinzipien der Ritualisierung und ihrer Folgeerscheinungen auf Aspekte nonverbalen Verhaltens auf eine beeindruckend weltweite Datengrundlage, die zu großen Teilen neu aufgenommen und auf Film aufgezeichnet wurde, sind einige herausragende Tatsachen bereits nachgewiesen worden, die zum Beispiel die Universalität gewisser menschlicher Gesichtsausdrücke und Gesten betreffen, die man früher für kulturabhängig hielt. Die Ethologie hat es natürlich versäumt, die Entwicklung der für den Menschen typischen Sprachfähigkeit zu beleuchten, sieht man von Huxleys Binsenwahrheit ab, daß es sich dabei ebenfalls um «ritualisiertes (adaptiv formalisiertes) Verhalten» handelt: Die Ritualisierung arbeitet mit der Annahme, daß sich das Verhalten mit morphologischem Wachstum und Differenzierung entwickle, aber wie läßt sich die vergleichende Methode auf eine aus nur einem Fall bestehende Probe anwenden? Die Umrisse einer Semiotik, die sich vor dem Anthropozentrismus hütet, im Gespann mit einer Ethologie, die eine Kirchturmspolitik vermeidet, lassen sich bereits ausmachen. Es erscheint als wahrscheinlich, daß eine vollständige Synthese bald erreicht wird, die sowohl ein neues Paradigma als auch eine Methodologie einer vergleichenden Analyse der Semiosis in ihrer ganzen Vielfalt bereitstellt und die sich von den beiden weitreichenden, miteinander verbundenen polymeren Sprachen an dem einen Ende der Skala bis zu den Tausenden natürlichen Sprachen an dem anderen erstreckt, wobei sich dazwischen eine Vielzahl singulärer Informationskodierungs- und Übermittlungsvorrichtungen innerhalb und außerhalb des Körpers jedes Lebewesens befindet. Die Semiosis, die unabhängig von Form oder Substanz ist, wird demnach als universale, kriteriologische Eigenschaft belebter Wesen verstanden.

4. Sechs Zeichenarten: Einige Vorschläge und Bemerkungen*

0. Vorbemerkungen

0.1. *Das Zeichen ist zweiseitig.* 1305 legte Dante in seiner unvollendeten Abhandlung «Dē vulgarī eloquentiā» (I–3, 1957: 18) folgende Formulierung des Begriffs des (sprachlichen) Zeichens vor: «hoc equidem signum . . . sensuale quid est, in quantum sonus est; rationale vero, in quantum aliquid significare videtur ad placitum.» Seine Neuformulierung befindet sich in schöner Übereinkunft mit praktisch jedem Modell der inneren Struktur des Zeichens, das mit dieser oder jener Betonung in solchen Darstellungen vorgetragen worden ist, die sich mit den Grundlagen der Lehre von den Zeichen befassen und die von der stoischen Philosophie bis zum zeitgenössischen Denken reichen. Dieser Ausdruck besagt, daß das Zeichen aus zwei unentbehrlichen Hälften aufgebaut ist, von denen die eine *aisthēton*, wahrnehmbar (oder empfindbar), und die andere *noēton*, verstehbar (oder rational), ist: das *Bezeichnende*, ein

---

* *In memoriam George Ts'ereteli.* Dieser Aufsatz befaßt sich im einzelnen mit einem Komplex miteinander verbundener Probleme und wurde erstmalig unter dem Titel «The Structural Classification of Signs» den Teilnehmern der Vierten Sommerschule über Sekundäre Modellbildende Systeme in Tartu, Estland, im August 1970 (vgl. Revzina, 1972: 230f) als ein informeller Beitrag vorgetragen, an den sich eine bemerkenswerte und äußerst lehrreiche Diskussion anschloß. Ich möchte mit diesem Aufsatz meine Hochachtung gegenüber den ausgezeichneten Leistungen der zeitgenössischen sowjetischen Semiotik zum Ausdruck bringen (vgl. Segal, in Lotman und Uspenskij, 1973: 452–470), einem Bereich internationaler kooperativer Bemühungen in verschiedenen Forschungsrichtungen, zu denen Akademiemitglied George Ts'ereteli vielfältige Beiträge erbracht hat, die sich als ebenso gründlich wie schöpferisch erwiesen haben.

Diese Version ist ein Reprint aus *Semiotica* 13, 3 (1975), 233–260. Eine französische Version erschien in *Degrés: Revue de synthèse à l'orientation sémiologique* 6 (1974); eine italienische Version erschien in *Versus: Quaderni di studi semiotici,* 11 (1976; zu einer gekürzten ungarischen Version vgl. «Jelentéstan és stilisztika», hg. von Samu Imre, István Szathmári und László Szüts (Budapest: Akadémiai Kiadó, 1974), S. 518–523. Der Artikel wird jetzt, wie ursprünglich beabsichtigt, in Georgien in einem Sonderheft zu Ehren von Ts'ereteli publiziert – «Nišris ekvsi saxeoba: Cinadadebani da šenišvnebi», *Filologia Orientalis – Journal of the Oriental Institute* (Tbilisi, 1976). Der Aufsatz bemüht sich an vielen Stellen darum, Vorstellungen auszuarbeiten, die im ersten Aufsatz des vorliegenden Buches versuchsweise skizziert worden sind.

wahrnehmbarer Eindruck auf zumindest eines der Sinnesorgane des Interpreten, und der *bezeichnete* Inhalt. (Im mittelalterlichen Latein lautete das dem stoischen *semainon*, ‹Bezeichnendes›, und *semainomenon*, ‹Bezeichnetes›, entsprechende Begriffspaar *signans* und *signatum*; das wurde von Saussure mit *signifiant* und *signifié* übersetzt; im Deutschen ist gewöhnlich von *Signifikat* und *Signifikant* die Rede; Morris unterscheidet in *Zeichenträger* und *Designatum*; einige sowjetische Wissenschaftler [vgl. Revzina, 1972: 231] sprechen von ‹Ding› und ‹Begriff›, usw.).

0.2. *‹Null-Zeichen›*. In verschiedenen Zeichensystemen, und vor allen Dingen in der Sprache, kann ein Zeichenträger manchmal – bei geeigneten Kontextbedingungen – gerade durch seine Abwesenheit, das heißt in der *Nullform*, ein Vorkommen bezeichnen. Linguisten, die den Ausdruck ‹Null-Zeichen› (Null-Phonem oder Allophon, Null-Morphem oder Allomorph, und ähnliches) verwenden, können darunter entweder ‹Null-Bezeichnendes› oder, viel seltener, ‹Null-Bezeichnetes› verstehen, aber niemals beides gleichzeitig; nähme man ihn buchstäblich, so wäre der Begriff ‹Null-Zeichen› ein Oxymoron. (Zur Funktion des Nullpunktes in der Linguistik vgl. Jakobson, 1966 [1939] oder 1940; Frei, 1950; Godel, 1953; Haas, 1957.) Die Rolle von Null-Zeichenträgern in anderen als sprachlichen Kommunikationssystemen ist niemals gründlich analysiert worden. So stellt beispielsweise Pohl (1968: 34–36) fälschlicherweise fest, Zivilkleidung fungiere als Null-Zeichen, wenn sie in einem Kontext von Uniformen getragen würde; dabei wird jedoch die Opposition unmarkiert/markiert mit der Opposition realisiert/Null verwechselt.

Null-Zeichenträger kommen auch in tierischen Kommunikationssystemen vor. So behauptet Ardrey (1970: 75), daß der «Alarmschrei des (afrikanischen) Elefanten in Schweigen besteht», und das gleiche sagt René-Guy Busnel, daß nämlich der zeitliche Parameter innerhalb der Nachricht, die zwischen zwei Mitgliedern der Spezies *Laniarius erythrogaster* ausgetauscht wird, das heißt «das rhythmische Muster des Schweigens . . . und nicht der akustische Teil des Signals selbst», die Information trägt (Sebeok, 1968 b: 138); eine heuristisch mehr versprechende Untersuchung wird jedoch durch das quasiprosodische Phänomen angeregt, daß bei verschiedenen Arten der Feuerfliegen der Pulsschlag ein signifikantes Element bei der Stimulierung der Weibchen darstellt und daß sich diese Intervalle bei verschiedenen Arten unterscheiden, zum Beispiel bei *Photinus consanguineus* und *macdermotti*; bei der verwandten Art *lineellus* ist der Pulsschlag dagegen veränderlich, «was einen weiteren Beleg für die Signifikanz des Pulsschlages darstellt» (Lloyd, 1966: 78).

Die Existenz von Nullformen in verschiedenen Kommunikationssystemen stellt daher das klassische zweiteilige Zeichenmodell nicht in Frage.

0.3. *Token/Typ, Denotation/Designation.* Ein individuelles Vorkommen eines Zeichens – was Peirce als ein ‹Sin-Zeichen› (2.245) bezeichnete – wird jetzt allgemeiner *Token* genannt (4.537, das Peirce auch manchmal ‹Acti-Zeichen› nannte), während die Klasse aller Vorkommen des Zeichens – das ‹Legi-Zeichen› bei Peirce (früher sprach er von ‹Fami-Zeichen›; vgl. 8.363) – ein *Typ* genannt wird. Fassen wir das von Peirce angeführte Beispiel zusammen, so kann man sagen, daß dann, wenn auf der Seite eines Buches 250 Wörter stehen, dies die Anzahl der Wort-Token ist, während die Anzahl der unterschiedlichen Wörter auf der Seite die Anzahl der Wort-Typen ist (diese Unterscheidung ist vor einiger Zeit von Richards, 1969, erneut untersucht worden).

Unter den wichtigsten Fragenkomplexen, die die meisten Erforscher des sprachlichen Zeichens beschäftigt haben, scheinen sich drei als grundsätzlich und unvermeidlich herauszustellen: in welcher Weise *referieren* individuelle Zeichen*token*; in welcher Weise erlangen und behalten Zeichen*typen* ihre konstante *Bedeutungsfähigkeit*; worin genau besteht der Unterschied zwischen der Referenz- oder *Denotations*-Relation und der Bedeutungs- oder Sinn- oder *Designations*-Relation (eine vierte wichtige Frage nach der Relation von Bedeutung und Verwendung ließe sich hier anfügen; vgl. Wells, 1954). Die moderne Trennung zwischen Bedeutung und Referenz ist seit Freges klassischer Unterscheidung von 1892 in *Sinn* und *Bedeutung* in vielen Erscheinungsformen wiedergekehrt; so in Annäherung etwa bei Husserl als *Bedeutung* vs. *Bezeichnung,* bei Mill als *denotation* vs. *connotation,* bei Paul als *Bedenkung* vs. *Benutzung,* bei Saussure als *valeur* vs. *substance,* und so weiter. ‹Semantik› wird häufig, wenn auch ungenau als Rahmenbegriff sowohl der Theorie sprachlicher Referenz als auch der Theorie sprachlicher Bedeutung benutzt, aber im strengen Sinne sollte sie auf die letztere beschränkt werden. Es ist typisch, daß analytische Philosophen wie beispielsweise Carnap (1942) die Theorie der Wahrheit und die Theorie logischer Deduktion deshalb der Semantik zuweisen, weil Wahrheit und logischer Schluß Begriffe sind, die auf der Designation beruhen und folglich semantische Begriffe sind. Der Terminus ‹Zoosemantik› wurde 1963 vorläufig geprägt, um die Bedeutungstheorie versuchsweise so auszuweiten, daß sie vermutlich entsprechende designative Prozesse bei den sprachlosen Lebewesen erfaßt (Sebeok, 1972: 80).

Eine bemerkenswerte Diskrepanz zwischen dem, was ein Zeichentyp designiert, und der Denotation eines seiner Token ist unter Umständen auf verschiedenen Ebenen für die sprachlichen Prozesse verantwortlich, die der Poetik und der Rhetorik als ‹Redefiguren› bekannt sind, wie auch für damit verwandte Phänomene bei Tieren (Bronowski, 1967). Das ist auch der Mechanismus, der dem Lügen zugrunde liegt, das – ungeachtet gewisser Auffassungen – verschiedenen Formen der Täuschung entspricht, die im gesamten Tierreich vorkommen.

0.4. *Zur Klassifizierung von Zeichenaspekten.* Die Anerkennung der vielfältigen möglichen Relationen zwischen den beiden Teilen eines Zeichens – dem Bezeichnenden und dem Bezeichneten – hat im Laufe der Geschichte der Semiotik zu zahlreichen Versuchen von Philosophen und philosophisch orientierten Linguisten geführt, Zeichen oder Zeichensysteme zu klassifizieren. Unter diesen Klassifikationsversuchen war das von Peirce entwickelte letzte und maximale Schema (von etwa 1906) – das er langsam, aber kontinuierlich über einen Zeitraum von zirka vierzig Jahren entwickelte – mit sechsundsechzig Arten, zu denen Übergangsformen und Hybride zählten, sicherlich das umfassendste, weitreichendste und subtilste (Weiss und Burks, 1945; vgl. aber auch Sanders, 1970, der ihren Extrapolationsversuch für ‹unbesonnen› hält). Im Bereich der Sprache hat Bally (1939) einen der bedachteren und anregenden Versuche der neueren Zeit unternommen, während Jakobsons Spezialuntersuchung (1970), die sich mit der Klassifikation menschlicher Zeichen im allgemeinen befaßte, den Horizont der modernen semiotischen Forschung erneut erweiterte. Die Arbeit von Spang-Hanssen (1954; abgeschlossen jedoch bereits 1948) ermöglicht einen guten Überblick über ‹moderne› psychologische Ansätze bei Ogden und Richards, Karl Britton, Bertrand Russell, Charles Morris sowie über linguistische Ansätze von so unterschiedlichen Wissenschaftlern wie Ferdinand de Saussure, Leo Weisgerber, Alan H. Gardiner, Karl Bühler, Eric Buyssens, Leonard Bloomfield und Louis Hjelmslev. Heutzutage werden gewöhnlich nur ungefähr ein halbes Dutzend Zeichenarten – oft mit verschiedenen mehr oder weniger vage empfundenen Unterarten – bestimmt und allgemein angewandt, wobei sie nur in etwa vergleichbare Definitionen aufweisen; in nahezu allen Fällen werden sie aber nur im Bereich der Sprache und der anderen menschlichen artspezifischen Systeme betrachtet, das heißt der sekundären modellbildenden Systeme der russischen semiotischen Tradition, die eine sprachliche Infrastruktur oder Musik oder etwas Ähnliches implizieren (Sebeok, 1972: 162–177). Im folgenden werden die sechs Zeichenarten, die in der zeitgenössischen Semiotik am häufigsten vorzukommen scheinen, erneut vorgenommen, einer vorläufigen neuen Definition unterworfen, kurz diskutiert, und nicht nur anhand anthroposemiotischer Systeme (das heißt solcher, die artspezifisch für den Menschen sind) veranschaulicht, sondern auch anhand zoosemiotischer Systeme, um den Nachweis zu erbringen, daß keines der hier behandelten Zeichen kennzeichnend oder eindeutig für den Menschen ist (7.4; diese Behauptung und ihre Implikationen werden in Sebeok, 1977 d, detaillierter ausgeführt).

Es sollte schließlich deutlich werden, daß es sich hierbei keineswegs um die Klassifikation von Zeichen, sondern vielmehr von Zeichenaspekten handelt: Ein gegebenes Zeichen kann – und das gilt für die Mehrzahl der Fälle –, mit anderen Worten, mehr als einen Aspekt aufweisen, so daß man graduelle Unterschiede feststellen muß. Eco (1972 a: 201) insistiert darauf, daß «ein ikonisches Zeichen der bezeichneten Sache *in einigen Aspekten* ähnlich» ist, wie schon vor ihm Charles Morris betont hatte, aber es ist von gleicher Wichtigkeit, das hierarchische Prinzip zu erfassen, das der Architektonik jeder Zeichenart innewohnt. So trägt beispielsweise ein sprachliches Symbol wie etwa ein Befehl gewöhnlich auch einen Signalwert (vgl. 1.3). Ein Emblem (das eine Unterart des Symbols ist; 5.4) kann zum Teil ikonisch sein, wie zum Beispiel die Flagge der Vereinigten Staaten, da ihre sieben roten horizontalen Streifen, die sich mit sechs weißen abwechseln, für jeweils eine der Gründerkolonien stehen, während ihre fünfzig weißen Sterne im blauen Eckfeld jeweils einem der Staaten der gegenwärtigen Union entsprechen. Ein primär indexikalisches Zeichen wie eine Uhr erhält einen zusätzlichen erkennbaren symbolischen Inhalt, wenn die Uhr zufälligerweise Big Ben ist. Es heißt, daß in den Zeichnungen der zentralaustralischen Walbiri die ikonische Verbindung zwischen den Formen der Zeichenträger und den bezeichneten Referenten im Mittelpunkt steht, «da es keine systematische Unterordnung des ikonischen Elements unter ein sekundäres, abstraktes Ordnungssystem gibt», was sich im Gegensatz zur Heraldik befindet, bei der, wie etwa im Fall eines Bilderschriftsystems, «die ikonischen Qualitäten, die die visuellen Formen mit ihren Bedeutungen verbinden, dazu tendieren, sich zu verflüchtigen», das heißt schrittweise symbolisch werden, «aufgrund der gesamten Anpassung der visuellen Formen an ein anderes zugrunde liegendes soziokulturelles System, für das das erstere einen Kommunikationskode konstituiert» (Munn, 1973: 177f); (zum Prozeß der ‹Deikonisierung› im allgemeinen sowie der unüblicheren umgekehrten Transformation vgl. Wallis, 1975: 7f). Das Morrissche Diktum, «Ikonizität ist . . . eine Frage des Ausmaßes» (1971: 191), zusammen mit der vergleichbaren kurzen Formel von Count, «die Symbolisierung . . . läßt sich als ein Prozeß einer kontinuierlichen (qualitativen) Gradation begreifen» (1969: 102), scheint das Problem adäquat zusammenzufassen.

Um es zu wiederholen, Aspekte eines Zeichens treten mit Notwendigkeit in einer für die Umgebung empfänglichen Hierarchie auf. Da natürlich alle Zeichen in komplexe syntagmatische wie paradigmatische Kontraste und Oppositionen eintreten, ist ihre Stellung sowohl im Gefüge eines konkreten Textes als auch im Rahmen eines abstrakten Systems entscheidend dafür, welcher Aspekt in einem gegebenen Kontext zu einem bestimmten Moment vorherrscht, eine Tatsache, die direkt zu dem Problem der Ebenen führt, das der Linguistik gut bekannt ist – als eine absolute Vorbedingung jeder Typologie –, aber bislang in den anderen Bereichen der Semiotik alles andere als entwickelt ist. Diese wichtige Frage, der sich auch die sowjetischen Kollegen deutlich bewußt sind (z. B. Lotman und Uspenskij, 1973: XXI; vgl. auch Meletinsky und Segal, 1971), kann hier außer ihrer Betonung und dem Vorschlag einer untergeordneten terminologischen Erklärung nicht behandelt werden: daß ein Zeichen berechtigterweise, wenn auch unbestimmt, nach dem vorrangig wirkenden Aspekt benannt wird.

1. Signal

1.1. *Wenn ein Zeichentoken auf seiten des Empfängers mechanisch oder konventionell irgendeine Handlung auslöst, sagt man, daß es als Signal fungiert.*

1.2. Es ist die Spezifizierung zu beachten, daß die Reaktion entweder mechanisch (das heißt natürlich) oder konventionell (das heißt künstlich) hervorgerufen werden kann; das befindet sich in Übereinstimmung mit der Auffassung, daß «Signale . . . von der ‹Natur› bereitgestellt werden können», jedoch auch künstlich herstellbar sind (Kecskemeti, 1952: 36). Ebenfalls ist zu beachten, daß der Empfänger entweder eine Maschine oder ein Lebewesen sein kann oder denkbarerweise sogar eine übernatürliche Personifizierung.

1.3. Eine äußerst interessante und produktive Neubestimmung des Signalbegriffs findet sich in einem neueren Aufsatz von Pazukhin (1972). Seine Beweisführung und die daraus resultierende Definition, die der oben vorgetragenen gleicht, wenn sie auch nicht damit identisch ist, basiert auf der Entwicklung einer Reihe von Oppositionen, die aus dem Bedürfnis folgen, den physikalischen oder technologischen Signalbegriff von demjenigen zu unterscheiden, der in den Geistes- und Sozialwissenschaften allgemein verbreitet ist – kurz, von einer rein semiotischen Konzeption, sowie aus dem Bedürfnis, einerseits physikalische Phänomene, die Signale sind, von der Klasse der Nichtsignale zu trennen und andererseits Signale von Zeichen abzuheben. Ein Mangel dieses Artikels besteht darin, daß er Bühlers bekannte These aus ihrem Kontext reißt und deshalb zurückweist, weil sie «zu vielen unkorrekten Interpretationen Anlaß gegeben hat, die die Bühlerschen ‹Signale› als eine Art von Zeichen (Zeichen, nach Bühler) betrachten, die Befehle, Anfragen und andere Arten imperativer Nachrichten übermitteln» (Pazukhin, 1972: 28). In dieser Behauptung sind zwei Fehler enthalten: Der eine betrifft die Vernachlässigung von Bühlers sogenanntem ‹Organon-Modell› als Ganzem, in dem der Signalbegriff seinen logischen Ort neben den Begriffen Symptom und Symbol findet und deshalb nicht isoliert verstanden werden kann. Ein schwerwiegenderer Fehler besteht darin zu vergessen, daß man sich stets mit Zeichen*aspekten* zu befassen hat. Um es zu wiederholen: Ein sprachlicher Befehl weist sehr wahrscheinlich sowohl einen Symbolaspekt als auch einen Signalaspekt auf, und das betreffende Zeichen wird je nach seinem Verwendungszusammenhang zwischen den beiden Polen schwanken.

1.4. Es ist wahrscheinlich nützlich, daran zu erinnern, was Bühler im Rahmen seines Modells tatsächlich über das Signal sagte. Nach Bühlers Auffassung appelliert das Signal an den Empfänger, dessen inneres oder äußeres Verhalten es steuert, das heißt, es agiert sozusagen wie ein Verkehrszeichen, das Reaktionen veranlaßt oder verhindert; im Gegensatz dazu ist das Symptom (Abschnitt 2) auf den Sender gerichtet, dessen inneres Verhalten es ausdrückt; das Symbol schließlich (Abschnitt 5) bezieht sich auf die Designation.[1]

1.5. Pazukhin betont zutreffend die Notwendigkeit, «eine wirkliche Unterscheidung von Signalen und Zeichen zu erarbeiten»; er analysiert dann «einige äußerst vielversprechende Ansätze» (1972: 29f), zu denen auch die Annahmen sowjetischer Philosophen oder Linguisten wie L. Abramian, A. A. Brudny und A. Zaliznjak gehören, hält sie aber alle für fehlerhaft, und zwar hauptsächlich aufgrund seiner Überzeugung, daß keine von ihnen «adäquate Kriterien für eine realistische Gegenüberstellung von Signalen und anderen Interaktionsmedien» (1972: 30) angibt. Unserer Auffassung nach ist es zuerst einmal wichtig anzuerkennen, daß die Relation zwischen Signal und Zeichen diejenige einer markierten Kategorie zu einer unmarkierten ist, das heißt genau diejenige einer Art zu der Gattung, zu der sie gehört (7.2), wie es auch Bühler dargestellt hat. Zweitens führt Pazukhin detailliert das ein und diskutiert, was er zwei Arten der Kontrolle nennt, wobei es sich in beiden Fällen um Interaktionen handelt, die auf der Idee einer Kausalbeziehung beruhen: direkte Kontrolle und blockiert-frei-Kontrolle. Kontrolle durch Signalisierung stellt einen Sonderfall der letzteren dar, was natürlich zu der Schlußfolgerung führt, die auch in Pazukhins Signaldefinition enthalten ist, «daß es nur eine zufällige Beziehung zwischen dem Signal und den von ihm hervorgerufenen Reaktionen gibt» (1972: 41). Das ist jedoch lediglich ein schwaches Echo der ausdrücklichen Verbindung, die Peirce zwischen allen Zeichenprozessen – und daher auch Signalisierungen – und solchen Prozessen aufgestellt hat, die Vermittlung oder ‹Drittheit› einschließen. Ein Beleg dafür ist die folgende Passage:

> Es ist wichtig zu verstehen, was ich mit *Semiosis* meine. Alle dynamische Aktion oder Aktion roher Gewalt, physikalisch oder psychisch, findet entweder zwischen zwei Objekten statt . . . oder ist jedenfalls ein Ergebnis solcher Aktionen

---

1 «Es ist *Symbol* kraft seiner Zuordnung zu Gegenständen und Sachverhalten, *Symptom* (Anzeichen, Indicium) kraft seiner Abhängigkeit vom Sender, dessen Innerlichkeit es ausdrückt, und *Signal* kraft seines Appells an den Hörer, dessen äußeres oder inneres Verhalten es steuert wie andere Verkehrszeichen» (Bühler, 1934: 28 und passim).

zwischen zwei Objekten. Mit ‹Semiosis› jedoch meine ich im Gegensatz dazu eine Aktion oder einen Einfluß, der aus einer Kooperation *dreier* Objekte besteht oder diese einschließt, wie zum Beispiel ein Zeichen, sein Objekt und sein Interpretant, wobei dieser trirelative Einfluß auf keinerlei Weise in Aktionen zwischen je zwei Objekten aufgelöst werden kann . . . meine Definition verleiht allem, das sich so verhält, den Titel eines ‹Zeichens› (Peirce, 5.484).

1.6. Betrachten wir folgendes: C. R. Carpenter, ein bekannter Tierverhaltensforscher, benutzt im Zusammenhang einer Arbeit über Alloprimaten die Gelegenheit, Signalverhalten im allgemeinen, in vielfältigen Qualitäten, Formen und Ausprägungen zu definieren als «ein abgekürztes Reizgeschehen, einen Teil eines längeren Ganzen, das ausgedehnte Handlungen hervorrufen kann. Die Signalisierungstätigkeit wird in ihrer einfachsten Form von einem einzelnen Lebewesen hervorgebracht; sie repräsentiert Information; sie wird durch einen physikalischen Träger übermittelt und von einem oder mehreren Individuen wahrgenommen und beantwortet. Wie das Reizgeschehen, zu dem das Signalverhalten als ein Sonderfall gehört, BEFREIT diese Verhaltensweise mehr Energie, als zur Signalisierung benötigt wird» (1969: 44). Nun weist Pazukhin drei Kriterien, die verschiedentlich zur Definition von Signalen vorgeschlagen wurden, aus dem Grund zurück, weil sie «nicht für wesentlich erachtet werden können» (1972: 41). Diese Kriterien – die alle drei von Carpenter benutzt wurden – sind: das Vorhandensein einer gewissen Energiemenge; die Übermittlung von Information über irgend etwas; und daß das Signal von einem Lebewesen ausgesandt wird. Wir pflichten vollständig der Eliminierung aller drei Faktoren aus einer tragfähigen Definition des Signals bei.

1.7. Beispiele für Signale sind: der Ausruf ‹Los!› oder alternativ dazu das Abfeuern einer Pistole als Start eines Wettlaufs (eine konventionelle Auslösung vs. eine mechanische Auslösung, wie in 1.2). Der Terminus ist in Studien zum Tierverhalten allgemein üblich – vgl. Burkhardt u. a. (1967), Sebeok (1968 b, 1977 a) und die bei Sebeok (1972: 135–161) zitierte Literatur –, wo er oftmals austauschbar mit einem selten definierten zoosemiotischen Grundbegriff, *Darstellung* (z. B. Smith, 1965: 405), verwendet wird.

2. Symptom

2.1. *Ein Symptom ist ein obligatorisches, automatisches, nichtarbiträres Zeichen, wobei das Bezeichnende mit dem Bezeichneten in der Weise einer natürlichen Verbindung verknüpft ist.* (Ein *Syndrom* ist eine regelgeleitete Struktur von Symptomen mit einem festen Designatum.)

2.2. Beide Termini haben starke, nicht jedoch ausschließlich medizinische Konnotationen (vgl. Ostwald, 1968); so kann man in metaphorischer Erweiterung sagen: ‹Die Entstehung der modernen Anthropologie war ein Symptom des Kolonialismus›, und ähnliches (vgl. dazu auch 2.7).

2.3. Es ist kennzeichnend für Symptome, daß sich ihre Denotata im allgemeinen für den Adressanten, zum Beispiel den Patienten (‹subjektive Symptome›), und für den Adressaten, zum Beispiel den Arzt (‹objektive Symptome›), unterscheiden – oder wie es Barthes (1972: 38) sehr prägnant ausgedrückt hat: «Le symptôme, ce serait le réel apparent ou l'apparent réel.» Zu einigen Freudschen Implikationen dieser Beobachtung vgl. Brown (1958: 313; siehe dazu auch Kecskemeti, 1952: 61), und zu vortrefflichen Arbeiten in diesem klassischen Bereich der Semiotik vgl. die repräsentativen Bücher von Ruesch (neuerdings 1972) und Shands (besonders 1970).

2.4. Es ist interessant festzustellen, daß die scharfsinnigen Logiker von Port-Royal auf der Grundlage eines im wesentlichen quantitativen Kriteriums eine Unterscheidung zwischen ‹gewöhnlichen› Symptomen und demjenigen vornahmen, was Mediziner ‹lebenswichtige Zeichen› nennen würden. So beobachteten sie, daß «es sichere Zeichen gibt . . . wie es die Atmung in bezug auf das Leben der Lebewesen ist. Und es gibt andere, die nur wahrscheinliche sind . . . so wie die Blässe nur ein wahrscheinliches Zeichen der Schwangerschaft der Frauen ist . . .» (Arnauld und Nicole, 1662 [1816]). Mit anderen Worten, die Bestimmung ‹obligatorisch, automatisch› ist in der obigen Definition einer probabilistischen Präzisierung unterworfen, denn obwohl die Denotation eines Symptoms immer mit ihrer Ursache in der Quelle äquivalent ist, sind einige Symptome tatsächlich ‹sicher› mit einer voraufgehenden Bedingung verknüpft, während die Beziehung anderer Symptome zu dem voraufgehenden Zustand lediglich mit veränderlichen Graden der Wahrscheinlichkeit angenommen wird.[2]

---

2 Arnauld und Nicole haben darüber hinaus offensichtlich das Emblem (5.0) erkannt: «Es gibt Zeichen, die mit den Dingen in Verbindung gebracht wer-

2.5. Die Semiotik – die sich in den frühesten Anwendungen auf ein medizinisches Interesse an sinnlich wahrnehmbaren Hinweisen auf Veränderungen am Zustand des menschlichen Körpers bezieht – konstituierte einen der drei Bereiche der griechischen Medizin. Da Symptome zu den Zeichen gehören, die am frühesten identifiziert wurden, stellen sie eine historisch wichtige Kategorie jeder Untersuchung der Anfänge der Zeichentheorie dar, wie zum Beispiel im Denken solcher Ärzte wie des alexandrinischen Physiologen Erasistratus (310–250 v. Chr.) und des Anatomen Herophilus (335–280 v. Chr.) und des Epikuräers Asklepiades von Bithynien (um 110 v. Chr.), die neben anderen bei Sextus Empiricus erwähnt werden. Die Symptomatologie oder Semeiologie entwickelte sich schließlich zu einem Teilbereich der Medizin mit einer Spezialisierung in drei Haupttätigkeitsbereiche, die Diagnostik, die sich auf das Hier und Jetzt konzentrierte, und ihre beiden zeitlichen Projektionen in die anamnestische Vergangenheit und die prognostische Zukunft (oder, wie Galen [130 bis etwa 200] gewöhnlich lehrte, «Semeiotice in tres partes dirimitur, in praeteritorum cognitionem, in praesentium inspectionem et futurorum providentiam»). Eine Wiederannäherung zwischen der allgemeinen Zeichentheorie und der medizinischen Praxis, die Zeichen einbegreift, geschah erst in jüngerer Vergangenheit und wurde zu einem nicht geringen Teil durch das hervorragende Werk Michel Foucaults (Barthes, 1972: 38) angeregt; sie wurde jedoch in gewisser Hinsicht in bemerkenswerter Weise von Kleinpaul im Jahre 1888 antizipiert, der bei seinem Versuch, diese Verbindung in ihren vorsaussureschen Formen nachzuzeichnen, Hippokrates (460–377 v. Chr.) als «den Vater und Meister aller Semiotik» (1972: 103) rühmte; das gleiche gilt auch für Crookshank (1923: 337–355).

2.6. Barthes scheint es im Anschluß an Foucault für klug zu halten, Symptome von Zeichen zu unterscheiden und zu versuchen, die beiden

---

den, . . . wie die Arche, Zeichen der Kirche, mit Noah und seinen Kindern verbunden . . .», und, zumindest in unserer Lesart, das Ikon (3.0) und vielleicht ebenfalls den Index (4.0), wie in der folgenden bemerkenswerten Passage: «Nach der dritten Einteilung der Zeichen gibt es natürliche Zeichen, die nicht von der Phantasie der Menschen abhängig sind, wie ein Bild, das in einem Spiegel erscheint, ein natürliches Zeichen dessen ist, den es darstellt; es gibt wiederum andere Zeichen, die einfach als Zeichen aufgestellt und gesetzt sind, sei es, daß sie irgendeine entfernte Beziehung zu der dargestellten Sache haben, sei es, daß sie überhaupt keine zu ihr haben . . .» (1662 [1816]). Eine angemessene historische Würdigung der Beiträge von Port-Royal zur Semiotik unter Einschluß einer Untersuchung der spezifischen Wirkungen der *Grammatik* und der *Logik* auf John Locke steht noch aus; deshalb muß Brekles Urteil (1964), «Für die Zeichentheorie . . . ist diese Gattung nicht interessant», als voreilig angesehen werden.

innerhalb des bekannten Hjelmslev-Schemas gegenüberzustellen, dessen Ausarbeitung auf der Basis des zweiseitigen Charakters des Zeichens in Form und Substanz, Ausdruck und Inhalt auch heute noch romanische Semiotiker zu faszinieren scheint. Barthes ordnet das Symptom der Kategorie zu, die Hjelmslev als die Substanz des Bezeichnenden bezeichnete, und behauptet dann, daß sich ein Symptom nur dann in ein Zeichen verwandelt, wenn es Eingang findet in den Kontext eines klinischen Diskurses, genau dann, wenn ein Arzt diese Transformation bewerkstelligt, kurz, nur «par la médiation du langage» (1972: 39). Eine solche Sichtweise ist jedoch – wenn überhaupt – nur in solchen Sonderfällen haltbar, wenn der Empfänger einer symptomatischen Nachricht ein Arzt, oder, weiter gefaßt, ein Veterinär oder zumindest ein Computerinstandsetzer ist. In Wirklichkeit braucht der Empfänger nichts davon zu sein; er könnte beispielsweise ein sprachloses Lebewesen sein. Autonome Effekte, das heißt symptomatische Darstellungen, wurden von Darwin scharf beobachtet und beschrieben, und nahezu die gesamte moderne Forschung im Bereich interspezifischer und intraspezifischer Tierkommunikation beruht letztlich auf Passagen wie etwa seiner Bemerkung, «daß die Aufrichtung der Hautanhängsel» bei einer Vielzahl von Wirbeltieren «eine Reflexhandlung ist, die unabhängig vom Willen ist; und diese Handlung darf dann, wenn sie unter dem Einfluß von Zorn oder Angst vorkommt, nicht als eine Macht betrachtet werden, die im Interesse irgendeines Vorteils erworben wird, sondern als ein zumindest weitgehend zufälliges Ergebnis des betroffenen Sensoriums. Insofern es zufällig ist, läßt sich das Ergebnis mit dem heftigen Schwitzen im Todeskampf oder Schrecken» beim Menschen vergleichen.

Derartige menschliche Symptome, und eine Vielzahl anderer, lassen sich ohne weiteres zum Beispiel bei domestizierten Hunden und Pferden beobachten und beeinflussen (wie es die allgemein bekannte Episode vom ‹Klugen Hans› in der Geschichte der Psychologie anschaulich belegt, vgl. Hediger, 1967), wie auch in einer großen Anzahl weiterer Situationen, in denen die Sprache keine Vermittlungsfunktion hat, ja in der Tat nicht haben kann. Unter dieser umfassenden semiotischen Perspektive bleibt dann unsere These bestehen, daß die Opposition von Symptom und Zeichen derjenigen von Signal und Zeichen (1.5) entspricht, nämlich derjenigen einer markierten Kategorie (Art) zu einer unmarkierten (Gattung) (7.2).

2.7. Es ist in gleicher Weise fehlerhaft anzunehmen, die Funktion eines Symptoms sei unveränderlich an Krankheiten gebunden: Wie Kleinpaul scharfsinnig bemerkte, muß es ebenfalls eine Semiotik ‹glänzender› Gesundheit geben, ein Zustand, in dem man den Organismus sozusagen vor Symptomen des Wohlbefindens ‹strahlen› sehen kann (vgl. 1972: 106). Deshalb kann die Gleichsetzung von Symptomatologie und Krankheitslehre ziemlich irreführend sein (vgl. auch 2.2).

2.8. Es ist anzumerken, daß Bühler (1934; vgl. auch Fußnote 1 in diesem Kapitel) seinen Terminus ‹Symptom› mit Hilfe zweier quasisynonymer Wörter, ‹Anzeichen, Indicium›, darstellte und daß andere demgegenüber Symptome als eine Unterart der Indizes (Abschnitt 4) klassifizieren würden, wobei oftmals Einschränkungen wie ‹unbewußte Indizes› oder ‹bloße unbeabsichtigte Indizes› (z. B. Jakobson, 1970: 10) hinzutreten. Die Schwierigkeit dieses Vorschlages besteht darin, daß die Stellung von ‹Intention› – oder, umfassender, Zielorientierung – in einem Kommunikationsmodell ein verwickeltes und strittiges Problem bleibt (Meiland, 1970). Im Sinne von Selbst-Bewußtheit – sogenannter ‹subjektiver Teleologie› – kann der Begriff als Kriterium in der Definition aller anthroposemiotischer Systeme betrachtet werden, wobei er vor allen Dingen die Sprache charakterisiert, während er für die zoosemiotische Analyse kaum angemessen ist, wo seine Einführung zu lächerlichen Ergebnissen führen kann. Eine detaillierte Diskussion von Intention geht jedoch über den Rahmen dieses Aufsatzes hinaus (vgl. dazu aber auch Kap. 1 oben, Fußnote 63, sowie Sebeok, 1977 d).

2.9. Wie alle Zeichen (0.4) können Symptome sowohl in paradigmatischen Systemen als auch in syntagmatischen Ketten auftreten. Die Untersuchung der ersteren steckt bislang noch in den Anfängen, aber mit der Anwendung der Computertechnologie bei der Diagnose zeichnen sich vielversprechende Ergebnisse ab. Es gibt zweierlei Arten syntagmatischer Verkettungen von Symptomen: Wir werden die eine lokal und die andere temporal nennen. Ein lokales Syntagma besteht aus einer Reihe von Symptomen, die sich gleichzeitig manifestieren, nehmen wir an, in verschiedenen Bereichen des menschlichen Körpers. So können zu den grundsätzlichen Operationsparametern bei einem chirurgischen Eingriff ein Elektrokardiogramm, ein Elektroenzephalogramm, Herzleistung, zentraler Venendruck, peripherer Arteriendruck, Rektaltemperatur, Atmung gehören, die alle gleichzeitig von dem behandelnden Ärzteteam über Monitoren verfolgt und interpretiert werden. Ein temporales Syntagma setzt Eingangsinformationen von demselben Sender voraus, jedoch in sukzessiven Intervallen auf der Zeitachse. So berichtet Hediger (1968: 144f), daß in zoologischen Gärten die Exkremente von Giraffen ständig auditiv beobachtet werden als ein kontinuierlicher Hinweis auf den Gesundheitszustand des Tieres: «Normalerweise sollte das Fallen des

Kots einen typischen raschelnden Ton geben», schreibt er, aber «wenn der Kot in formlosen, klatschenden Portionen ausgeschieden wird», ist das für den Wärter ein Hinweis auf die mögliche Existenz einer Krankheit.

Es könnte sich als sehr lehrreich herausstellen, solche fruchtbaren Ideen wie das Zusammenspiel von Paradigma und Syntagma, der Achse der Gleichzeitigkeit und der Folge, der Substitution vs. Kombination und ähnliches weitaus intensiver in einem Bereich zu erforschen, der sich von der Linguistik (auf den ersten Blick) so stark zu unterscheiden scheint wie die Symptomatologie (vgl. besonders Celan und Marcus, 1973). Der Aufsatz von Barthes (1972) ist anregend, aber gerade zur Lösung dieser Aufgabe sind die beträchtlichen Fortschritte der Semiotik auf einer wesentlich breiteren Front erforderlich.

3. Ikon

3.1. *Man spricht dann von einem ikonischen Zeichen, wenn eine topologische Ähnlichkeit zwischen einem Bezeichnenden und seinen Denotata besteht.*

3.2. 1867 publizierte Peirce erstmalig in seinem Aufsatz «On a New List of Categories» seine heute berühmte fundamentale Triade und stellte zum erstenmal fest, daß es drei Zeichenarten gebe (oder, wie er sie damals nannte, ‹Repräsentationen›): (a) *Ähnlichkeiten* (ein Terminus, den er bald zugunsten von *Ikone* aufgab), oder «diejenigen, deren Relation zu ihren Objekten in einer bloßen Gemeinsamkeit in irgendeiner Qualität besteht» (b) *Indizes*, oder «diejenigen, deren Relation zu ihren Objekten in einer faktischen Korrespondenz besteht», und (c) *Symbole* (die dasselbe sind wie *allgemeine Zeichen*), oder «diejenigen, deren Relation zu ihren Objekten in einer zugeschriebenen Eigenschaft begründet ist», die er später ‹Gesetze›, Bedeutungskonventionen, Gewohnheiten oder natürliche Dispositionen ihres Interpretanten oder ihres Interpretantenfeldes nannte. (Wir kommen in Abschnitt 4 auf den Index zurück und in Abschnitt 5 auf das Symbol.)

3.3. Später unterschied Peirce (2.277) drei Unterklassen des Ikons: *Bilder*, *Diagramme* und *Metaphern*. Der Begriff des Ikons – der letztlich auf den platonischen Prozeß der *Mimesis* zurückgeht, den Aristoteles später (in der «Poetik» IV) von einer vorrangig visuellen Repräsentation so erweiterte, daß er die gesamte kognitive und epistemologische Erfahrung umfaßte – ist in seinen verschiedenen Ausprägungen und Manifestationen zahlreichen Analysen unterzogen worden, aber dennoch bleiben einige ziemlich schwierige theoretische Fragen bestehen (3.4). Bilder (die nach wie vor manchmal vereinfachend mit dem Ikon überhaupt gleichgesetzt werden, oder, schlimmer noch, so betrachtet werden, als wären sie ausschließlich auf den visuellen Bereich beschränkt) sind kürzlich in zwei außergewöhnlich geistreichen Studien von Eco (1972 b) bzw. von M. Wallis (1975: Kap. 1) untersucht worden. Was die Theorie der Diagramme anbelangt, so nahm sie in Peirces eigenen semiotischen Forschungen einen sehr wichtigen Platz ein und ist jetzt von Zeman (1964), Roberts (1973) und Thibaud (1975) in einigen ihrer weitreichenden Auswirkungen, die die moderne Graphentheorie einschließen, überprüft worden. Peirce selbst hat sich nicht sonderlich intensiv mit dem alten rhetorischen Mittel der Metapher befaßt, außer daß er sie in seiner Kategorienliste (ungeachtet der Kritik von Todorov)[3] dem Ikon zugewiesen hat. Die ikonischen Funktionen der Sprache sind ebenfalls in jüngerer Vergangenheit in wichtiger Hinsicht erneut überprüft worden, zum Beispiel von Jakobson (1965), Valesio (1969) und Wescott (1971).

3.4. Trotz der umfangreichen und ständig anwachsenden, im großen und ganzen hilfreichen Literatur, die zu unserem Verständnis des Ikons beiträgt, bleiben einige schwerwiegende theoretische Probleme bestehen (vgl. Sebeok, 1975 c). Zwei von ihnen – nennen wir sie die Frage der Symmetrie und die Frage der Regression – sind es wert, daß wir uns zumindest kurz mit ihnen befassen; einige weitere werden bei Eco (1972 b und 1976: 190–217) in durchgängig interessanter, jedoch noch ergebnisloser Weise diskutiert.

3.4.1. Wallis verkündet zuerst einmal im Anschluß an die Tradition *ex cathedra,* daß «die Repräsentationsrelation nicht symmetrisch ist: ein ikonisches Zeichen oder ein unabhängiges konventionelles Zeichen repräsentiert sein Repräsentatum, jedoch nicht umgekehrt» (1975: 2). Nehmen wir nun an, ein Foto einer Reproduktion eines berühmten Gemäldes – sagen wir von *La Gioconda* – sei ein ikonisches Zeichen oder ein Bild der Kopie, das auf diese Weise zum Denotatum (oder Repräsentatum) wird, selbst aber ein ikonisches Zeichen des Originalporträts, seines Denotatums, ist, das im Louvre hängt; dieses Gemälde ist jedoch ebenfalls ein ikonisches Zeichen von Leonardos Modell, der als Mona Lisa bekannten Dame, *seines* Denotatums. In dieser diachronischen Folge kam zuerst Mona Lisa, dann ihr Porträt, dann dessen Reproduktion und schließlich die Fotografie davon. Es ist jedoch anzumerken, daß nichts in einer der oben angeführten Definitionen (3.3 oder 3.2) die Einführung irgendeiner Art chronologischer Priorität erforderte: Die Peircesche Definition spricht von «einer bloßen Gemeinsamkeit in irgendeiner Qualität» und unsere lediglich von «einer topologischen Ähnlichkeit», die sich beide nach hinten wie nach vorn in gleicher Weise anwenden ließen. Ist es lediglich eine unbegründete Konvention, der Relation zwischen Bezeichnendem und Bezeichnetem eine aufsteigende zeitliche Folge zuzusprechen? Die Schwierigkeit läßt sich vielleicht folgendermaßen lösen: Stellen wir uns vor, eine berühmte zeitgenössische Persönlichkeit, wie

3 Todorov sagt, daß «das Ikon eher eine Synekdoche als eine Metapher ist – man kann zum Beispiel nicht sagen, der schwarze Fleck gliche der Farbe Schwarz» (1973: 17). Eine Synekdoche gehört jedoch wie jede andere Metonymie deutlich zu der Kategorie indexikalischer Zeichen, die zweifellos ihrer Definition subsumierbar ist (Abschnitt 4) – deshalb kann man von einem schwarzen Fleck sagen, daß er ein Fall der Farbe Schwarz ist.

beispielsweise der Papst, ist mir – wie den meisten Katholiken – nur durch sein Foto oder irgendeine andere bildliche Darstellung bekannt, aber eines Tages sehe ich ihn lebendig vor mir: Bei dieser Gelegenheit würde der lebendige Papst für mich zu dem ‹ikonischen Zeichen› seines mir seit langem vertrauten Bildes, seines fotografischen oder lithografischen Denotatums (es war für Peirce keineswegs merkwürdig, ein menschliches Wesen selbst als ein Zeichen anzusehen; vgl. 5.314 und 6.344). Dieses Problem ist auch Ethologen nicht unbekannt. So bezieht sich Konrad Lorenz darauf mit seiner Bemerkung: «Die Form eines Pferdehufs ist genauso ein Bild der Steppe, auf der ein Pferd läuft, wie der Eindruck, den es hinterläßt, ein Bild des Hufs ist» (Einleitung zu Wickler, 1973: XI). Wenn nachgewiesen werden kann, daß diese reflexive Eigenschaft ein unverzichtbares Merkmal von Ikonen ist, dann muß zweifelsohne eine zeitliche Markierung in die Revisionen bestehender Definitionen eingeführt werden.

3.4.2. Was das vielschichtige Problem der Regression anbelangt, so könnte man es in folgender Weise veranschaulichen: Man kann von einer kleinen Tochter sagen, sie sei ein ikonisches Zeichen ihrer Mutter, wenn eine topologische Ähnlichkeit zwischen ihr, als dem Bezeichnenden, und ihrer Mutter, ihrem Denotatum, besteht. Das kleine Mädchen kann zudem in entsprechender Weise, wenn auch in zweifelsohne geringerem Maße, als ein ikonisches Zeichen für ihren Vater eintreten, für jeden ihrer Verwandten, für ihre gesamte Sippe und weiterhin für alle Mitglieder der menschlichen Rasse, aber auch für alle Primaten, und, noch weiter, alle Säuger, alle Wirbeltiere, usw., usf., in einer unendlichen Retrogression zu immer allgemeineren Denotata. Diese Besonderheit ikonischer Zeichen verdient eine weitaus sorgfältigere Behandlung, als ihr hier zuteil werden kann, und zwar teilweise im Hinblick auf die Logik und teilweise im Interesse der Aufdeckung der psychologischen Grundlagen ihrer bemerkenswerten stellvertretenden, beschwörenden und magischen Fähigkeiten, von denen einige in ihren Implikationen für das Verhalten und die Kulturgeschichte bei Wallis (1975: 15–17) erwähnt werden.

3.5. Es gibt viele Beispiele für Ikonizität in der Tierkommunikation (zu einer Diskussion genotypischer Ikone vgl. Gregory Bateson, in Sebeok, 1968 b: 614ff), die im wesentlichen alle verfügbaren Kanäle, wie zum Beispiel den chemischen, auditiven oder visuellen, einschließen. Die ikonische Funktion eines chemischen Zeichens wird gut durch die Alarmsubstanz der Ameisenart *Pogonomyrmex badius* veranschaulicht: Wenn die Gefahr für die Kolonie nur zeitweilig besteht, verflüchtigt sich das Signal – eine bestimmte Menge freigesetzter Pheromone – rasch wieder und behelligt den größten Teil der Kolonie nicht weiter; dauert die Gefahr jedoch an, breitet sich die Substanz aus und erfaßt eine ständig wachsende Zahl von Arbeitern. Das Zeichen ist insofern ikonisch, als es sich im analogen Verhältnis zu der Zunahme oder Abnahme der Gefahrenreize verändert (Sebeok, 1972: 95 f).

Das Verhalten gewisser auditiver Wespenimitatoren veranschaulicht die ikonische Funktion eines auditiven Zeichens. So entwickelt die Fliegenart *Spilomyia hamifera* Lw. eine Flügelschlagfrequenz von 147 Schlägen pro Sekunde, während sie in der Nähe der Wespenart *Dolichovespula arenaria* F. schwebt (der sie ebenfalls in farblicher Hinsicht stark ähnelt). Da diese Wespe mit 150 Flügelschlägen pro Sekunde fliegt, sind die beiden Fluggeräusche für Räuber vermutlich nicht zu unterscheiden, so daß fliegenfangende Vögel auf diese Weise getäuscht werden (Sebeok, 1972: 86 f).

Ein passendes (wenn auch manchmal in Zweifel gezogenes) Beispiel einer komplexen Verhaltensweise schließlich, das sich sozusagen so entwickelte, daß es als ein visuelles ikonisches Zeichen fungiert, wird von Kloft (1959) anschaulich beschrieben: Das Ende des Hinterleibs eines Aphiden und das Stoßen mit seinen Hinterbeinen konstituieren für eine Arbeiterameise einen zusammengesetzten Zeichenträger, der den Kopf einer anderen Ameise zusammen mit deren Fühlerbewegung bezeichnet. Mit anderen Worten: Die Ameise ist angeblich dazu bereit, die Ähnlichkeit (das hintere Ende des Aphiden) mit seinem Denotatum (dem vorderen Ende einer Ameise) zu identifizieren und aufgrund dieser Information zu handeln, nämlich den Aphiden in der Art eines *Abbildes* (einer Unterart des Ikons)[4] zu behandeln.

---

4 Eine gesonderte Studie des Autors, die sich speziell mit der fortgesetzten internationalen Debatte zwischen ‹Ikonophilen› und ‹Ikonoklasten› befaßt, war zu der Zeit in Vorbereitung, als dieses Buch in den Korrekturfahnen vorlag. Es betont die biologischen Grundlagen des Themes und wird unter dem Titel erscheinen «Iconicity: Evolutionary and Systematic Implications»; es handelt sich bei dieser Studie um eine wesentliche Ausarbeitung von Sebeok, 1975 c.

4. Index

4.1. *Man spricht dann von einem indexikalischen Zeichen, wenn sein Bezeichnendes seinem Bezeichneten benachbart ist oder einen Fall davon darstellt.*

4.2. Der Terminus *benachbart* darf in dieser Definition nicht wörtlich verstanden werden, so daß er notwendig ‹angrenzend› oder ‹danebenliegend› bedeutet: So kann der Polarstern trotz der enormen Entfernung dorthin als ein Index des Nordhimmels betrachtet werden. Man sollte sich Kontiguität eher als dem entscheidenden Prinzip der Definition des Ikons, das heißt der Ähnlichkeit, in klassischer Weise nebengeordnet vorstellen. ‹Benachbart› wurde wegen seiner durchgängigen Verwendungsweise ausgewählt, da es in vielen intellektuellen Bereichen mit ‹ähnlich› in Verbindung gebracht wird, die von heilsamer vs. schädlicher Magie (Frazer, 1951) über Poetik und Rhetorik (System vs. Text, Metapher vs. Metonymie), Gestaltpsychologie (Ähnlichkeitsfaktor vs. Nähefaktor, Wertheimer, 1923: 304–311), Neurologie (Hypothese von den polaren Aphasietypen von Jakobson und Luria) bis hin natürlich zur Linguistik in der Tradition Saussures (paradigmatische Achse vs. syntagmatische Achse, Opposition vs. Kontrast) usw. reichen.

4.3. Der Peircesche Begriff des Index war zugleich neu und fruchtbar, wie es Wells zutreffend betonte (1967: 2 b). Die Peirceschen indexikalischen Zeichen sind von seiten einiger der bekanntesten Philosophen unserer Zeit sorgfältig untersucht worden, ob sie sie nun als egozentrische Partikularbegriffe (Russell, 1940), token-reflexive Wörter (Reichenbach, 1948), indexikalische Ausdrücke (Bar-Hillel, 1954) oder was auch immer (Gale, 1967) bezeichneten. Zur gleichen Zeit erfüllen Peirces Vorstellungen die Neuansätze einiger unserer geistvollsten zeitgenössischen Linguisten, was dazu führt, daß «die grammatische Theorie . . . eine Konversationstheorie . . . in ihren Untersuchungsbereich aufnehmen muß und (daß) gewisse Einsichten über die Deixis und die pronominale Referenz einen Teil dieser Theorie ausmachen» (Fillmore, 1972: 275). Natürlich ist auch in der Vergangenheit der Prozeß der Deixis von Linguisten beachtet worden (z. B. Frei, 1944; Bursill-Hall, 1963), vor allen Dingen in Gestalt der ‹Ablöser› – einem von Jespersen 1922 geprägten *mot juste* (1964: 123f), dessen Vorstellung später unter anderem von Sturtevant (1947: 135f) erweitert und dann in bezeichnender Weise von Jakobson (1963: Kap. 9)[5] angewandt wurde –, aber gegenwärtig wird er äußerst

5 Jacques Lacans leistungsfähiger Metapher zufolge ist das Unbewußte wie die

empfindsam und in vollem Bewußtsein seiner grundlegenden theoretischen Implikationen für die Grammatiktheorie und darüber hinaus von Fillmore (1973) in seiner bewundernswerten Aufsatzreihe untersucht, die der räumlichen, zeitlichen, diskursorientierten und sozialdeiktischen Verankerung von Äußerungen in ‹der realen Welt› gewidmet ist. Seine genauen Untersuchungen stellen augenblicklich den hoffnungsvollsten Ansatz zur Lösung einiger der verzwicktesten theoretischen Probleme der Soziolinguistik dar, und es mag sich sogar schließlich herausstellen, daß es sich dabei um die konstruktivste erste Annäherung an den weitaus widerspenstigeren Mischmasch von Themen handelt, der gewöhnlich als ‹Pragmatik› bezeichnet wird (Carnap, 1942; Staal, 1971). (Vgl. dazu auch Peirce, 2.289.)

4.4. In einem seiner bemerkenswertesten Beispiele erinnert Peirce daran, daß die Fußspur, die Robinson Crusoe im Sand fand, «für ihn ein Index irgendeiner Kreatur war». In der gleichen Weise wird über Nacht «eine unermeßliche Karte solcher Eindrücke» von Tieren aller Art im ganzen Land geprägt, die «außerordentlich verschiedenartige Fährten und Spuren hinterlassen, die oftmals eine wunderbare Klarheit besitzen». Diese «Geschichten, die im Kode der Fußspuren geschrieben sind», erfordern ländliche Detektivarbeit, und sie werden von solchen erfahrenen Naturforschern wie Ennion und Tinbergen (1967: 5) in wunderbarer Weise entziffert; ihre peinlich genauen Fotografien von Fährten und Spuren beschreiben in der Tat eine erstaunliche Menge indexikalischer Zeichen im buchstäblichsten und unmittelbarsten Sinne. (Zu weiteren lebendigen Details vgl. Bang und Dahlstrom, 1974.)

Die Geste mit gespitzten Lippen, wie sie bei den Cuna-Indianern in Panama gebräuchlich ist, liefert – wie Sherzer (1973) analysiert hat – ein treffendes Beispiel für die kulturelle Integration eines verbalen Index mit einem nonverbalen Index in einer einzigen, einheitlichen Anordnung. Seine Beschreibung zeigt ebenfalls auf, daß, während der Index eine markierte Kategorie in Opposition zu dem Zeichen konstituiert, die Lippentätigkeit der Cuna in ihrer im Brennpunkt stehenden indexikalischen Funktion unmarkiert in Opposition zu solchen zusätzlichen Formen steht, die mit peripheren Bedeutungen besetzt werden.

Eine kleine Gruppe wachsfressender Vögel aus der Familie der Picoidea (Sprechartige), zu der die verbreitete Art gehört, die den wissenschaftli-

---

Sprache strukturiert; man könnte sagen, daß seine Aufhebung der Dichotomie Bewußtsein–Unbewußtsein das Bewußtsein in etwas verwandelt, das unserem Ablöser sehr verwandt ist, und daß es daher ebenfalls dazu tendiert, in der Weise eines indexikalischen Zeichens zu fungieren.

chen Namen *Indicator indicator (nomen est omen?)* trägt, sind die berühmten Honiganzeiger. Diese Vögel haben unter Verwendung einer rein indexikalischen Verbindung eine bemerkenswerte symbiotische Beziehung zu gewissen Säugern – Honigdachsen, Pavianen und Menschen – aufgebaut: Sie führen ihre Symbionten in die Nähe von Nestern wilder Bienen. Die Führung geschieht überwiegend delophon, aber es lassen sich darin auch delotrope Elemente nachweisen: das heißt, ein vorgeblich führender Vogel kommt beispielsweise zu einer Person und zwitschert so lange, bis sie ihm folgt, dann aber hält er sich die meiste Zeit vor dem Verfolger versteckt. Obwohl sein wippender Flug auffällig ist, da die weißen Schwanzfedern des Vogels weit gespreizt sind, ‹indiziert› der Honigführer hauptsächlich mit Hilfe einer sich wiederholenden Kette zirpender Laute, die nur nachlassen, wenn er fliegende, summende Bienen sieht oder hört, deren Nest natürlich das Ziel ist (Friedmann, 1955).

Die Theorie, wie Honigbienen *(Apis mellifera)* Nahrungsquellen ausschöpfen, ist beschrieben (von Frisch, 1967) und von vielen Wissenschaftlern, unter anderem auch von Semiotikern und Linguisten (Sebeok, 1972: 34–53), überprüft worden. Es ist allgemein bekannt, daß dann, wenn sich die Nahrungsquelle weiter als hundert Meter entfernt befindet, der Schwänzeltanz neben anderen Informationseinheiten die Richtung des Ziels übermittelt, wobei die Sonne als Bezugspunkt benutzt wird. Wenn nun die Biene auf einer horizontalen Oberfläche tanzt, «weist die Richtung des Schwänzelns direkt auf das Ziel», das heißt, mit anderen Worten, das Zeichen ist indexikalisch (der Rhythmus ‹indiziert› die Entfernung in analoger Weise: je weiter das Ziel entfernt ist, desto weniger Kreise werden in einer gegebenen Zeit ausgeführt). Wenn jedoch der Tanz auf einer vertikalen Wabenoberfläche stattfindet – wie es in der Regel in dem dunklen Stock der Fall ist –, dann «überträgt der Tänzer den Sonnenwinkel in den Gravitationswinkel» (wenn der Verlauf nach oben zeigt, indiziert das, daß die Nahrungsquelle in Richtung der Sonne liegt, wenn er nach unten zeigt, liegt sie der Sonne entgegen, wenn in einer 60°-Abweichung von der Geraden, dann liegt sie 60° links von der Sonne, und so fort). (Die Daten werden mitgeteilt in von Frisch, 1967: 230f.) Wenn es sich um einen vertikalen Bienenstock handelt, oder mit anderen Worten, wenn zur Orientierung ein Winkel mit Bezug zur Gravitation benutzt wird, hört das Zeichen auf, ein Index zu sein: Sein symbolischer Aspekt gewinnt jetzt die Oberhand.

5. Symbol

5.1. *Ein Zeichen,* das weder ähnlich noch benachbart ist, sondern lediglich *eine konventionelle Beziehung zwischen seinem Bezeichnenden und seinen Denotata aufweist und eine intensionale Klasse für sein Designatum besitzt, wird Symbol genannt.*

5.2. Das Merkmal ‹konventionelle Beziehung› – die ‹zugesprochene Eigenschaft› bei Peirce – wurde natürlich eingeführt, um das Symbol sowohl von dem Ikon (3.1) als auch von dem Index (4.1) zu unterscheiden. Das Merkmal ‹Intension› ist auf der anderen Seite erforderlich, um es – wie wir noch sehen werden – von dem Namen (6.1) zu unterscheiden. Die logische Opposition zwischen Intension (manchmal ist auch von ‹objektiver Intension› die Rede und häufig von ‹Komprehension›) und Extension ist in vielfältigster und verwirrendster Weise begründet worden: ungefähr 220 Darstellungen – die von 530 vor Chr. bis 1966 reichen – sind allein von Frisch (1969: 183–214) aufgezeichnet worden. «Die Verwendung von ‹Intension› variiert noch stärker als diejenige von ‹Extension›», wenn man der Standardabhandlung dieses Themas folgt (Carnap, 1956: 18), obwohl damit keineswegs das letzte Wort gesprochen ist (Stanosz, 1970). In dem vorliegenden Zusammenhang verstehen wir unter einer intensional definierten Klasse eine solche, die durch die Verwendung einer Propositionalfunktion definiert ist; die Denotata der Designation sind hinsichtlich der Eigenschaften definiert, die allen Mitgliedern dieser Klasse, und nur ihnen, gemeinsam sind (ob diese Eigenschaften nun bekannt sind oder nicht) (Reichenbach, 1948: 193). In der Terminologie von Lewis bezieht sich Intension auf «die Konjunktion aller Termini, die alle auf dasjenige anwendbar sein müssen, auf das der gegebene Terminus anwendbar wäre» (1946: 39).

5.3. Zugegebenermaßen ist ‹Symbol› der am häufigsten mißbrauchte Terminus unter denjenigen, die hier betrachtet werden. Als Folge davon wurde er tendenziell entweder lächerlich überfrachtet (.1) oder, im Gegenteil, auf allgemeinere Arten von Verhaltensphänomenen reduziert (.2), oder sogar in absurder Weise sinnentleert (.3). Einige wenige erläuternde Beispiele beider Tendenzen müssen hier ausreichen; sie haben lediglich die Aufgabe, das Bedürfnis nach weiterer begrifflicher Klärung zu unterstreichen.

5.3.1. Eine nicht zu rechtfertigende, übertriebene Verallgemeinerung und eine übermäßig weite Anwendung des Begriffs der symbolischen Formen kennzeichnet die Schriften vieler Schüler von Ernst Cassirer oder denjenigen, die von seiner Philosophie direkt beeinflußt wurden (vgl. oben Kap. 1, Fußnote 64). Ein Beispiel aus der Kulturanthropologie ist Leslie White, der einmal geschrieben hat: «Menschliches Verhalten ist symbolisches Verhalten; symbolisches Verhalten ist menschliches Verhalten. Das Symbol stellt das Universum der Menschlichkeit dar . . . der Schlüssel zu dieser Welt und das Mittel zu ihrer Teilhabe ist – das Symbol» (1940). Die Übertreibung spiegelt sich im wesentlichen in der Sichtweise wider, die von dem Gründer der Internationalen Gesellschaft für die Erforschung von Symbolen vertreten und verteidigt wird (Kahn, 1969).

5.3.2. Dem Psychologen Kantor zufolge «. . . ist der Terminus Symbol dafür da, für all das einzutreten, was der Psychologe einen Reiz nennt» (1936: 63). Man könnte mit großer Berechtigung fragen, wie weit diese Redundanz unter Verhaltensforschern verbreitet ist.

5.3.3. Obwohl der Terminus in Cherrys ansonsten hilfreichem Glossar enthalten ist, schließt sich ihm gleich folgender sonderbare Widerruf an: «Wir vermeiden den Terminus *Symbol* in diesem Buch, soweit es geht . . .» (1966: 309). Tatsächlich wird in vielen weitverbreiteten Linguistikbüchern, die man als Probe heranzieht, der Terminus überhaupt nicht erwähnt (abgesehen vielleicht von speziellen Kombinationen wie ‹phonetisches Symbol›), es gibt jedoch auch einige vernünftige Ausnahmen (vor allem Landar, 1966, und Chao, 1968).

5.4. Eine Reihe wichtiger Unterarten des Symbols – deren semiotische Bedeutung jedoch nur selten genau bestimmt worden ist – ist zumindest im heutigen Englisch mehr oder minder gebräuchlich. Zu diesen untergeordneten Termini, die eine zunehmende Intension aufweisen, gehören unter anderem folgende Zeichen: *Allegorie*, *(Dienst-)Abzeichen*, *(Waren-)Zeichen*, *Wappenspruch* (in der Heraldik), *Emblem*, *Insignien*, *(Kenn-)Zeichen* und *Stigma* (sofern es kein Symptom darstellt, wie in dem Ausdruck ‹böse Symptome› [*venous stigmata*], der Alkoholabusus meint).[6]

---

6 «Die Griechen . . . haben den Terminus *Stigma* geprägt, um damit körperliche Zeichen zu erfassen, die dazu gedacht waren, irgend etwas Ungewöhnliches oder Schlechtes am moralischen Zustand des Bezeichnenden darzustellen. Die Zeichen wurden in den Leib geschnitten oder gebrannt und kündeten an, daß der Träger ein Sklave, ein Verbrecher oder ein Verräter war – kurz, eine mit Makeln besetzte Person, die rituell befleckt war, damit man ihr, vor allem auf öffentlichen Plätzen, aus dem Wege gehen konnte. Später, in christlicher Zeit, sind dem Terminus zwei metaphorische Aspekte hinzugefügt worden: Der erste bezog sich auf körperliche Zeichen göttlicher Gnade, die die Form eruptiver Ausblühungen auf der Haut annahmen; der zweite, wobei es sich um eine medizinische Anspielung auf diese religiöse Anspielung handelte, bezog sich auf körperliche Zeichen

Wählen wir eines davon, das *Emblem,* zu einer kurzen Betrachtung aus. Es ist von Anfang an klar, daß sein Anwendungsbereich enger sein muß als derjenige seines unmittelbar Übergeordneten: So kann man sagen, Hammer und Sichel seien entweder das Symbol oder das Emblem der Kommunistischen Partei, was in entsprechender Weise vom Eiffelturm für Paris gilt; man kann jedoch nicht sagen, H_2O sei ein *chemisches Emblem* oder (ə) ein *phonetisches Emblem.*

Im Anschluß an einen Vorschlag von David Efron von 1941 (1972) haben Ekman und Friesen (1969 b) den Emblembegriff erneut eingeführt und präzisiert:

> Embleme unterscheiden sich von dem Gros des übrigen nonverbalen Verhaltens vorrangig durch ihre Verwendung, und speziell hinsichtlich ihrer Beziehung zu dem verbalen Verhalten, zu Bewußtsein und Intentionalität. Embleme sind solche nonverbalen Handlungen, die eine direkte verbale Übersetzung oder Lexikondefinition besitzen, die gewöhnlich in einem oder zwei Wörtern oder vielleicht einem Satz besteht. Diese verbale Definition oder Übersetzung des Emblems ist allen Mitgliedern einer Gruppe, Klasse oder Kultur wohlbekannt . . . Die Menschen sind sich fast immer ihrer Verwendung von Emblemen bewußt; das heißt, sie wissen, daß sie dann, wenn sie ein Emblem benutzen, es bei Aufforderung wiederholen können, und daß sie bereit sind, kommunikative Verantwortung dafür zu übernehmen.

Die Autoren denken hier ausschließlich an nonverbale Embleme, und es ist in der Tat der Fall, daß ein Emblem meistens als ein hochformalisiertes Symbol visueller Art aufgefaßt wird. Das braucht jedoch nicht immer so zu sein. So hat mir Lévi-Strauss (in einer persönlichen Mitteilung) gesagt, daß vorgetragene Ahnentafeln angesehener Individuen, sagen wir die Vorfahren afrikanischer Häuptlinge, durchaus als emblematisch betrachtet werden können; solche verbalen Handlungen ließen sich leicht mit dem Bereich der vorangegangenen Formulierung vereinbaren, was unter Umständen auch für Hollanders (1959) entschieden idiosynkratischere Verwendungsweise im Zusammenhang der Metrik gilt.[7]

---

physischer Krankheit. Heute wird der Terminus weitgehend in etwa dem ursprünglichen buchstäblichen Sinne gebraucht, wird jedoch stärker auf die Schande selbst als auf den körperlichen Beweis dafür bezogen» (Goffman, 1963: 1–2). Zu einer erhellenden Diskussion von *Statussymbol* oder *Prestigesymbol* vs. *Stigmasymbol* und diesen, abgesetzt von ‹vergänglichen Zeichen›, die Goffman Punkte nennt, vgl. S. 43–48.

7 In einem erfreulichen Buch, das sich vorrangig mit Emblemen und Wappensprüchen als verwandten literarischen Gattungen des 17. Jahrhunderts befaßt, vgl. Praz. «Das Emblem», so sagt er, «verband das ‹stumme Bild› der Tafel mit dem ‹sprechenden Bild› der literarischen Beschreibung und dem ‹bezeichneten

Es sollte selbst aus diesen knappen Paragraphen offensichtlich werden, daß das Wortfeld von Symbol tatsächlich sehr komplex ist und daß das Emblem und seine Ableitungen eine vollständig zutreffende lexikographische Interpretation in Verbindung mit der Ausbreitung des lexikalischen Bereichs des gesamten unmittelbar übergeordneten Terminus, des Symbols, erfahren werden (7.3).

5.5. Es ist oftmals behauptet worden, ausschließlich der Mensch, das *animal symbolicum*, sei zu Symbolen fähig, aber die Fähigkeit von Lebewesen, intensionale Klassenbegriffe zu bilden, reicht weit in die Phylogenese zurück,[8] und diese Fähigkeit zur Bildung von Universalien aus Besonderem wurde mit solider mathematisch-neurologischer Begründung vor mehr als einem Vierteljahrhundert belegt (Pitts und McCulloch, 1947; vgl. Arbib, 1971). Sowohl der Symboldefinition zufolge, die in 5.1 vorgetragen wurde, als auch gemäß den allgemeineren aristotelischen Definitionen, die auf der Arbitraritätslehre beruhen, die in der Linguistik vor allen Dingen von William Dwight Whitney und, nach ihm, von Saussure (Engler, 1962; Coseriu, 1967) vertreten worden ist, haben Tiere zweifelsohne Symbole. Wir haben bereits an früherer Stelle einen Kommentar zu der Arbitrarität von Schwanzbewegungen bei Hunden, Katzen und Pferden abgegeben (Haldane, 1955: 387; Kap. 1, oben), und die Reihe der Beispiele ließe sich mühelos erweitern: So trägt ein ängstlicher Rhesusaffe seinen Schwanz starr nach hinten ausgestreckt, während bei Pavianen Angst durch einen vertikalen Schwanz mitgeteilt wird. Die Umkehrung davon ist jedoch nicht mit Notwendigkeit wahr: «Eine Mutter eines jungen (Pavians) braucht ihren Schwanz nicht aufgrund von Angst in vertikaler Stellung zu halten, sondern um ihrem Kind dabei zu helfen, auf ihren Rücken zu krabbeln; und der Schwanz kann auch dann vertikal gehalten werden, wenn der Pavian in der Schwanzgegend gepflegt wird» (Rowell, 1972: 87). Altmann zufolge «sind mit wenigen Ausnahmen die semantischen sozialen Signale, die bislang bei Primaten erforscht worden sind, arbiträre Repräsentationen» (1967: 339); allgemeiner noch können wir mit Bronowski feststellen: «Man könnte annehmen, daß deshalb, weil nur Menschen mit arbiträren

---

Bild› oder der Übertragung in moralische und mystische Bedeutungen» (1964: 171).

8 «Die Struktur der genetischen Information ... legt die Struktur tierischer Gemeinschaften fest. Bei Säugetieren verliert die Rigidität des Erbprogramms jedoch immer mehr an Starrheit ... Man erkennt sogar das Aufscheinen einer neuen Eigenschaft: die Fähigkeit, ohne Objekte zu handeln und einen Filter zwischen das Lebewesen und seine Umwelt einzuschalten: die Fähigkeit zu symbolisieren» (Jacob, 1974: 319).

Symbolen denken, sie allein auch nur damit sprechen. Aber noch einmal, das ist nicht der Fall» (1967: 376); und Lévi-Strauss hat vor einiger Zeit bemerkt, daß «les animaux sont privés de langage, au sens ou nous l'entendons chez l'homme, mais ils communiquent tout de même au moyen de signaux, donc d'un système symbolique» (Malson, 1973: 20). Selbst Manfred Lurker, ein bekannter Chronist menschlicher Symbolprozesse, betont mit Überzeugung: «Sicher gibt es Symbolerscheinungen im Reich der Tiere» (1968: 4). (Zu biologischem Symbolismus in interzellularer Kommunikation und einer brillanten Diskussion metabolischer Symbole und ihrer Repräsentation einmaliger Umweltzustände vgl. Tomkins, 1975.)

Zu einem abschließenden Beispiel eines Symbols im Tierverhalten wenden wir uns den Insekten aus der fleischfressenden Familie der Empididae zu. Bei einer Art der Zweiflügler dieser Familie bietet das Männchen dem Weibchen vor der Kopulation einen leeren Ballon an. Der evolutionäre Ursprung, das heißt die zunehmende Ritualisierung (Huxley, 1966) dieser anscheinend grotesken Geste, ist von Biologen Schritt für Schritt aufgedeckt worden, aber das ist in synchronischer Perspektive irrelevant: Tatsache ist, daß die Überreichung eines leeren Ballons ein völlig arbiträres Zeichen darstellt, dessen Übermittlung einfach die Wahrscheinlichkeit herabsetzt, daß das Männchen selbst seinem weiblichen Partner zum Opfer fällt.

6. Name

6.1. *Ein Zeichen, das eine extensionale Klasse als Designatum hat, wird Name genannt.*

6.2. In Übereinstimmung mit dieser Definition haben Individuen, die durch einen Eigennamen wie zum Beispiel ‹Veronika› denotiert werden, keine ihnen zugewiesene gemeinsame Eigenschaft außer der Tatsache, daß sie alle auf ‹Veronika› hören. Eine extensionale Definition einer Klasse ist eine solche, die «durch Auflistung der Namen der Mitglieder oder durch sukzessives Hinweisen auf jedes Mitglied» (Reichenbach, 1948: 193) gegeben wird, oder wie Kecskemeti es ausdrückt: «Hinsichtlich seiner Intension . . . ist ein Name lediglich eine Leerstelle, sofern nicht eine Beschreibung ergänzend hinzutritt, die sich auf dasselbe Objekt bezieht» (1952: 130), nehmen wir an, ‹Veronika mit dem Taschentuch›, die heilige Veronika, oder ähnliches. (Zu einer semantischen Analyse von Eigennamen vgl. die gründliche Untersuchung von Sørensen, 1963; vgl. dazu auch den geistreichen Aufsatz von Buyssens, 1973.)

6.3. Wenn die Bezeichnung eines Zeichens nur ein Denotatum zuläßt, sagt man, es sei singulär. Singuläre Zeichen, die die Eigennamen umfassen, gehören zu einer Bezeichnungsart, die Morris als *Namoren* bezeichnete, «die sprachliche Symbole sind». Namoren sind Mitglieder derselben Zeichenfamilie, der ‹Identifikatoren›, zu der zwei weitere Unterarten gehören: *Indikatoren* – das nichtsprachliche Pendant von Namoren – und *Deskriptoren*, das heißt «Identifikatoren, die einen Standort beschreiben» (Morris, 1971: 76f). In Husserls Sprechweise (1970: 341f) ist der Name einer Person, der «bezeichnet, aber nicht charakterisiert», weithin gewöhnlich eindeutig, obwohl er gelegentlich auch mehrdeutig sein kann, «wenn mehrere Personen gleichen Namens sich finden». Menschliche Individuen werden durch sprachlich darlegbare Namoren identifiziert, das heißt durch einen persönlichen Namen oder (seit 1935 in den USA) eine einmalige Sozialversicherungsnummer, sowie eine Vielzahl nonverbaler Indikatoren, «mit deren Hilfe eine Person oder ein Leichnam eindeutig bestimmt werden kann, selbst in Fällen, wo jemand absichtlich eine Täuschung versucht . . .» (Wilder und Wentworth, 1918: 5, und vgl. passim zu einer beeindruckenden Anzahl positiver Identitätsmerkmale).

6.4. Es ist allbekannt, daß alle Tiere einen stetigen Strom von ‹Identifikatoren› aussenden, das heißt, Darstellungen identifizieren ihren Sender in einer oder in mehreren Hinsichten: über die Art, den Fortpflanzungszustand, den raumzeitlichen Standort, die Stellung innerhalb einer sozialen Hierarchie, die augenblickliche Stimmung und ähnliches (Sebeok, 1972: 130). Darüber hinaus «lassen sich die höchstorganisierten Gemeinschaften von Wirbeltieren durch ein einziges Merkmal unterscheiden, das in seinen Konsequenzen so dominierend ist, daß die anderen Charakteristika daraus abgeleitet zu sein scheinen», bemerkt Wilson (1971: 402), als er eine prinzipielle Unterscheidung zwischen den ‹unpersönlichen› Gesellschaften vornimmt, die von den Insekten auf der einen Seite gebildet werden, und den ‹persönlichen› Gesellschaften, die man auf der anderen Seite bei Vögeln und Säugern antrifft: Dieses Attribut besteht in der Anerkennung individueller Identität, wobei es sich um ein Merkmal relativ kleiner Bekanntenkreise handelt, die eine lang dauernde Sozialisation in der Jugend haben, zu der das Spiel gehört, und die zu einer hochgradigen wechselseitigen Kooperation der Erwachsenen führt. Jedes Mitglied einer solchen Gesellschaft «unterhält irgendeine spezielle Beziehung zu jedem anderen Mitglied» (ebd.) und erkennt daher alle anderen in ihrer Einmaligkeit. Mit den Bemühungen um den Aufbau und die Aufrechterhaltung des erforderlichen Geflechts vielfältiger ‹persönlicher› Beziehungen geht die Entwicklung einer vertrauten Kommunikationsform einher, die mit Notwendigkeit die Verwendung geeigneter unterstützender Zeichen einschließt: Daher impliziert der Begriff der ‹Einmaligkeit› die Manifestation von Indikatoren oder, in Goffmans Terminologie, von ‹Identitätsmarken› (1963: 56f).

Die Literatur zur Wirbeltierkommunikation hält es für erwiesen – zumindest *ex hypothesi* –, daß Indikatoren, hier: ihre eigenen Namen, allgemein in allen Nachrichten von Vögeln und Säugern enthalten sind (Smith, 1969 a, b). Betrachten wir die folgenden deutlichen Passagen bei einem hervorragenden Ornithologen: «. . . wenn die Partner abwesend waren, benutzte der zurückgebliebene Vogel die Laute, die gewöhnlich für seinen Partner reserviert waren, was zu dem Ergebnis führte, daß der betreffende Partner so schnell wie möglich zurückkehrte, als hätte man ihn *beim Namen gerufen* . . . Feldforschungen haben immer wieder ergeben, daß ein Vogel seinen Partner *mit seinem Namen* zurückruft» (Thorpe, 1967; Hervorhebung von mir). Es ließen sich zahllose weitere spezielle Beispiele von einer großen Anzahl von Wirbeltieren anführen, zu denen Hunde- und Katzenartige, Primaten (van Lawick-Goodall, 1968: 270; Rowell, 1972: 23) und genauso Meeressäuger zählen – individuelle Lautketten von Walen werden in offensichtlicher Analogie zu den sogenannten ‹Signaturmelodien› bei Vögeln sogar als ‹Signaturen› (Bakkus und Schevill, 1966) bezeichnet.

7. Schlußfolgerungen

7.1. *Über das Wesen, das Verhalten und die Entwicklung von Zeichen.* Dieser Aufsatz hat sich mit rund einem halben Dutzend Beziehungen befaßt, die aufgrund eines empirischen Befundes vorrangig zwischen den bezeichnenden und den bezeichneten Komponenten bestehen, sowie mit speziellen Problemen, die aus den vorgeschlagenen Definitionen folgen, und zwar vor allem dann, wenn sie Rückwirkungen auf ihre Klassifikationen mit sich bringen können. Wenn wir die Triade anwenden, die Ralph Gerard als einen ersten Ansatz bei seiner Klassifikation materieller Systeme benutzte und die er Org nannte – wobei es sich ungefähr um das gleiche wie Arthur Koestlers Holon handelt (vgl. Kap. 1, oben) –, dann können wir sagen, daß wir uns in der vorangegangenen Diskussion mit dem *Wesen* eines Zeichens oder seiner Struktur befaßt haben, das heißt mit seinem in einem synchronischen Sinne dauerhaften Zustand; das Hauptaugenmerk der Untersuchung fiel auf den Bereich der Bezeichnung. Eine strukturale Definition des Zeichens ist analytisch, intrinsisch und statisch; sie verwendet Verknüpfungsarten, die faktisch oder virtuell der Architektur des Zeichens selbst innewohnen.

Dieses Verfahren sollte jedoch durch eine eingehende Überprüfung seines *Verhaltens* oder seiner Funktion ergänzt werden, wobei es sich um eine fortwährende Störung einer langwierigen Entwicklungslinie handelt. Eine funktionale Definition eines Zeichens ist pragmatisch, extrinsisch, jedoch dynamisch; sie basiert auf Veränderungen an verschiedenen Knotenpunkten eines erweiterten Modells kommunikativer Prozesse, wie es etwa durch ein Morley-Dreieck dargestellt wird (Sebeok, 1972: 14). Wells hat sehr zutreffend bemerkt, daß «die Semiotik zwei Gruppen von Bezugsmöglichkeiten aufweist. Auf der einen Seite ist sie mit der Kommunikation verbunden und auf der anderen mit der Bedeutung» (1967: 103). Wir haben kürzlich bei einer anderen Gelegenheit den Versuch unternommen, einige Phänomene der Verwendung daraufhin zu untersuchen, inwieweit sie zu verschiedenartigen Handlungsbeziehungen gehören; demgemäß sollte der vorliegende Aufsatz als eine Ergänzung des früheren betrachtet werden. In beiden Fällen handelt es sich um streng synchronische Untersuchungen.

Die Frage nach dem *Werden* oder der Geschichte, die sich häufende Veränderungen in zeitlichen Längsschnitten repräsentiert, führt zu vielfältigen diachronischen Betrachtungen. Es lassen sich dabei zwei ziemlich verschiedene Arten unterscheiden: Diejenigen, die die Evolution von Zeichen in der Phylogenese betreffen, kurz, ihre Ritualisierung (Huxley, 1966), und diejenigen, die sich auf ihre Entwicklung in der Ontogenese beziehen. Das Studium der ersteren erfordert die Zusammenarbeit von

Ethologie und Semiotik; die Erforschung der letzteren gehört in den sich entwickelnden Bereich der Psycholinguistik (den man auch mit gutem Recht in ‹Psychosemiotik› umbenennen könnte).

Zusammenfassend läßt sich sagen, daß die Semiotik, obschon sie vor allem heutzutage meistens als ein Bereich der Kommunikationswissenschaften angesehen wird, die Kriterien, die miteinander verbunden werden müssen, wenn man sich um ein begründetes, umfassendes Verständnis der Zeichen bemüht, sowohl aus dem Studium der Bezeichnung als auch der Kommunikation (*noumena* und *phenomena*) ableiten und sich darüber hinaus ebenfalls in gutem Einklang mit den Forschungsergebnissen der Ethologie und der Entwicklungspsychologie befinden muß.

7.2. *Anwendung des Gesetzes von der umgekehrten Variation.* Die Termini ‹Zeichen›, ‹Symbol›, ‹Emblem›, ‹Insignien› sind hier in der Reihenfolge ihrer Unterordnung aufgeführt, so daß jeweils der linksstehende Terminus die Gattung seiner Unterklasse zur Rechten ausdrückt und jeweils der rechtsstehende Terminus eine Art seiner Gattung auf der Linken ist. Demnach nimmt die Denotation dieser Termini ab: So schließt beispielsweise die Extension von ‹Symbol› die Extension von ‹Emblem› ein, aber nicht umgekehrt. Auf der anderen Seite nimmt die konventionelle Intension jedes Terminus zu: Die Intension von ‹Emblem› schließt die Intension von ‹Symbol› ein. Manchmal wird jedoch eine Variation der Intension nicht von einer Veränderung der Extension begleitet: So ist in der Folge ‹Zeichen›, ‹Symbol›, ‹Omen›, ‹Vorzeichen› und ‹Anzeichen› die Extension des letzten Begriffspaares innerhalb des semiotischen Diskursuniversums materiell gleich. Das impliziert, daß dann, wenn eine Reihe semiotischer Kategorien im Hinblick auf ihre zunehmende Intension angeordnet wird, die Denotation der Termini entweder abnimmt oder gleichbleibt.

7.3. *Eine lexikalische Domäne.* Neben den sechs Zeichenarten, die in der Überschrift dieses Aufsatzes angekündigt wurden, sind eine große Vielfalt anderer erwähnt worden, zu denen unter anderem die Allegorie, das Dienstabzeichen, das Warenzeichen, der Deskriptor, der Wappenspruch, das Diagramm, die Darstellung, das Abbild, das Emblem, der Identifikator, die Identitätsmarke, das Bild, der Indikator, das Abzeichen, die Marke, die Metapher, der Namor, die Signatur, das Stigma und das Syndrom zählen. Zweifelsohne würden diese und eine größere Anzahl verwandter Ausdrücke – vor allem diejenigen, die von Peirce (z. B. 2.254–263) und nach ihm von Morris (1971: 20–23) eingeführt worden sind – ein wichtiges Thema einer eindrucksvollen Monographie über das Wortfeld von ZEICHEN in seinen vielfältigen Ausprägungen bilden, und nicht nur im Englischen, sondern auch in all denjenigen anderen Sprachen, in denen die Literatur zur Semiotik oder Semiologie (Sebeok, 1973) blüht. Trotz der Bemerkung von Revzina, daß «es offensichtlich natürlicher wäre, die (vor vier Jahren in Tartu) gegebenen Zeichendefinitionen als einen Versuch einer lexikographischen Interpretation entsprechender sprachlicher Begriffe aufzufassen» (1972: 231), entsprach das nur nebenher unserer ursprünglichen Absicht, die nämlich darin bestand, beizutragen zur Erreichung des endgültigen Ziels, eine einheitliche Grundlage einer umfassenden Kategorisierung von Zeichen aufzubauen, und zwar noumenal und phänomenal, statisch und dynamisch, synchronisch und diachronisch (7.1), die vor allen Dingen auch in einer transkulturellen Perspektive ihre Gültigkeit behält. Die Lehre von den Zeichen ist letzten Endes, wie uns John Locke 1690 erinnerte, derjenige Erkenntnisbereich, «dessen Aufgabe darin besteht, die Beschaffenheit von Zeichen zu untersuchen . . .».

7.4. *Die Allgegenwart von Zeichen.* Wie der englische Zoologe R. J. Pumphrey bemerkte, gibt es zwei Schulmeinungen über die Theorie der Sprachentwicklung: «Alle stimmen darin überein, daß sich die menschliche Sprache in wesentlichen Bestandteilen von der Sprache anderer Lebewesen unterscheidet. Es gibt diejenigen, die wie Darwin an eine graduelle Entwicklung glauben, aber es hat andere gegeben, die die Auffassung vertraten, daß Sprache eine spezifisch menschliche Eigenschaft sei, eine Funktion *de novo*, die sich in ihrer Art von allem unterscheidet, zu dem andere Lebewesen fähig sind» (Sebeok, 1972: 88). Ohne hier den Versuch zu unternehmen, entweder irgendeine Version der Kontinuitätstheorie sprachlicher Evolution oder irgendeine Version der Diskontinuitätstheorie (wie sie beispielsweise von Eric H. Lenneberg, in Sebeok, 1968 b: 592–613, vertreten wird) anzunehmen und zu rechtfertigen, muß vor allen Dingen ein Aspekt hervorgehoben werden: Die von uns verfolgte Forschungsstrategie verlangt einen unbeirrbaren komparativen Standpunkt, der auf einen ungeschmälerten Fundus biosemiotischer Daten aufbaut, die die Menschen in gleicher Weise betreffen wie die Tiere (vgl. Sebeok, 1972: 106–121, 162–177). Wenn man einen streng komparativen Standpunkt einnimmt, dann überschneidet sich zumindest nicht die Distribution der in diesem Aufsatz untersuchten Zeichen mit der Einteilung der Lebewesen in die beiden ungleichen Klassen der sprachlosen und der sprachbegabten Wesen.[9]

---

9 Ein wichtiger Aufsatz von Thom (1973), der mehrere der hier diskutierten Themen behandelt, ist zu spät erschienen, um hier berücksichtigt zu werden.

5. Das semiotische Gewebe: Eine Chronik von Vorurteilen*

0. Prolog

Vor fünf Jahren hat mich Eric Hamp freundlicherweise dazu eingeladen, für das *International Journal of American Linguistics* Pierre Guirauds neuesten Beitrag zu der Reihe *Que sais-je*, das Buch mit dem Titel «La sémiologie» (1971), zu rezensieren. Dann bat mich vor ungefähr sieben Monaten der Herausgeber von *Language Sciences* um eine Rezension der englischen Übersetzung desselben Buches für unsere eigene Zeitschrift. Ich habe beiden Versuchungen widerstanden, und zwar vorrangig aus zwei Gründen: Genau vor fünf Jahren hatte ich selbst eine monographische Darstellung (vgl. Kap. 1 in diesem Buch) – die ich selbstverständlich als eine erste Annäherung sehe – des Bereichs, wie er sich mir damals darstellte, abgeschlossen, und ich hatte nicht das Gefühl, ich hätte innerhalb der engen Grenzen einer Rezension der Argumentation meines Freundes irgend etwas unmittelbar Nützliches hinzuzufügen oder, was mir noch viel wichtiger erschien, irgend etwas über die Semiotik im allgemeinen sagen können, das über meine eigenen Beobachtungen, die sich gerade im Druck befanden, hinausgegangen wäre. Zweitens gab es dann die Frage eines möglichen Interessenkonflikts: Vor jetzt ungefähr einem Jahr habe ich ein neues Handbuch zur Zeichentheorie vorgelegt, das vor einigen Monaten von Penguin unter Vertrag genommen wurde (Sebeok, 1977 d). Obwohl sich Guirauds und mein eigener Ansatz in wesentlichen Hinsichten bezüglich des Geltungsbereichs wie des Standpunktes unterscheiden und beide in der Tat in nahezu jedem Detail verschieden sind, ja sogar aus zwei widerstreitenden Traditionen stammen – was sich deutlich in unseren beiden Titeln, *Semiotik* vs. *Semiologie*, niederschlägt –, hätte ich es für taktlos gehalten, mich in öffentlichen Diskussionen – geschweige denn in Streitereien – vergleichbarer Ansätze anerkannter Kollegen in einem Wettkampf zu ergehen, in dem Guirauds und meine eigene Arbeit lediglich zwei in einer ganzen Reihe von Bewerbern sind (vgl. 3, unten).

---

* Dieser Aufsatz wird mit wesentlichen Korrekturen und Erweiterungen aus dem *Bulletin of Literary Semiotics* 2 (1975), 1–63, abgedruckt. Französische, hebräische, polnische und (brasilianische) portugiesische Fassungen sind zur Zeit in Vorbereitung.

Trotzdem wurde ich dadurch angeregt, den folgenden Bericht anzufertigen – eine sehr persönliche und daher selektive Chronik der Publikationen und sonstigen wichtigen Ereignisse, zu denen vor allen Dingen curriculare Entwicklungen zählen sowie Nachrichten über zentrale Treffen, die in jüngerer Zeit stattfinden oder bald stattfinden werden –, der sich mit dem Bereich der Semiotik befaßt. Es gibt eine beträchtliche, drückende Nachfrage nach einer derartigen Darstellung, um einen besseren Zugang zu diesem Wissensbereich zu bekommen, der in der Antike in unterschiedlichen Formen ausgearbeitet, im Mittelalter einer geistreichen neuen Bestimmung unterzogen, in der Renaissance erneut überprüft, unter der Anregung des Modells von Saussure (1857–1913) und vor allem demjenigen von Peirce (1839–1914) in etwa auf die heutigen Formen gebracht wurde und sich jetzt wie ein Buschfeuer auszubreiten beginnt, das nationale Grenzen überspringt, und gleichzeitig wie eine Infektion einen Bereich menschlicher Bemühungen befällt, der von der Menschenfresserei (Clerk, 1975) bis zu respektableren kulinarischen Praktiken (Barthes, 1967 a: 27f) reicht, oder von der Geomantie (Jaulin, 1970) und der Wahrsagung aus Spielkarten (Corti, 1973) zu abstrakter Ideologie (z. B. Verón, 1971; Rastier, 1972; Veltsos, 1975), von vielen der Künste, wie beispielsweise dem Comic strip (Fresnault-Deruelle, 1975) und dem Zeichentrickfilm (Horányi und Pléh, 1975), dem gesamten Bereich der Kunst, einer Vielzahl traditioneller akademischer Disziplinen, und nicht nur von einem großen Bereich der nomothetischen Wissenschaften vom Menschen (im Sinne Windelbands [1894] und Huxleys [1963: 7f]), sondern, wenn auch in einem weitaus geringeren Maße, ebenfalls bis zu bestimmten Naturwissenschaften (vor allem der Ethologie und der Genetik).

Da sich schriftliche Beiträge und Konferenzen in verwirrendem Maße vervielfältigen, ließe sich sehr wohl die Frage stellen: Ist ein Zuwachs an semiotischer Information zu verzeichnen, oder ist die Entropie dabei, uns zu verschlingen? Erweist sich das Buschfeuer, das unter Umständen eine Folge des Tempos und des Einflusses moderner Kommunikation wie unserer Faszination für die zugrunde liegenden Mechanismen ist, als erhellend oder als Irrlicht? Und wenn uns Kristeva (1963: 31) sagt, daß «la sémiotique ne peut se faire que comme une *critique de la sémiotique*», bedient sie sich da nicht einer Paralipsis?

1. Beiträge zur Geschichte der Semiotik

Wie ich bereits zu Beginn meiner diachronischen Skizze der Semiotik (vgl. Kap. 1 sowie Fußnote 7, ebd.) feststellte, ist «eine umfassende Geschichte dieses Forschungsbereichs noch zu schreiben». Nichtsdestoweniger können einige Fortschritte in diese Richtung verzeichnet werden (vgl. dazu auch Walther, 1974: 9–43), die vor allen Dingen durch eine gut durchdachte und hilfreiche zweijährlich erscheinende polnische Zeitschrift (*Studia* 1971, 1973) gefördert werden, die sich ausschließlich der Publikation von Primärtexten widmet, die durch Sekundärliteratur und bibliographische Hinweise auf historische Probleme ergänzt werden. Obwohl Band 1 ausschließlich in polnischer Sprache abgefaßt war und obendrein vergriffen ist, enthält Band 2 eine englische oder französische Zusammenfassung von jedem der sechs abgedruckten Aufsätze, wodurch sich seine Verwendbarkeit im Ausland erhöht (Band 3 ist für 1976 angekündigt, aber leider sind keine weiteren Bände genehmigt).

Es sollte hier ganz besonders deutlich auf eine wirklich hervorragende und unentbehrliche Textsammlung (Rey, 1973) aufmerksam gemacht werden, die ein Panorama von atemberaubender Reichweite und verwirrender Vielfalt semiotischer Überlegungen im Laufe der Jahrhunderte aufzeichnet, die von dem erfahrenen Herausgeber fortwährend durch die stets zutreffenden, erhellenden und scharfsinnigen Kommentare der charakteristischen Textstellen zusammengehalten werden. Dieser erste Band ist in zwei quantitativ und qualitativ ungleiche Teile untergliedert, wobei die ersten drei Viertel die philosophische Tradition des Westens von Plato bis Comte (vgl. Rey, 1971) betonen, mit einem wertvollen Exkurs über Indien und einer denkbar wohlwollenden Skizze der erstaunlichen «Cahiers» von Valéry, und drei weniger befriedigende Kapitel über die Semiotik in der Allgemeinen Grammatik, mit Auszügen aus Humboldt, Whitney und John Stuart Mill sowie einer Bemerkung über Bréal und den unvermeidlichen Saussure den Abschluß bilden. Ein besonders willkommenes Merkmal von Reys Buch ist sein gründlicher Sachindex. Jeder, der sich ernsthaft mit den Wurzeln oder späteren Verzweigungen der Semiotik befassen will, könnte nichts Besseres tun, als mit diesem Vademecum zu beginnen, dessen zweiter Band die geschäftigen Jahrzehnte der Semiotik des 20. Jahrhunderts behandeln wird, die ‹eigentlich› mit Peirce begann. (Der zweite Band von Reys Buch soll 1976 erscheinen. Nach einem ausgezeichneten Plan ist es in zwei Hauptabschnitte untergliedert, von denen der erste die Grundlagen und der zweite erkenntnistheoretische Erwägungen behandelt.)

Wie Charles Morris in seiner flüchtigen Anmerkung zur «Geschichte der Semiotik» (Morris, 1971: 335–337) stillschweigend voraussetzte, sollten sich vorgebliche Historiker bei ihren Forschungen entweder auf die besten vorliegenden Sekundärquellen stützen, wie beispielsweise Standardwerke zur Geschichte der Logik (z. B. Bocheński, 1956, oder Schenk, 1973) oder anderer Einzeldisziplinen, wie beispielsweise der Linguistik (Sebeok, 1975 d) oder der Medizin (Garrison, 1929: 884f); wenn ihre Absichten aber tatsächlich ernsthaft sind, müssen sie sich natürlich direkt an die Primärquellen selbst halten, wie es sehr gut durch die ‹verlorene› epikuräische Abhandlung des Philodemus (DeLacy und DeLacy, 1941) veranschaulicht wird. Ein äußerst bemerkenswertes Beispiel historischer Rekonstruktion, das sicherlich in entscheidender Weise unsere Gesamtsicht der semiotischen Entwicklung beeinflussen wird, ist die von John Deely besorgte selbständige Textausgabe des «Tractatus de Signis» von Jean Poinsot (1589–1644), der in dem riesigen «Cursus Philosophicus» (Deely, 1974: 850; 1975; Poinsot, in Vorbereitung) dieses iberischen Geistlichen «eine dem Inhalt nach eigenständige und völlig privilegierte Stellung einnahm. Poinsot, der allgemein unter dem Namen Joannis a Sancto Thoma bekannt ist (Maritain, 1943; Herculano de Carvalho, 1969; Coseriu, 1969: 135f), erscheint in der Retrospektive als das zuverlässigste, fehlende Glied zwischen den scholastischen Semiotikern – einem intellektuellen Milieu, mit dem dieser scharfe Denker immer noch völlig vertraut war – und der entstehenden Lehre von den Zeichen, wie sie von John Locke ein halbes Jahrhundert später, im Jahre 1690, ins Auge gefaßt, benannt und vorausgeahnt wurde (Land, 1974: 15; Parret, 1975; Kelemen, 1976).

Ein wichtiger Aufsatz, der darauf abzielte, die Leistungen von Locke und verschiedener Marksteine in der folgenden Entwicklung der Semiotik hervorzuheben, ist kürzlich von Roman Jakobson (1975) verfaßt worden, der sich stärker als jeder andere darum bemüht hat, konkurrierende semiotische Traditionen miteinander zu vereinbaren, während er doch stets auch betonte, daß Unterschiede innerhalb des Beständigen und Invarianten deutlich und kritisch anerkannt werden müssen (zu Jakobson und der Semiotik vgl. Eco, in van Schooneveld und Armstrong, 1976). Sein Überblick berührt die semiotischen Aktivitäten von Johann Heinrich Lambert (in diesem Zusammenhang sollte auch die als Mikrofilm verfügbare Dissertation von Karl Söder zu Rate gezogen werden), Joseph Marie Hoene-Wroński, Bernard Bolzano, Edmund Husserl (zu Husserl, speziell in seinem Verhältnis zu Jakobson, vgl. jetzt Holenstein, 1976: 13–55), Charles Sanders Peirce und Ferdinand de Saussure. Gerade in den Schriften Jakobsons haben sich die beiden wesentlichen modernen semiotischen Traditionen – die ich an anderer Stelle abkürzend als das ‹Locke-Peirce-Morris-Paradigma› vs. das ‹Saussure-Paradigma› bezeichnete – kreativ verbunden. Im Gegensatz dazu werden die erstaunlichen

Einsichten der Griechen (Weltring, 1910) und der Scholastiker von uns lediglich am Rande (vgl. Kretzmann, 1967) als ein zusammenhangloses Mosaik mit gelegentlichen auffälligen Farbeinsprengseln vermerkt (zu der mittelalterlichen Periode vgl. z. B. Bursill-Hall, 1971; Pinborg, 1972); und selbst die Errungenschaften solcher Olympier wie des hl. Augustinus (354–430) (Simone, 1972) oder Leibniz' (1646–1716), der zutreffend als «eine der wichtigeren Erscheinungen in der Geschichte der Semiotik und speziell der Syntaktik» (Morris, 1971: 336; Dascal, 1972, 1975) charakterisiert worden ist, sind kaum erst um ihrer selbst willen untersucht worden, geschweige denn in Relation zu ihren geistigen Vorläufern (zur Augustinischen Dialektik in Relation zu der stoischen Semiotik vgl. jedoch Pinborg, 1962), Zeitgenossen oder Nachfolgern in der langen Geschichte der Zeichentheorie.

Umgekehrt wogt jedoch fortwährend eine wahre Orgie der Saussure-Exegese über uns. Betrachten wir das beispielsweise im Vergleich zu der Peirce-Literatur, «la contribution apportée par Ferdinand de Saussure au progrès des études sémiotiques est evidemment plus modeste et plus restreinte» (Jakobson, 1975: VII), dann ist dieser anschwellende Chor der Schmeichler nicht nur befremdlich, sondern geradezu eine Verdrehung des wahren historischen Gleichgewichts (vgl. de Mauros Anm. 73 und 139, in Saussure, 1972). Ich nehme an, daß der große Schweizer Linguist erstaunt gewesen wäre, sich in die Rolle «d'initiateur et du précurseur» der Semiologie (Mounin, 1968: 33) gedrängt zu sehen, und er wäre durch den Unfug gänzlich aus der Fassung gebracht worden, der sich in einem größeren französischen Nachschlagewerk findet, daß nämlich «le premier à concevoir cette science semble avoir été F. d. Saussure . . .» (Prieto, 1968: 93). Benveniste (1969) war da besser unterrichtet, und es ist zu hoffen, daß Cullers Buch (in Vorbereitung) das Gleichgewicht im historischen Urteil wiederherstellt, wie es auch Calvet (1975) versucht.

Ogden und Richards waren vielleicht die ersten (1923), die feststellten, daß «der bei weitem fortgeschrittenste und entschiedenste Versuch, eine Darstellung der Zeichen und ihrer Bedeutung zu erarbeiten, derjenige von . . . C. S. Peirce ist» (Ogden und Richards, 1938: 279). Morris hat später (1946) über das Peircesche semiotische Werk gesagt, daß «seine Zeichenklassifikation, seine Weigerung, tierische und menschliche Zeichenprozesse vollständig zu trennen, seine zahlreichen scharfsinnigen Bemerkungen zu linguistischen Kategorien, seine Anwendung der Semiotik auf logische und philosophische Probleme und der allgemeine Scharfsinn seiner Beobachtungen und Unterscheidungen seine Arbeit auf dem Gebiet der Semiotik zu einer Quelle von Anregungen machen, wie man sie nur selten in der Geschichte dieses Faches findet» (Morris, 1973: 369). Peirce, ein phantastisch scharfsinniger Denker, bleibt der bislang genialste Forscher in der Geschichte der Semiotik. Darüber hinaus gibt es unter Ideengeschichtlern einen zunehmenden weltweiten Konsens, «daß seit Leibniz im 17. Jahrhundert kein Denker die Peircesche Meisterschaft über so viele verschiedene Disziplinen gezeigt hat oder so reich an fruchtbaren Ideen war, sie zu kultivieren» (Nagel, 1959: 185; zu einem Vergleich mit Leibniz vgl. Fisch, 1972). Wegen der Mißgeschicke seiner biographischen Umstände (über die in verschiedenen Standarddarstellungen berichtet wird [z. B. Nagel, 1949]), zum Teil aber auch aufgrund von Problemen, die aus seiner Natur herrühren, aus seiner Stellung zur Universität und aus seinem Lebensstil, sind sein Name und seine Kenntnisse immer noch relativ unbekannt, und, was geradezu unglaublich ist, nur ungefähr die Hälfte seines umfangreichen schriftlichen Nachlasses, der eine Dichte aufweist, die in dem modernen Kontext einmalig sein dürfte, ist bislang publiziert worden (Peirce, 1965–66). Weitgehend auf der Grundlage der irreführend benannten «Collected Papers» ist eine Sekundärliteratur entstanden, die etwa fünfzig wissenschaftliche Bücher – von denen sich einige speziell auf seine Semiotik beziehen (z. B. Greenlee, 1973, Savan, in Vorbereitung) – und vielleicht tausend oder mehr Aufsätze umfaßt, wobei eine beträchtliche Anzahl Arbeiten in den ersten zehn Bänden der «Transactions of the Charles S. Peirce Society» erschienen.

Diese Chronik ist kaum der richtige Platz dafür, um sich über die verworrene Geschichte von Peirce und seine philosophischen Hinterlassenschaften zu verbreiten, außer darüber zu berichten, daß ihrer skandalösen Vernachlässigung glücklicherweise im Rahmen des kürzlich eingerichteten *Center for American Studies* der Indiana University in Indianapolis entgegengewirkt wird (zweifelsohne wird sich das *Institute for Studies in Pragmaticism*, das jahrelang an der Texas Tech University gewirkt hat, auch weiterhin in konkreter Zusammenarbeit mit dem Indiana University Center an der Entwicklung der Kenntnisse über Peirce beteiligen). An vorderster Stelle auf dem Programm des Centers steht die Vorbereitung einer umfassenden fünfzehnbändigen chronologischen Edition der Peirceschen Schriften, die vollständig annotiert und mit einem Index versehen werden soll; das Gesamtwerk soll dann zusammen mit seiner Biographie und anderer Sekundärliteratur von der Indiana University Press gedruckt werden. Max H. Fisch, der außerordentlich qualifizierte Peirce-Biograph, ist der Chefherausgeber, und Edward C. Moore, ein anerkannter Pragmatismusspezialist, fungiert als Mitherausgeber. Der Prospekt erklärt ausdrücklich seine Verpflichtung der Semiotik gegenüber: «Die neue Edition wird bislang noch unpublizierte Arbeiten verfügbar machen, die in diesen Bereich fallen; sie wird dabei seine lebenslange Verpflichtung diesem Bereich gegenüber von Anfang bis

Ende berücksichtigen.» Ein nationales Unrecht wird auf diese Weise langsam in der Gestalt eines größeren Beitrages von uns zu der Zweihundertjahrfeier gesühnt, zu der verschiedene andere diesbezügliche Feiern – und hoffentlich auch ein Fortschritt der semiotischen Forschung – an der Johns Hopkins University gehören (an der Peirce fünf Jahre lang gelehrt hat), denen sich ein internationales Ereignis unterschiedlicher Art anschließen wird (der Kongreß über Pragmatismus und Semiotik im Juni 1976 in Amsterdam).

Wenn Peirce der Ursprung der heutigen Semiotik war, dann ist ihr weltweit einflußreichster und ehrwürdiger lebender Lehrer – allerdings jemand, dessen Leistungen bereits als eine unvergleichliche Episode in die Geschichte des Faches integriert sind – Charles Morris. Seine einschlägigen Schriften sind schließlich alle leicht in einem einzigen Band verfügbar (Morris, 1971), und es ist eine wahre multinationale Industrie entstanden, die an der kritischen Auslegung oder Analyse seiner Zeichentheorie arbeitet (z. B. Apel, 1973, neben Rossi-Landis neuestem Buch [1975 a] und Aufsatz [1975 b], sowie einer Flut von Dissertationen, von denen ich Eakins [1972] und Fiordo [1976] für die nützlichsten halte). Interessante Probleme, die einer Bearbeitung harren, werden sich sicherlich auf die wesentlichen Beziehungen zwischen Morris und George Herbert Mead (1863–1931) (Miller, 1973; Kang, in Vorbereitung) konzentrieren, dessen Sozialpsychologie ihrerseits eine handgreifliche semiotische Orientierung aufweist, was beispielsweise in Erving Goffmans meisterlichem Buch deutlich mitklingt; ein anderes Problem betrifft Morris' überraschende intellektuelle Unabhängigkeit von Peirce, sieht man von gelegentlichen terminologischen und sonstigen oberflächlichen Gemeinsamkeiten ab (vgl. Dewey, 1946, sowie die Morrissche Antwort darauf, Morris, 1971: 444–448).

Obwohl es sich um eine sehr persönliche Frage handelt, möchte ich diese Gelegenheit benutzen, um öffentlich über mein Glück zu berichten, erstmalig mit semiotischen Begriffen in den frühen vierziger Jahren in einem Seminar konfrontiert worden zu sein, das Morris an der Universität Chicago veranstaltete – und zwar genau auf halbem Wege, das heißt zwischen seinen «Grundlagen der Zeichentheorie» (1938; dt. 1972) und «Zeichen, Sprache und Verhalten» (1946; dt. 1973). Ich hatte auf diese Weise das außergewöhnliche und wahrscheinlich einmalige Privileg, sowohl bei Morris als auch nicht viel später bei Jakobson zu studieren, wobei sich die beiden in den dazwischenliegenden Jahren wechselseitig inspiriert haben.

Es ist offensichtlich, daß die semiotische Flutwelle, die sich im vergangenen Jahrzehnt über Künste und Wissenschaften ergossen hat, sie ungleichartig in einem unterschiedlichen Ausmaß betroffen hat. So habe ich beispielsweise gehört, das Potential zur Anwendung der Zeichentheorie auf den Film (vgl. Kap. 1, Fußnote 62, oben; Bellour und Metz, 1971; Metz, 1974) sei bereits erschöpft (tatsächlich ist die Ausdruckslosigkeit von Michelangelo Antonionis letztem Film, «The Passenger», zum Teil – wie sich in Wirklichkeit aber herausstellt, wegen eines lächerlichen Mißverständnisses des wahren Handlungsverlaufs – von einem Drehbuchautor darauf zurückgeführt worden, daß er «verrückt nach der Semeiologie, der Wissenschaft von den Zeichen» [vgl. Simon, 1975: 16] sei). Auf der anderen Seite hat Kowzan in seinem preisgekrönten Buch (1975: 173) geschrieben, daß «le seul genre de spectacle qui . . . a été abordé scientifiquement du point de vue sémiologique, est l'art du cinéma», wodurch «en même temps le besoin d'une ouverture sémiologique sur l'art théâtral, la nécessité de considérer le spectacle du point de vue de la sémiologie» bestätigt wird. Obwohl Kowzan mit seiner Annahme übertreibt – offensichtlich kennt er Bouissacs bahnbrechende Arbeiten (1976) nicht und auch nicht Rectors (1975) völlig andersartige Auffassungen –, und selbst die Semiotik des Theaters ist alles andere als ein unberührtes Territorium (Todorov, 1971; Helbo, 1974 [nota bene die mit Stern gekennzeichnete Anmerkung auf S. 359], 1975; De Marinis und Magli, 1975; und eine Arbeit, die unberechenbare Konsequenzen mit sich bringen wird, wenn sie in Übersetzung vorliegt, Osolsobě, 1974), ist seine Pointe wirkungsvoll. Ich verstehe darunter, daß ‹historische› Urteile über den Erfolg oder Mißerfolg der semiotischen Praxis in den meisten Handlungs- und Wissenschaftsbereichen völlig verfrüht sind. Wie beurteilen Ärzte die Behauptung eines Kollegen, daß «die Medizin notwendig eine Zeichentheorie» braucht (Crookshank, 1923; vgl. Lewis, 1970)? Wie reagieren Sozialwissenschaftler darauf, wenn einer der ernsthaftesten und weltweit angesehensten Anthropologen erklärt, daß der von ihm vertretene Begriff von Kultur, dessen Nützlichkeit er nachzuweisen versucht, «im wesentlichen semiotisch ist» (Geertz, 1973: 5), oder wenn einer ihrer Großmeister die Anthropologie als «den bona fide Inhaber des Bereichs der Semiotik» erklärt (Lévi-Strauss, 1973: 18)? Was tun Logiker mit Carnaps kompromißloser Erklärung (1942: 250), daß *«die Aufgabe der Philosophie in semiotischer Analyse besteht»*? In welcher Weise fühlen sich Ethologen von der dringenden Aufforderung eines großen Tierpsychologen angesprochen, daß die problematischen Experimente «unter dem Gesichtspunkt moderner Kommunikationslehren, besonders auch der Semiotik» (Hediger, 1970: 178; vgl. Hediger, 1974: 29, 37) zu wiederholen seien, oder von den Behauptungen, daß ihr Forschungsgegenstand letzten Endes kaum mehr als ein Sonderfall diachronischer Semiotik sei (Sebeok, 1975: 85–95)? Und ist es schließlich so, daß Linguisten die Wahrheit und die verheerenden Implikationen für die

Zukunft der Sprachwissenschaften richtig einschätzen, die aus Nidas strategischen Bemerkungen (1975: 13) über die Wichtigkeit folgen, «Sprache unter der weiteren Perspektive der Semiotik zu sehen, da erst dann, wenn die Sprache als ein symbolisches System begriffen wird, die Rolle der Bedeutung in der Sprache voll erfaßt werden kann»? Weiterhin fordert er, «die grundlegenden Erkenntnisse von Peirce» entschiedener zu übernehmen, da einige seiner Begriffe «grundlegend für das Verständnis der Sprache als eines semiotischen Systems sind, das zur Erklärung seiner eigenen Symbolisierung fähig ist». (Vgl. dazu auch Sebeok, 1977 c.) Solche Fragen sollen einen Vorgeschmack von der Art zukünftiger Debatten in der Semiotik vermitteln, wie sie sich auch auf die Betrachtung der logischen Beziehung des Gegenstandsbereichs und seiner Plazierung in der hierarchischen Ordnung beziehen, die sich in den Wissenschaften vom Menschen durchsetzen. Die Entwicklung in Richtung der Definition semiotischen Denkens in dem biologischen und anthropologischen Rahmen einer Evolutionstheorie stellt jedoch – zumindest meiner Meinung nach – die einzige neue und signifikante holistische Tendenz in der für das 20. Jahrhundert spezifischen Entwicklung in diesem Bereich dar; die bei weitem größten Schritte in diese Richtung verdanken sich der enormen Vorstellungskraft des französischen Topologen René Thom (1974, besonders Kap. XI), verlangen jedoch, wie ich an anderer Stelle angedeutet habe (Sebeok, 1977 b), eine weitaus detailliertere Ausarbeitung und Entwicklung.

2. Zur Berichtigung von Begriffen

Die Semiotik ist sicherlich einer der wenigen Forschungsbereiche, in dem es die eigenen Vertreter versäumt haben, auch nur einen Konsens darüber zu erreichen, wie ihre eigene Disziplin zu benennen ist.[1] Daß es gute Gründe für diese Lage der Dinge gibt, die ich zu skizzieren und in gewissem Maße zu erklären versucht habe (vgl. Arrivé, 1974: 28), ist für den Anfänger ziemlich nichtssagend und selbst für den Fachmann überraschend. Das Problem fängt jedoch weder hier an, noch hört es hier auf. In Jakobsons Schema der Dinge, wie in vielen anderen Ansätzen (vgl. S. 15, oben; Prieto, 1975: 125–141, usw.), wird die Semiotik vollständig oder teilweise «in die umfassende Kommunikationswissenschaft» (Jakobson, 1974: 36) eingeordnet – wobei ‹Kommunikation› dann allerdings ein undefinierter Grundbegriff bleibt. Das wiederum führt zu weiteren erheblichen Schwierigkeiten, die sowohl einige Psychologen (z. B. Burg-

---

1 Eine lehrreiche Parallele wird jedoch von Stent (1969: 35–36) aus den Naturwissenschaften berichtet: «Um seinen Ansatz bei dem Verständnis von Lebensprozessen zu bezeichnen, prägte Astbury den Terminus *Molekularbiologie.* Obwohl Astbury im folgenden Jahrzehnt eine großangelegte Propaganda für seine Durchsetzung veranstaltete, fand dieser Neologismus nur sehr langsam allgemeine Anerkennung. So nannte oder bezeichnete sich beispielsweise während der romantischen Periode niemand aus der Phage-Gruppe als ‹Molekularbiologe›, und zwar aus dem sehr guten Grund, weil die Struktur damals in ihrer Tätigkeit eine so nebensächliche Rolle spielte wie die Genetik in der Tätigkeit der Strukturanalysatoren. In der Tat hatte die Phage-Gruppe überhaupt *keine* Gattungsbezeichnung, um ihre Aktivität zu beschreiben. Am meisten widerstrebte es ihren Mitgliedern, sich ‹Biophysiker› zu nennen, was natürlich gewesen wäre. Denn sie waren der Meinung, wie es in meinem früheren Zitat aus der Reihe von Delbrücks Vortrag von 1949, ‹Ein Physiker betrachtet die Biologie›, deutlich wurde, daß dieser Terminus ‹mißbraucht› worden sei. Genauer gesagt, waren in den Augen der Phage-Gruppe zwei Personenkreise daran interessiert, sich ‹Biophysiker› zu nennen: Physiologen, die in der Lage waren, ihre eigene elektronische Ausrüstung zu reparieren, und zweitklassige Physiker, die versuchten, Biologen davon zu überzeugen, daß sie erstklassig wären. Erst im Gefolge des Zusammentreffens strukturaler und genetischer Analyse, das sich aus späteren Entwicklungen ergab . . ., stellten die Veteranen der romantischen Periode und ihre Schüler plötzlich fest, wie beispielsweise Jourdain, daß das, was sie die ganze Zeit betrieben, Molekularbiologie war. Das dringende Bedürfnis danach, *irgendeinen* befriedigenden Beinamen für ihre Arbeitsrichtung zu finden, ist später von Francis Crick folgendermaßen erklärt worden: ‹Ich war dazu gezwungen, mich Molekularbiologe zu nennen, da ich es satt hatte, wenn mich neugierige Pfarrer fragten, womit ich mich beschäftigte, zu erklären, ich sei eine Mischung aus Kristallograph, Biophysiker, Biochemiker und Genetiker, wobei ihnen diese Erklärung immer zu schwer verständlich erschien.›»

hardt, 1970) als auch einige Zoologen (z. B. Tavolga, 1974) beunruhigt haben, die im Unterbereich ‹Zoosemiotik› arbeiten (wobei es sich ebenfalls um eine relativ neue Prägung handelt; vgl. dazu Sebeok, 1972: 178–181). Aus diesem Grund sind in letzter Zeit verschiedene Anstrengungen unternommen worden, um zu klären, was als ‹Kommunikation› zählt, und es ist kein Zufall, daß die beiden produktivsten Analysen, die ich kenne, im Zusammenhang von Studien des Tierverhaltens erschienen (MacKay, 1972; Glasersfeld, 1974).

Das terminologische Durcheinander wird um so größer, je genauer man die gewohnten Einteilungen und Untereinteilungen der Semiotik betrachtet. Was beispielsweise die vormals vertraute und scheinbar wohldefinierte Syntaktik-Semantik-Pragmatik-Trichotomie (Carnap, 1942: 8–11; Morris, 1971: 23–54) anbelangt, so stellte sich im Verlauf eines Internationalen Symposiums zur Pragmatik der Natürlichen Sprachen (vom 22. bis 27. Juni 1970 in Jerusalem) die schwere Faßbarkeit der Pragmatik heraus sowie die Tatsache, daß sich die Teilnehmer nicht über das Wesen dieser Bestie einigen konnten, das heißt, ob es real oder mythisch sei; der kluge Vorschlag von Max Black, «wenigstens ein angeblich greifbares Merkmal der Pragmatik, nämlich den Kontextaspekt, zu retten», scheiterte (Staal, 1971: 29). In der Montague-Grammatik ist die Pragmatik kaum von der Semantik unterscheidbar, oder zumindest erscheint die Grenze im Augenblick dünn wie ein Spinnenfaden (Montague, 1974: 64, 96, 120).

Ich möchte einen längeren, wenn auch nicht erschöpfenden Klärungsversuch unternehmen, und zwar anhand eines weiteren Beispiels, dessen weite Verzweigungen sich mir aufdrängten, als ich an der Vorbereitung des Plenarvortrages zu dem Thema saß, das mir von den Organisatoren des ersten Kongresses der Internationalen Assoziation für Semiotische Studien (der am 6. Juni 1974 in Mailand gehalten wurde) zugewiesen war: «Nonverbale Kommunikation» (Nelson, 1975: 315 f). Es dämmerte mir bald, daß dieser verführerisch einfache Ausdruck, der so ziemlich in aller Munde ist und in den Titeln einer großen Anzahl von Büchern erscheint (unter anderen Bosmajian, 1971; Davis, 1971; Eisenberg und Smith, 1971; Hinde, 1972; Knapp, 1972; Mehrabian, 1972; Ruesch und Kees, 1956; Scherer, 1970; Weitz, 1974; vgl. auch die Titel bei MacKay, 1972, und Tavolga, 1974), nahezu ohne Bedeutung ist oder im günstigsten Falle so viele Interpretationen zuläßt, daß er beinahe nutzlos ist. Mehrabian (1972: 1 f) unterscheidet naiv zwischen einem «engeren und einem exakteren Sinn», der sich auf «Handlungen beziehen soll, die sich von der Sprache unterscheiden», das heißt «Hand- und Armgesten, Haltungen, Stellungen sowie verschiedene Bewegungen des Körpers oder der Beine und Füße», und einem umfassenderen, jedoch vermutlich traditionellen Sinn, worunter er das zu verstehen scheint, was Crystal (1969: 293) als ‹inhaltsfreies Sprechen› bezeichnete, wozu er neben verwandten Phänomenen diejenigen zählt, die von anderen Forschern paralinguistische Ereignisse genannt werden. Wenn wir als nächstes danach fragen, was Paralinguistik alles zu umfassen vermag, dann berichtet Chrystal, daß er folgende Antwort auf eine Frage von ihm erhielt: «Tiersprache (oder einige Aspekte davon), Erinnerungsbeschränkungen der Sprache, Erinnerungsfähigkeit der Sprache, Ausdruckslänge, literarische Analyse, Umweltbeschränkungen der Sprachverwendung, . . ., Glossolalie sowie der emotionale Ausdruck bei allgemeiner Sprachstörung – kurz, einen guten Teil der Soziolinguistik und der Psycholinguistik» (1974: 269).

Nehmen wir jedoch im Interesse der Einfachheit an, wir kehrten zu Mehrabians erstem und offensichtlich bevorzugtem Sinn von ‹nonverbal› zurück: gleich geraten wir in einen weiteren nomenklatorischen Morast – wir stehen vor einer Vielzahl von Termini, die «sich unterschiedlich gebärden, ohne jedoch eine klare Unterscheidung zu geben» (Stokoe, 1974: 118), nämlich:

(a) Der Terminus ‹nonverbal› oder ‹non-verbal› (oder seltener ‹extraverbal› – vgl. Graham und Argyle, 1976) ist deshalb anstößig, weil er viel zuviel umfaßt und weil darüber hinaus dasjenige, was er enthält, je nach Laune des Forschers variiert (Harrison u. a., 1972). Außerdem impliziert er fälschlich die Unabhängigkeit von, ja auf irgendeine implizite synchronische Weise, gewöhnlich das Primat über die verbale Komponente beim Menschen. Die Formel «Kommunikation minus Sprache = nonverbale Kommunikation» ist in ungeschickter Weise negativ, vereinfachend und undeutlich.[2] Es ist, mit anderen Worten, «sinnlos, von ‹verbaler Kommunikation› und ‹nonverbaler Kommunikation› zu sprechen. Es gibt nur Kommunikation, ein System von Verhaltensmustern, durch das die Menschen miteinander verbunden sind» (Kendon, 1972 b: 443), oder kurz, den Gegenstand des holistischen Bereichs der Interaktionsethologie (alias Semiotik), wie er von einer Konferenz angedeutet worden ist (die vom 31. August bis 4. September 1970 in Amsterdam stattfand), die von Goffman und mir für die Wenner-Gren-Stiftung (Sherzer, 1971) organisiert worden war. Eine andere Falle, in die ich hier nicht hineintappen möchte, ist in der sorglosen Weise verborgen, in der ‹Kommunikation› mit ‹Verhalten› verwechselt wird, und zwar besonders im Kontext des

2 In diesem Forschungsbereich scheint zumindest seit 1888 eine negativistische Tendenz vorzuherrschen, als Kleinpaul als Titel seiner klassischen Abhandlung paradoxerweise «Sprache ohne Worte» wählte, das heißt ‹von Worten entleerte Sprache› (Kleinpaul, 1972).

Nonverbalen. Es wird hier zuversichtlich angenommen, daß das gesamte Verhalten (Scheflen, 1972, 1974; Hinde, 1974) säuberlich aufzuteilen sei in eine Art, die kommuniziert, und eine Art, die nicht kommuniziert – was jedoch tatsächlich selbst unter Tierverhaltensforschern einen Streitpunkt darstellt und dem kaum durch die Einführung qualifizierender, zweideutiger Wörter wie beispielsweise ‹sozial›, ‹zielgerichtet› oder ähnliches abzuhelfen ist.

(b) Der Terminus ‹Pantomime› denotiert zweifelsohne signifikante Gestik ohne Sprache oder eine stumme Schau, hat aber einen starken Überhang, der römisches oder englisches dramatisches Schauspiel konnotiert, das manchmal als ein Prosaballett angelegt ist (vgl. *OED*). Meistens sind die Assoziationen weniger semiotisch als schauspielerisch.

(c) Gestik, «der vertrauteste Terminus, begeht die *petitio principii*, die wir befragen wollen. Weshalb sollten Gesichts- und Körperbewegungen eine einmalige Qualität annehmen, wenn sie von unserer Art ausgeführt werden und von keiner anderen» (Stokoe, 1974: 118)? Man könnte natürlich, wie ich es getan habe (Sebeok, 1972: 163 ff), ‹anthroposemiotische› Gesten, das sind solche, die artspezifisch für den Menschen sind (dabei fällt einem unmittelbar Efrons Kategorie der arbiträr kodierten und deswegen kulturabhängigen Embleme ein; vgl. Ekman und Friesen, 1969 b: 63–68), und ‹zoosemiotische› Gesten unterscheiden, die bei Menschen vorkommen, das sind solche Mittel, die wir nachweislich mit einigen anderen Formen der belebten Welt teilen (ein sehr schönes Beispiel dafür ist die Entwicklung von Lachen und Lächeln; vgl. van Hooff, 1972). Diese Unterscheidung ist jedoch sowohl ungeschickt als auch in der Praxis schwer zu handhaben. Eine andere Schwierigkeit mit diesem Terminus besteht darin, daß seine Extension je nach Vorliebe des Benutzers eine große Fluktuation aufweist; so gehört beispielsweise für Ruesch die Gestik in seinem einfühlsamen Klassifikationsschema (Ruesch und Kees, 1956: 37) zu den zahlreichen «Spielarten der nonverbalen Sprache», wobei er eine ihrer Unterarten ‹Handlungssprachen› nennt, unter denen Gesten lediglich eine Kategorie von rund einem halben Dutzend ausmachen. Im übrigen schließt sich Ruesch insofern Critchley (1939) an, als er Gesten sehr eng an die Sprache bindet.

(d) Kendon zieht es andererseits vor, ‹Gestikulierung› auf «diejenigen komplexen Bewegungen der Hände und Arme und des Kopfes» (zu beschränken) (1972 a: 178 f), die tatsächlich den Redefluß begleiten. Das erforderte jedoch einen anderen unspezifizierten Terminus oder eine Gruppe solcher Termini (vgl. dazu auch z. B. Jakobson, 1974: 31) für Bewegungen, die *nicht* im Zusammenhang der Rede vorkommen, oder davon getrennt sind.

(e) Stokoe (1974: 118) zitiert ‹motorische Zeichen› als «Jakobsons

Terminus . . . der außerdem in charakteristischer Weise exakt ist». Meiner Meinung nach trifft beides nicht zu. Franz Boas hat 1941 in seiner Einleitung in Efrons Buch (1972: 19) das Wort ‹motorisch› in diesen Kontext eingeführt (obwohl er es mit ‹Gewohnheiten› anstatt mit ‹Zeichen› verband), aber für die meisten Linguisten ruft der Ausdruck eher eine Vorstellung hervor, wie sie besonders von Stetson vertreten worden ist, nämlich ‹motorische Phonetik›, die er als «die Untersuchung der erlernten Bewegungen (definierte), die zu dem Prozeß der Handhabung artikulierter Signale gehören» (1951: 6). Es ist nicht völlig ungewöhnlich, Äußerungen der Art zu finden, daß «motorische Prozesse in der Phonetik im Zentrum der Untersuchung stehen» (Meader und Muyskens, 1962: 20). All das läuft darauf hinaus, daß ‹motorische Zeichen› gleichermaßen verbalen wie nonverbalen Charakter haben können, es sei denn, daß man genau spezifizierte, welcher Körperteil beteiligt ist, das heißt die sogenannten Sprechorgane, oder, wie es in dem Aufsatz von Jakobson (1972) heißt, auf den sich Stokoe bezieht (wobei es sich aber auf jeden Fall um eine Übersetzung eines russischen Aufsatzes von 1970 handelte), ob der gesamte Kopf als eine *Gestalt* betrachtet wird, wozu dann – wie der Autor ausdrücklich aufzählt – die Pupillen (vgl. jetzt dazu Hess, 1975), Augäpfel, Augenbrauen und die Gesichtsmuskulatur einzeln wie in Wechselbeziehung hinzukommen (zu Forschungsarbeiten über den Gesichtsausdruck im allgemeinen vgl. Ekman und Friesen, 1975).

(f) Der Ausdruck ‹Körpersprache›, der vielleicht für die Verwendung in Sonntagsbeilagen geeignet ist (Davis, 1970), ist in diesem Land durch den Titel eines Bestsellers (Fast, 1970) populär geworden, dem eine unvergleichlich nichtssagende Konzeption zugrunde liegt und der dennoch als tragender Teil des Titels eines Buches wiederkehrt, das vermutlich ernsthafte Absichten verfolgt (Scheflen, 1972) (zu einer frühen, anspruchsvollen Verwendung in einem zweifelsohne semiotischen Kontext vgl. Latif, 1934: 76f). Verwandte Ausdrücke wie ‹körperliche Kommunikation› (Argyle, 1975), ‹Körpergespräch› (Poiret, 1970) oder ‹Gesichtssprache› (Whiteside, 1974; vgl. Mar, 1974) finden sich ebenfalls, wenn auch sporadischer. Diese Termini implizieren deutlich einen phänomenalen Dualismus, der eine Körpersprache postuliert, die im Gegensatz steht zu – was? Einer ‹geistigen Sprache›? (Ich bezweifele ernsthaft, daß sich diese Auffassung mit den Vorstellungen über Sprache ohne weiteres vereinbaren läßt, die Chomsky in seinen Beekman-Vorlesungen 1967 (Chomsky, 1972) unter dem Stichwort der ‹Sprache als Spiegel des Geistes› beschrieben hat!)

(g) Wenn alles andere versagt, rekurrieren Semiotiker bei ihrer Suche nach mehr oder minder exakten Termini mit sicherem antikem Anklang auf ihre angestammte Quelle, wie ich es auch getan habe (Sebeok, 1972).

Die ausgezeichnete Zeitschrift unserer russischen Kollegen ist sehr bewußt *Semeiotikè* (1965–75) genannt worden, wonach der Titel von Kristevas Aufsatzsammlung (1969 b) eine doppelte graeco-sowjetische sympathetische Resonanz erfuhr (Coquet und Kristeva, 1972: 324). In dem hier zur Diskussion stehenden Bereich gibt es ebenfalls eine Vielzahl quasiklassischer Wortprägungen: ‹Kinesik› (Birdwhistell, 1970), ‹Koenetik› mit einer überreichen Anzahl von Hilfsausdrücken wie ‹Haptik›, ‹Geustik› und ‹Strepitistik› (Wescott, 1966: 350), ‹Proxemik› (Hall, 1968; Watson, 1970; Baldassare und Feller, 1975), ‹Tachesik› (Kauffman, 1971) und so weiter, und so fort. Derartige lexikalische Innovationen mögen durchaus einen heuristischen Wert besitzen; unglücklicherweise neigen sie aber auch dazu, unsinnige Territorien abzustecken, die sich dann für angehende Wissenschaftler zu exklusiven Weidegebieten wie auch zu gegen Eindringlinge grimmig verteidigten Schanzwerken verdichten, die vor Aggression nur so strotzen und Gegenaggression eskalieren. Die jüngere Geschichte der ‹Kinesik› kann als eine Fallstudie für Territorialverhalten beziehungsweise -fehlverhalten betrachtet werden, das jegliche Brauchbarkeit zerstörte, deren sich dieser Ausdruck einmal erfreute. Wescotts wucherndes Vokabular hat vollkommen versagt. ‹Proxemik› ist trotz der wohlverdienten Popularität der beiden Hauptwerke von Hall (in dem zweiten von 1966 wird der Schlüsselbegriff eingeführt und im zweiten Satz definiert) kaum mehr als eine Zielscheibe des Spottes geworden, das von dem ‹anderen› führenden Forscher im Bereich räumlichen Verhaltens, Sommer (1969), nicht einmal erwähnt wird. Kauffmans Schachtelwort, das in etwa einen Verschnitt aus ‹taktiler Proxemik› darstellt, ist nicht einmal in dem bislang wichtigsten Buch über menschliche taktile Kommunikation (Montague, 1971) aufgegriffen worden.

(h) Der neueste und in gewissen Hinsichten attraktivste Vorschlag, der von Stokoe (1974: 118) eingeführt und in gewissem Maße entwickelt worden ist, ist das ‹gZeichen›, wobei *g* für jede ‹gestische Manifestation› steht und *Zeichen* für ‹Zeichenträger in einem semiotischen System›. Ich kann mir eine ganze Reihe von Möglichkeiten vorstellen, wie ‹gZeichen› in die semiotische Theorie und Praxis integriert wird. Stokoe, der deutlicher als jeder andere in Amerika die Stellung von Zeichensprachen in der Semiotik begriffen hat (vgl. sein Buch von 1972) und der der Gründungsherausgeber der *Sign Language Studies* (1972–) ist, befindet sich in einer ausgezeichneten Position, um dieses Konzept energisch durchzusetzen.

Die vorangegangene Probe,[3] die aus nahezu jedem Winkel des For-

3 Critchleys (1975) nominelle Aufnahme von Halls (1959) Titel, wobei sein Buch jedoch einen ziemlich andersartigen Gegenstandsbereich und andere Inter-

schungsbereichs erweitert werden könnte, zielte lediglich darauf, das dringende Bedürfnis nach einer konzertierten Anstrengung zu belegen, die semiotische Terminologie in leidlich wohlgeordneter Weise zu regeln. Seit Maldonados innovativem Unternehmen hinsichtlich einer ‹Präzisierung der Terminologie› (1961) fehlt es nicht völlig an individuellen Vorstößen. Seine unveröffentlichten Lemmata werden dabei vorgeführt, um bei weitem diejenigen an Zahl zu übertreffen, die in seinem kleinen, allerdings bahnbrechenden Büchlein erschienen, das zum Teil sogar mehrsprachig war. Ein anderes bescheidenes Mini-Lexikon von großer Qualität, das fünfsprachig aufgebaut ist, wozu die russische Sprache zählt, wurde in Israel veröffentlicht (Hrushovski und Even-Zohar, 1972), und neulich ist ein einsprachiges (portugiesisches) Glossar erschienen, und zwar in Brasilien (Rector, 1974). Das bislang ehrgeizigste gedruckte Werk dieser Art (Bense und Walther, 1973) ist aus verschiedenen Gründen auch das bei weitem enttäuschendste; einige der Gründe werden in Ketners und Kloesels (1975) Forschungsbericht in *Semiotica* ausgebreitet.

Ich habe am 3. Juni 1974 während des ersten Kongresses der Internationalen Assoziation für Semiotische Studien einer Versammlung von mehr als fünfzig interessierten Wissenschaftlern aus vielen Ländern den – später von der Vollversammlung ratifizierten – Entwurf eines «Encyclopedic Dictionary of Semiotics» vorgelegt. Dieses *EDS* sollte drei Arten von Eintragungen aufweisen:

I. Artikel, die die Geschichte aller in der Semiotik verwendeten Termini skizzieren, unter Einschluß von Vorschlägen für eine standardisierte allgemeine Verwendungsweise, denn die Herausgeber werden, wie Nelson (1975: 317f) bemerkte, «ihre Aufgabe dann am sichersten bewältigen, wenn sie alle scheinbar exotischen Äquivalenzen in verschiedenen Sprachen mit Hilfe von Fachausdrücken klären, die primäre oder vorrangige Bedeutung im ursprünglichen Kontext und System aufsuchen und einfach selbst die *hapax legomena* oder ad hoc geprägten Termini auflisten».

II. Wertende Biographien der führenden Persönlichkeiten in der semiotischen Forschung. Es wäre dazu erforderlich, die Fragerichtung jedes Autors in Beziehung zu seinen geistigen Vorgängern zu setzen, aufzuzeigen, worin sein besonderer Beitrag zur Weiterentwicklung der Semiotik besteht, und seinen Einfluß auf spätere Semiotiker und seine Rolle in der Geistesgeschichte im allgemeinen zu skizzieren. Ein Beispiel dafür

---

essen hat, tut auch nichts anderes. Critchley beabsichtigt, «über Gestik und damit über Gestikulierung, Pantomime und ähnliches zu schreiben», fährt dann aber selbst mit der Bemerkung fort, daß Gestik «manchmal hörbar sein kann, wenn sie auch stimmlos ist» (Critchley, 1975: I).

«Dieser gute Fürst…

...wurde unausgesetzt gepriesen, betrogen und bestohlen. Seine Beamten plünderten um die Wette seine Schatzkammer aus: der Obersteuereinnehmer der Insel Serendib ging beständig mit gutem Beispiel voran, das von den anderen getreulich befolgt wurde. Dem König war das bekannt. Er hatte schon mehrmals den Schatzmeister gewechselt, aber niemals war es ihm gelungen, den eingebürgerten Brauch zu ändern, wonach die Einnahme des Königs in zwei ungleiche Hälften geteilt wurde: Die kleinere floß Seiner Majestät zu, die größere den Verwaltungsbeamten...»

So schlecht erging es dem König Nabussan, bis Zadig («Zadig oder das Schicksal») in seiner Weisheit einen Ausweg fand. Der König lohnte es ihm: «Er schenkte Zadig eine weit größere Geldsumme, als jemals ein Schatzmeister seinem königlichen Herrn gestohlen hatte.»

Summa summarum: In Büchern und Briefen steht wenig von den geraden Wegen zum Geld, die über Sparbücher und Pfandbriefe führen.

könnte Gottlob Frege (1848–1925) sein, der sowohl die frühe Semiotik der Stoiker und ihrer Nachfolger im Laufe der Jahrhunderte enorm erweiterte als auch die moderne Periode der Logikforschung insofern einleitete, als er eine Beschreibung von Sätzen ermöglichte, die verschiedene Allgemeinheitsgrade beinhalten (vgl. Dummett, 1973).

III. Detaillierte Beschreibungen des Einflusses der Semiotik auf andere Forschungsbereiche, wozu, wahllos herausgegriffen, gehören: Anthropologie (Firth, 1973; Geertz, 1973; Sperber, 1974; Turner, 1975), Ökonomie (Fedorenko, 1970 oder 1972; Rossi-Landi, 1974: 1915–1919), Psychiatrie (Bär, 1975) und Psychoanalyse (Verdiglione, 1975), aber sogar auch die Fotografie (Lindekens, 1971), visuelle Kunst (Schapiro, 1969) sowie auf gewisse begrenzte, objektive Korpora wie beispielsweise Gebetsgebärden innerhalb und außerhalb des Christentums (Ohm, 1948), in Nevada gebräuchliche Brandzeichen (Watt, 1967), amerikanische Zigarettenreklamen (Sparti, 1975; zu anderen Arten der Werbung vgl. Nöth, 1975), slowakische Volkstrachten (Bogatyrev, 1971) oder sprachliche Übertragungen der Pariser Mode (Barthes, 1967 b).

Dieses *EDS* sollte in einem einzigen, englischsprachigen Band veröffentlicht werden, dem jedoch vergleichende Indizes in anderen Sprachen beigefügt werden sollten. Eine erschöpfende Bibliographie, aufgeschlüsselt nach den Eintragungen, wäre ebenfalls enthalten. Die Anzahl, der Geltungsbereich und die relative Länge der Eintragungen wie auch die Namen der Wissenschaftler, die zur Mitarbeit eingeladen werden sollen, werden von einem internationalen Herausgebergremium festgelegt, das von der IASS ernannt wird. Ich stelle mir ein Handbuch von etwa 500000 Wörtern vor und veranschlage für die Vorbereitungszeit zwei Jahre. Das Projekt kann in Angriff genommen werden, sobald die vollständige Finanzierung gesichert ist.

Gleichzeitig befindet sich an der McGill-Universität in Kanada ein Projekt in der Planungsphase, das sich in seiner Reichweite mit unserer ersten Rubrik überschneidet, ansonsten aber weiter in die Ästhetik hineinreicht. Es unterscheidet sich weiterhin dadurch, daß es hauptsächlich sozusagen zu Hause, das heißt durch die beiden hauptsächlich beteiligten Wissenschaftler (Peter Ohlin und Irena Bellert) selbst, hergestellt wird.

Es ist erfreulich zu hören, daß so viele Kollegen ebenfalls das Bedürfnis nach neuen Maßnahmen verspüren, die dazu angetan sind, die trübenden Wolken zu vertreiben, die drohten, die Semiotik stetig in einen Nebel zu hüllen. Wir müssen uns vor allen anderen immer der Peirceschen «Ethics of Terminology» (2.219–226) bewußt sein, in der er lehrt, «daß die Grundlage allen Denkens und aller Wissenschaft das Leben ist, das den Symbolen innewohnt ... Die wissenschaftliche und philosophische Welt wird jedoch von Pedanten und Pädagogen geplagt, die ständig darauf bedacht sind, den Gedanken und anderen Symbolen irgendeinen Vorgesetzten aufzudrängen. Es wird deshalb für jemanden, der erkennt, wie die Lage beschaffen ist, zu einer der vordringlichsten Aufgaben, nachdrücklich jeder willkürlich erscheinenden Vorschrift in wissenschaftlichen Zusammenhängen entgegenzutreten, was vor allen Dingen für die Verwendung von Termini und Notationssystemen gilt. Gleichzeitig ist eine allgemeine Übereinstimmung hinsichtlich der Verwendung von Termini und Notationssystemen unerläßlich, die nicht zu rigide zu sein braucht, aber die Oberhand behält, und die für die meisten Forscher und hinsichtlich der meisten Symbole gilt, und zwar in einem Maße, daß es irgendeine kleine Anzahl unterschiedlicher Ausdruckssysteme gibt, die beherrscht werden müssen» (2.220).

3. Einführung in die Semiotik

Meinem persönlichen Urteil nach gab es zwei – und nur zwei – allgemeine semiotische Abhandlungen, die zwischen den beiden Weltkriegen verfaßt wurden, und von denen jeweils eine auf jeder Seite des Atlantiks entstand, die es gewissermaßen verdienen, Klassiker genannt zu werden: Die «Grundlagen der Zeichentheorie» von Morris (1938 = 1972) in der Generation nach Peirce, über den Morris in diesem Buch sagte, «daß sein Werk mit keinem anderen in der Geschichte der Semiotik vergleichbar ist» (Morris, 1972: 54), und «Les langages et le discours» von Buyssens (1943 = 1967: 9–74) in der Generation nach Saussure, dessen ‹vœu› er mit seiner Abhandlung auszuführen beabsichtigte (1943: 6, § 6). Diese beiden dünnen Meisterwerke hatten ziemlich unterschiedliche Schicksale. Die Morrissche Monographie erfuhr ihre wohlverdiente internationale Anerkennung und übte einen Einfluß aus (vgl. Rossi-Landi, 1953, 1975 a; Eakins, 1972; Fiordo, 1976), der immer noch anhält. Auf der anderen Seite wurde Buyssens' Abhandlung, vielleicht wegen des ungünstigen Zeitpunktes der ersten Drucklegung in Belgien (vgl. Kap. 1, oben), kaum beachtet, obwohl Hjelmslev einmal darüber sagte, es handle sich um «einen umfassenden Versuch einer allgemeinen Semiologie» (1953: 69, Anm. 1). Sie hat schließlich einen begrenzten, wenn auch restlos positiven Einfluß auf verstreute französischsprachige Publikationen in diesem Bereich ausgeübt (z. B. Pohl, 1968); meine eigene Hochschätzung dieses Werkes – wie einige andere Urteile, die auf diesen Seiten ausgedrückt werden – wird in bedeutendem Maße von dem unvergleichlichen italienischen Literaturkritiker (der ebenfalls Präsident unserer Internationalen Assoziation für Semiotische Studien ist) Cesare Segre (vgl. 1973: 33–37) geteilt. Immer wenn ich von Anfängern, die sich in den Bereich einarbeiten möchten, nach einem unmittelbaren Zugang zur Semiotik gefragt werde, verweise ich sie auf diese beiden unentbehrlichen Schlüsselwerke von Morris und Buyssens, die beide durch ihren einfachen Ansatz, einen flüssigen Stil, kritische Urteilskraft und eine fesselnde Hingabe an ihren Gegenstand gekennzeichnet sind.

Außer Morris' eigenem Buch «Zeichen, Sprache und Verhalten» (1946 = 1973) ist in der Nachkriegszeit bis heute von einem Amerikaner oder einem anderen englischsprachigen Semiotiker weder eine Einführung noch eine fortgeschrittene Zusammenfassung verfaßt worden. Die semiotischen Schleusentore wurden erst zu Beginn der sechziger Jahre in Amerika und in der sonstigen Welt langsam geöffnet, und zwar weniger aufgrund kreativer Anstrengungen einzelner Wissenschaftler, als aufgrund des allgemeinen akademischen Mittels zur Zusammenarbeit, das heißt in Form einer Vielzahl von Kolloquien, Konferenzen, Seminaren und allen möglichen Arten anderer Treffen, von denen viele international und multidisziplinär waren und ursprünglich in dem Kongreß von 1974 kulminierten, sich jedoch darüber hinaus ad infinitum fortzusetzen scheinen (vgl. Abschnitt 6, unten).

Im Westen initiierte Roland Barthes mit seinem umfassenden und faszinierenden Werk (1964, 1967 a), das sowohl einfühlsam wie radikal war, einen neuen Forschungsansatz und eine Debatte in der ihm eigenen Sprechweise, oder, wenn man so will, er eröffnete erneut die mit semiotischen Tricks gefüllte Büchse der Pandora. Nachdem Barthes im Jahre 1956 Saussure gelesen hatte, nahm er das in Angriff, was er seitdem als ‹L'aventure sémiologique› (1974: 28) bezeichnete, und zwar nicht in einem oberflächlichen metaphorischen Sinne, sondern in vollem etymologischem Bewußtsein von Abenteuer und aus explizit ‹politischen› Gründen (vgl. Calvet, 1973, 1974), nämlich als ein ideologisches Manöver. Obwohl Calvet behauptet (1973: 116), daß das Handbuch als ein «ouvrage pratique, ouvrage d'initiation, clefs en quelque sorte» angelegt wäre, führt es offensichtlich wesentlich weiter. Der Autor fragt zutreffend danach, weshalb die Zeichenwissenschaft seit Saussure so geringe Fortschritte gemacht hat. Die Suche nach einer Antwort veranlaßt ihn zu seiner allbekannten paradoxen Umkehrung der Saussureschen Formel sowie zu der Schlußfolgerung, daß die Semiotik ein Teil der Linguistik sei, oder, um genauer zu sein, «desjenigen Teils, der die *großen Bedeutungseinheiten* des Textes betrifft» (Barthes, 1967a: 11). Durch diese Umkehrung der gewohnten Hierarchie der Wesenheiten gelangt Barthes zu einem Instrument – dem Bedeutungsbegriff –, mit dem er Licht in die Einheit der Forschung bringen will, die in einer Anzahl von Disziplinen praktiziert wird, ein Ziel, das er *inter alia* mit Morris (1972: 17f) teilt. Traditionelle Saussurianer haben verschiedentlich Barthes' Schlüsse und Konsequenzen verurteilt (z. B. Buyssens, 1967: 13f; Mounin, 1970: 12f; Prieto, 1975: 132–141), obwohl ich annehme, daß das aus trivialen Gründen geschah; meine eigenen Einwände resultieren aus seinem bedingungslosen Ausschluß der Zeichenprozesse sprachloser Wesen aus dem semiotischen Universum, was mir als ein Anthropozentrismus erscheint, der der Brillanz seines Buches schweren Abbruch tut (vgl. Kap. 1, oben, sowie Segre, 1973: passim).

Die sechziger Jahre erlebten auch das Aufkommen einer selbsternannten ‹marxistischen Semiotik›, einer besorgniserregenden Synthese, deren merkwürdigster Aspekt darin bestand, daß sie von anderen Schulen in der Sowjetunion nahezu vollständig abgelehnt[4] und in den meisten

---

4 Zu repräsentativen Arbeiten der berühmten sowjetischen – manchmal nach dem Ausgangsort Tartu benannten – Schule der sekundären modellbildenden

osteuropäischen Ländern stillschweigend übergangen wurde, wobei die Deutsche Demokratische Republik eine bemerkenswerte Ausnahme bildete. Die populärsten Bücher dieser Art, die ein erklärtermaßen erkenntnistheoretisches Ziel verfolgten, wurden von Klaus (1963), Resnikow (1964 russisch, 1968 deutsch) und Albrecht (1967) verfaßt. Klaus fand in diesem Jahrzehnt auch bei radikalen Studenten in der Bundesrepublik Deutschland einen großen Anklang, und Resnikow wurde (1967) sogar ins Italienische übersetzt. Allgemein gesprochen erweisen sich derartige Erscheinungen sicherlich als fehlerhaft und durch ihren verständlicherweise erforderlichen, allerdings dennoch ärgerlichen Anteil an Schlagworten belastet. Ich habe mich jedoch immer mit einer Behauptung trösten, um nicht zu sagen großartig amüsieren können, die Klaus in dem einleitenden Abschnitt seines Vorwortes aufstellte, wonach die *Semiotik* nach dem Zweiten Weltkrieg «in breiten Schichten des Bürgertums der USA, vor allem aber bei der Intelligenz» zu einem «Modewort» oder modischen Schlagwort geworden sei. Vielleicht darf ich Herrn Klaus hiermit formell versichern, daß meine Erfahrung genau umgekehrt verlief: Bis auf den heutigen Tag ist in den herrschenden Kreisen Amerikas, quer durch unsere Bourgeoisie und leider unter Einschluß unserer Intelligenz, *Semiotik* ausdrücklich kein Zauberwort, das einen starken Einfluß ausübte.

Seit Ende des letzten Jahrzehnts erschienen auf dem Kontinent zahlreiche semiotische Lehrbücher oder Textsammlungen, die diese Funktion erfüllen sollten, und ich möchte aus dieser Periode folgende Arbeiten auswählen, die alle Anfänger kennen sollten:

In Englisch – Eco (1976), Guiraud (1975) und die beiden Sebeok-Anthologien (1974b: 209–626, und 1975a);

in Französisch – Prieto (1966), die Mounin-Sammlung (1970), Guiraud (1971) und Martinet (1973);

Systeme vgl. die gesamte Serie *Semeiotikè* (1965–75), Revzina (1972) sowie die auf den S. 38ff, oben, gegebenen Literaturangaben, vor allem die Fußnoten 35–37. Lotman u. a. (1975) haben eine maßgebliche, wenn auch programmatische Behauptung über die semiotisch-typologische Natur des Kulturbegriffs aufgestellt, der von fünf Leitern der Gruppe erörtert worden ist; viele ihrer wichtigsten Schriften sind verschiedentlich nachgedruckt, übersetzt und/oder im Westen in Anthologien aufgenommen worden; einige kürzere Arbeiten sind auch in der Zeitschrift *Semiotica* erschienen. Zwei besonders nützliche Sammlungen, die beide in Italien publiziert wurden, sind von Faccani und Eco (1969) und Lotman und Uspenskij (1973), wobei letztere einen wertvollen Bericht von D. M. Segal über die «ricerche sovietiche nel campo della semiotica negli ultimi anni» (452–470) enthält, der Meletinskys und seinen eigenen früheren (1971) Überblick ergänzt. Vgl. auch Eimermacher (1971, 1974) und Fokkema (1974).

in Deutsch – Bense (1967), Eco (1972), Walther (1974), Nöth (1975) und Trabant (1976);

in Ungarisch – Stepanov (1976);

in Italienisch – Eco (1968, 1973, 1975);

in Russisch – Stepanov (1971);

in Spanisch – Gutiérrez López (1975);

in Schwedisch – Malmberg (1973).

Einige der hier zitierten Arbeiten sind auch in anderen Sprachen erschienen oder werden in Kürze erscheinen, wie etwa Malmbergs sehr gut lesbares und reich illustriertes Buch. Diese Literaturangaben sind selbstverständlich so gedacht, daß sie die, speziell in Abschnitt 3, bereits erwähnten grundlegenden Werke ergänzen und durch eine Vielzahl von Abhandlungen zum Thema oder einzelner Aspekte davon vervollständigt werden, die aus der neueren Produktion relevanter Enzyklopädien und Handbücher ähnlicher Art sowie gewisser Spezialsammlungen stammen. Die folgende chronologische Liste führt eine Auswahl aus dieser Art von Literatur an: 1968 – Martinet, Prieto, Weinreich; 1969 – Meetham/Hudson; 1971 – Kristeva/Rey-Debove/Umiker, Moles; 1972 – Ducrot/Todorov; 1973 – Dubois, Pottier; 1974 – Koch; 1975 – Stammerjohann.[5]

Unter allen zuvor erwähnten Arbeiten habe ich eine entschiedene Vorliebe für Eco (1976). Meinem Geschmack nach ist dieses Buch die anspruchsvollste, umfassendste, lesbarste Darstellung der Semiotik, die zur Zeit auf dem Markt ist, wobei sie sowohl eine zutreffende historische Perspektive als auch eine kritische, jedoch völlig gerechte Einschätzung der augenblicklichen Forschungslage umfaßt. Im Jargon der italienischen Linken ist der Autor als ein ‹Idealist› identifiziert worden; falls das zutrifft, bewundere ich seine Zunft. (Nebenbei bemerkt ist auch Ecos gefälliges, kleines Buch über Zeichen ganz ausgezeichnet. Neben der italienischen Ausgabe [1973] liegt mittlerweile auch eine deutsche Übersetzung [1977] vor.)

---

5 Es gibt zahlreiche Nachschlagewerke, die sich mit dem ‹Symbol› befassen und oftmals auf den graphischen Sektor beschränkt sind. In einer Auswahl der besten neueren Quellenwerke dieser Art wären zu nennen: Bertin (1967), Brun (1969), Massin (1970), Shepherd (1971), Dreyfuss (1972) und de Vries (1974). Zu einer neueren Darstellung der theoretischen und experimentellen Arbeit im Bereich der Graphik vgl. Krampen (1965). Unter den allgemeinen Symbolwörterbüchern erschienen mir die vier Bände am nützlichsten, die Chevalier und Gheerbrant (1973–74) zusammengestellt haben. Eine höchst interessante Zeitschrift, die sich mit der Graphik befaßt, ist *Visible Language: The Journal for Research on the Visual Media of Language Expression*, deren 10. Band jetzt vorliegt.

4. Katalogisierung der Semiotik

Bibliographien langweilen mich, aber ich bin bereit, ihren begrenzten Nutzen zuzugeben, wenn sie gut gemacht sind. Leider trifft das jedoch im allgemeinen nicht zu: Oftmals handelt es sich um einen Mischmasch ungelesener Brocken redundanter Gelehrsamkeit, die eher von Dilettanten als von Experten, die sich auf eine gute Ausbildung in bibliographischer Methodologie[6] stützen können, zu amorphen Klumpen zusammengeknetet werden. Ich habe mich selbst amateurmäßig auf diesem Gebiet versucht, indem ich mich mit der Zoosemiotik befaßte, wobei ich zumindest auf einem absoluten Kriterium für die Aufnahme irgendeines Titels in meine kommentierten Bibliographien bestand: Direkte Kenntnis jedes einzelnen aufgenommenen Titels (Sebeok, 1968a, 1972: 134–161, 1975b). (In meiner Funktion als Herausgeber habe ich weiterhin die Publikation solcher einmaligen Hilfsmittel wie Hewes' multidisziplinärer Bibliographie ermutigt, die etwa 11000 Titel zum Ursprung der Sprache verzeichnet [1975].)

Ich kenne lediglich eine Bibliographie, die den Anspruch erhebt, den gesamten Bereich der Semiotik zu erfassen: Eschbach (1974, 1976; ein Folgeband ist angekündigt). Als solche ist sie vielleicht wegen ihres hochgesteckten Zieles empfehlenswert oder auf jeden Fall als eine erste Annäherung an eine Synthese. Sie nimmt sich jedoch zuviel vor, während sie zuwenig erreicht; am Ende läßt sie einen mit einem chaotischen Eindruck von dem Geltungsbereich und dem Inhalt der Semiotik stehen. Es war ebenfalls ein ernsthafter Fehler des Kompilators, unpublizierte Arbeiten von fünfzehn ziemlich willkürlich ausgewählten einzelnen Wissenschaftlern aufzunehmen, von denen einige noch leben und, vermutlich, noch produktiv sind, während andere bereits verstorben sind, wobei deren Arbeiten keineswegs vollständig katalogisiert sind (so ist beispielsweise die Liste der Peirce-Schriften besonders entsetzlich). Neben anderen Vorbehalten fragt man sich auch, warum in aller Welt für

6 Ich nehme an, daß es sich gebührt, hier zumindest ein Beispiel für eine Arbeit anzuführen, die ich als eine Modellbibliographie für jegliches semiotische Thema ansehe, wobei es sich in diesem Fall um die Linguistik handelt. Eine solche Arbeit, die einen immensen Einfluß und professionelle Kompetenz besitzt und einen begrenzten Sektor des Forschungsbereichs behandelt, ist Paul Rivets und Georges de Créqui-Montforts «Bibliographie des langues Aymará et Kičua (1940–1955, 4 Bde.), die ich vor etwa zwanzig Jahren zu rezensieren das Vergnügen hatte (Sebeok, 1953, 1958). Die Eintragungen und die Gliederung von Russell (1973), der ein verwandtes Gebiet behandelt, stellen ein anderes attraktives Muster dar, das die Aufmerksamkeit von vorgeblichen Semiotik-Bibliographen verdient (vgl. *Semiotica* 11, 385f).

126 Publikationen von John Dewey, von denen die meisten nicht einmal am Rande etwas mit dem Thema zu tun haben, Platz bereitgestellt wurde.

Es gibt natürlich zahllose Bibliographien – die kommentiert oder auf andere Weise freimütig ausgewählt wurden oder erklärtermaßen eine Vollständigkeit anstreben – zu diesem oder jenem Aspekt oder Bereich der Semiotik. So ist Lotz (1972) in kennzeichnender Weise idiosynkratisch, insofern er lediglich das aufnimmt, was er für «die signifikanten Beiträge der westlichen Wissenschaft zum Problem der Schrift» hält – insgesamt nur vierzehn Titel. Im Gegensatz dazu sind die Auswahlprinzipien schwer zu ergründen, die Huggins und Entwisle (1974) geleitet haben; es handelt sich um eine kommentierte Bibliographie zur ikonischen Kommunikation, die sorgfältig nach einem einheitlichen Plan mit Hilfe eines Computers erstellt worden ist (zufällig bereite ich gerade einen Vortrag über «Ikonizität» vor [Sebeok, 1975 c], aber ich bin erstaunlicherweise unter den ungefähr 350 Titeln, die in diesem Buch aufgeführt werden, noch nicht auf eine einzige Literaturangabe gestoßen, die ich anderweitig hätte bibliographieren müssen).

Wende ich also meine Abneigung gegen Bibliographien auf bibliographischem Wege auf den Bereich der ‹nonverbalen Kommunikation› zurück, von der ich bereits im 2. Abschnitt oben einige terminologische Kategorien erwähnt habe. Eine ansehnliche wissenschaftliche Arbeitsbibliographie, die teilweise mit nützlichen Kommentaren versehen ist, wurde von Hayes (1957) publiziert, wenn auch in einer schwer zugänglichen regionalen Zeitschrift. In den darauffolgenden Jahrzehnten schlossen sich verschiedene ernsthafte Versuche ähnlicher Art an, von denen die sorgfältigste die Bibliographie von M. Davis (1972) ist, die mit Kommentaren und Index versehen 931 Titel aufführt (und auf S. 88 behauptet, die meisten von Hayes genannten Literaturangaben nicht erneut aufzuführen). Die Kompilatorin erklärt die Absicht, den Bereich und die Auswahlkriterien ihrer Angaben. An keiner Stelle geht sie jedoch auf die Tatsache ein – und das halte ich für empörend –, daß sich in ihrem Buch nur englischsprachige Titel vorfinden. Weiterhin teilt Davis ausdrücklich ihren Lesern mit: «Es werden Bücher und Aufsätze über . . . expressive Bewegungen . . . zitiert» (VII). Dessenungeachtet sucht man vergeblich nach der Erwähnung des in diesem Jahrhundert wichtigsten Buch zu diesem Thema, Bühler (1968) – oder Literaturangaben zu den Werken von Johann Jakob Engel, Th. Piderit, Guillaume Benjamin Duchenne, Louis Pierre Gratiolet, Wilhelm Wundt (vgl. 1973), Ludwig Klages, um nur einige Autoren zu nennen, die sich zu dem von Bühler diskutierten Thema geäußert haben. Wie kann irgendeine derartige Bibliographie es unterlassen, Kleinpaul zu erwähnen, neben dessen Buch (1. Aufl. 1888, 2. Aufl. 1972) es bis heute nichts Gleichwertiges gibt?

Oder die ausgezeichnete Studie des Kanonikers Andrea de Jorio über die Gesten in der antiken Kunst und Literatur im Vergleich zu den Gesten, wie sie zu dieser Zeit in Neapel allgemein gebräuchlich waren? Oder Brilliants (1963) Untersuchung von Körperhaltungen römischer Standbilder in bezug auf die bekannte Verwendung von Gestik als einem Kodesystem, wie es in den antiken Rhetorik-Handbüchern dargelegt wird? Es ist verständlich, daß ihr Bouissacs scharfsinnige Untersuchung von 1973 über das Messen von Gesten kaum bekannt sein konnte; seine Quellen – Arcange Tuccaro, P. J. Barthez, G. Strehly, Eadweard Muybridge (der manchmal «der Vater des Films» genannt wird, vgl. Hendricks, 1975), E. J. Marey, N. Oseretzky und andere – werden jedoch ebenfalls ignoriert. Der Bereich der sogenannten ‹natürlichen› Zeichensprache-Systeme – das sind diejenigen, die von den Indianern der Great Plains und der angrenzenden Regionen sowie von vielen australischen Ureinwohnern benutzt werden – ist beschämend lückenhaft (vgl. Mallery, 1972; Sebeok und Umiker-Sebeok, in Vorbereitung), ganz zu schweigen von den klösterlichen Gestensystemen (vgl. z. B. van Rijnberk, 1953; Buyssens, 1956).

Nach dieser Kritik entschuldige ich mich bei Frau Davis dafür, daß ich meinen Ärger an ihrem Buch ausgelassen und es zum Sündenbock gemacht habe, und zwar vor allem deshalb, weil ich ihre Bibliographie für die *beste* ihrer Art halte. Spätere Nachschlagewerke (Key, 1974; Ciolek, 1975) erreichen nicht annähernd das Maß ihrer Genauigkeit und weisen eine noch verschwommenere Definition ihres zentralen Themas auf. (Wenn man seine Bibliographie als ‹vorläufig› bezeichnet, ist das meiner Meinung nur der Versuch, der Kritik zu entgehen.)

Umberto Eco hat kürzlich bemerkt, daß «eine Bibliographie der Arbeiten, die man ‹semiotisch› nennen könnte, bislang noch fehlt». Aufgrund dieses Bedürfnisses hat er sich dazu entschlossen, in seiner Zeitschrift *Versus* Raum zu reservieren, um dieser Situation abzuhelfen. Demzufolge war im letzten Jahr ein Doppelheft (Nr. 8/9) ausschließlich der Publikation von neunzehn Bibliographien vorbehalten, und acht weitere sollen in späteren Heften folgen. Einige davon sind auf ein Land oder eine Region bezogen, wie beispielsweise Polen oder Skandinavien, andere behandeln ein Thema, wie beispielsweise die Zoosemiotik, wieder andere betreffen die Arbeiten, die in einer speziellen Sprache verfaßt sind, wie beispielsweise Spanisch, während natürlich einige eine Mischung darstellen. «Obwohl wir uns vollkommen der unvermeidlichen Grenzen dieser Arbeit bewußt sind», stellt Eco im Vorwort zu dieser Serie fest, «sind wir jedoch der Meinung, daß dieses Repertorium auf jeden Fall als eines der vollständigsten betrachtet werden kann, das zur Zeit vorliegt, und wir sind ernsthaft davon überzeugt, daß es vielen Wissenschaftlern eine gewisse Hilfe bieten wird» (Nr. 8/9: 5). Die Qualität dieser Bibliographien reicht von wirklich ausgezeichnet bis absolut jämmerlich, aber selbst diese sind (meiner Meinung nach) besser als nichts, und ich halte es nicht für schädlich, wenn man Studenten darauf aufmerksam macht, die sie als hilfreich empfinden können, vorausgesetzt, man benutzt sie mit der nötigen Vorsicht. In diesem Sinne führe ich sie im folgenden in ihren eigenen Kategorien auf (samt der Heftnummer, die sie bekommen, wenn sie in *Versus* Nr. 8/9 erschienen sind):

Semiotische Studien in Belgien (2), Brasilien (3), Bulgarien, Kanada (4), Tschechoslowakei (5), Frankreich (stark begrenzt, 7), Deutschland, Großbritannien (8), Griechenland, Ungarn, Israel (10), Italien (mit einem ergänzenden Abschnitt zu der Semiotik des Films, 11), Polen (12), Rumänien, Skandinavien (13), Sowjetunion (15), Schweiz (14), Vereinigte Staaten (sehr beschränkt, allerdings variierend, 16). Semiotische Studien in spanischer Sprache (6). «Über die Bedeutung gebauter Umwelt» (ausschließlich in Englisch, 9). Zoosemiotik (Sebeok, 1975 b); Semiotik des Theaters; Architektursemiotik (in Spanisch).

Bibliographien tendieren dazu, die kulturelle Kurzsichtigkeit ihrer Kompilatoren auf subtile Weise widerzuspiegeln. Diejenigen, die sich mit nonverbaler Kommunikation befassen (wie die meisten in jüngerer Zeit erschienenen allgemeinen monographischen Darstellungen des Themas, wozu überraschenderweise auch die wenigen – wie Scherer, 1970[7] – zählen, die im Ausland publiziert wurden), scheinen stillschweigend anzunehmen, daß es sich hierbei um ein ausschließlich amerikanisches Problem handelte (oder manchmal auch um ein angelsächsisches, wobei Charles Darwin rituell als Gottheit zitiert wird). Andere leiden unter einem Generationssprung: Sie können nicht hinter die frühen fünfziger Jahre zurückschauen. Darüber hinaus gibt es jetzt eine verschwommene, aber besorgniserregende Assoziation zum Studium nonverbaler Kommunikation, die einen klinischen oder sozialen Zweig besitzt, der als Sensitivity-Training oder Encounter-Bewegung und deren Ableger (Back, 1972) bekannt ist, wobei es sich um befremdliche Ansätze handelt, die selten von Wissenschaftlern in der Öffentlichkeit zur Schau gestellt werden, in ihren bibliographischen Kabinetten jedoch aufdringlich genug sind. Wenn man es genau betrachtet, dann spricht jede bei Eco abgedruckte Bibliographie eines Landes in einem Maße für nationalen Chauvinismus, der in der Tat in diesem Stadium unvermeidlich ist. Mir persönlich ist es jedoch ziemlich gleichgültig, ob eine Arbeit zur, sagen wir, Architektursemiotik in Buenos Aires oder London erschienen ist:

7 Das gilt jedoch nicht für Strehle (1974), der anscheinend die genau umgekehrten Annahmen vertritt.

Wichtig ist, wie sich dieses Element in das semiotische Mosaik als Ganzes einfügt. Unvollständiges Wissen verleitet uns dazu, aus unzutreffenden Annahmen unkorrekte Schlüsse zu ziehen, vor denen der hl. Paulus (der große Apostel der Heiden, der sich sehr intensiv mit immerwährenden semiotischen Fragen des Kodewandels befaßte) in einem seiner Korintherbriefe warnte: «Denn Stückwerk ist unser Erkennen, Stückwerk unser Prophezeien» (I, XIII, 9) – daher rührt das große Durcheinander des *Gewebes* als der leitenden Metapher für die vielen logisch wechselseitig aufeinander bezogenen Umstände, die in diesem Aufsatz angedeutet werden.

5. Konferenzen zur Semiotik

Wie Stankiewicz kürzlich aufgezeigt hat, wurde die Verbindung von Poetik und Semiotik 1929 in einer der *Thesen* des Prager Linguistenkreises klar formuliert, die besagte, daß «alles in einem Kunstwerk und seiner Relation zu der äußeren Welt . . . in den Termini von Zeichen und Bedeutung diskutiert werden kann; in diesem Sinne kann die Ästhetik als ein Teil der modernen Wissenschaft von den Zeichen, der Semiotik, betrachtet werden» (Stankiewicz, 1974: 630). 1958 organisierte ich eine Konferenz über den sprachlichen Stil, wobei ich in meinem wissenschaftlichen Beitrag zu dieser Konferenz ‹das semiotische System› eines Textes in seiner Wechselbeziehung zu seiner lautlichen Organisation untersuchte (Sebeok, 1960: 231) und wo ein Hauptthema, das von Jakobson in seiner epochemachenden Abschlußbemerkung über «Linguistik und Poetik» entwickelt wurde, aus der Beobachtung folgte, daß «viele poetische Merkmale nicht nur zur Sprachwissenschaft gehören, sondern auch zu der übergreifenden Zeichentheorie, das heißt zur allgemeinen Semiotik» (ebd., 351). Dieses Treffen in Bloomington war ohne Zweifel das auslösende Moment zu einer Reihe von Versammlungen, die sich nominell mehr oder minder mit den Sprachkünsten befaßten, aber deutlich eine Spur der bereits wahrnehmbaren semiotischen Färbung trugen. In den sechziger Jahren entwickelten sich diese Konferenzen sehr rasch in zwei Richtungen: Hinsichtlich der Teilnehmer gewannen sie internationalen Charakter, und hinsichtlich des Gegenstandsbereichs wurden sie in zunehmendem Maße pansemiotisch. Beide Ausweitungen folgten unmittelbar aus Initiativen, die von polnischen Semiotikern ergriffen wurden, wobei die Wurzeln ihres lebhaften Interesses an diesem Bereich «in der intensiven Entwicklung der polnischen Logikschule im Laufe der letzten fünfzig Jahre zu suchen sind. Nach dem Zweiten Weltkrieg zeigten polnische Wissenschaftler ein wachsendes Interesse an Problemen, die im Zusammenhang der Theorie der Literatur und der Linguistik standen. Das führte in Polen zu einer Reihe internationaler Arbeitsgruppen zur Poetik, die sich ebenfalls rühmen dürfen, zu einer Tradition geworden zu sein . . . Die natürliche Entwicklung der erwähnten Disziplinen . . . führt schließlich zu einer Disziplin, die alle Zeichensysteme und Systeme des Menschen als ihres Autors und Empfängers umfaßt, das heißt zur Semiotik» (Greimas u. a., 1970: Vf). Die erste «Internationale Konferenz über Probleme der Poetik» (*Poetics* . . . 1961) fand 1960 in Warschau statt, die zweite 1961 (id., 1966). Ihnen folgten zwei Treffen zur Semiotik im allgemeinen, von denen das erste 1965 stattfand und das zweite unter der Schirmherrschaft der UNESCO 1966 in Kazimierz (Greimas u. a. 1970; maßgeblich besprochen von Osolsobě, 1973a; vgl.

Kap. 1, oben). Schließlich – und ich benutze das Wort sowohl mit Bedacht als auch pessimistisch – wurde zu einem dritten Treffen in Warschau 1968 eingeladen, «aber zu dieser Zeit verhinderte eine internationale politische Krise die Durchführung von mehr als einer Rumpfsitzung» (vgl. Kap. 1, oben); nichtsdestoweniger wurden die meisten Vorträge, die gehalten wurden oder gehalten werden sollten, in einer angemessenen Frist vollständig oder zumindest in zusammengefaßter Form publiziert (Rey-Debove, 1973). Jeder, der sich für den erstaunlichen Fortschritt und die Ausbreitung der Semiotik während des vergangenen Jahrzehnts interessiert – was wie bekannt in der Gründung der Internationalen Assoziation für Semiotische Studien (IASS) am 21. Januar 1969 in Paris gipfelte –, muß sich mit dem umfangreichen Inhalt der vier zuvor erwähnten Bände mit Konferenzunterlagen vertraut machen und muß immer der historischen Leistungen unserer polnischen Kollegen im Dienste der gesamten weltweiten Gemeinschaft der Semiotiker eingedenk sein.

An anderer Stelle (vgl. Kap. 1, oben) habe ich die bahnbrechende nordamerikanische interdisziplinäre Semiotikkonferenz beschrieben, die im Frühjahr 1962 in Bloomington stattfand (die Konferenzunterlagen wurden später in Sebeok, Bateson und Hayes, 2. Aufl. 1972, aufgenommen). Ein ziemlich andersartig ausgerichtetes nordamerikanisches Semiotik-Kolloquium wurde vom 28. bis 30. Juni 1975 in Tampa abgehalten (dessen Konferenzunterlagen in der Reihe *Advances in Semiotics* der Indiana University Press 1977 erscheinen werden; vgl. Sebeok, 1977b). Dieses Kolloquium – dessen Ehrenvorsitzender Charles Morris war – war deshalb besonders interessant, da es in enger Verknüpfung, ja in der Tat organischer Beziehung zu dem Linguistischen Institut von 1975 der Linguistischen Gesellschaft von Amerika stand, das von dem gesamten System der Staatsuniversität Florida durch die Universität Südflorida mitgetragen wurde (erstmalig bildete eine große Auswahl an Semiotikkursen einen der Zentralbereiche des Sommerprogramms des Linguistischen Instituts, an dem Gastdozenten und zahlreiche Studenten aus verschiedenen Ländern teilnahmen – vgl. auch 6, unten). Zweitens waren die eingeladenen Referenten des Kolloquiums (etwa ein Dutzend) gezielt unter den hervorragenden Semiotikern ausgewählt worden, die entweder in Kanada oder in den Vereinigten Staaten wohnten. Ein vorrangiges Ziel bestand darin, mit der Gründung einer lebensfähigen nordamerikanischen Semiotik-Assoziation irgendeiner Art voranzukommen, die verschiedene spezielle Aufgaben und Verantwortlichkeiten hätte, zu denen auch eine mögliche Verbindung zu der IASS gehörte.[8] Drittens wurde

8 Das Programm des Kolloquiums, das vom 28. bis 30. Juli stattfand, sah

daş Kolloquium neben den lokalen Förderern durch die Freigebigkeit des *American Council of Learned Societies* sowie des *International Research and Exchanges Board* unterstützt; die letztere Institution gewährleistete in großzügiger Weise die bislang noch nicht dagewesene verstärkte Teilnahme von Wissenschaftlern aus semiotischen Forschungszentren in der Tschechoslowakei, Ungarn, Polen, Rumänien, der UdSSR und Jugoslawien.

In der UdSSR fand das erste formale Semiotiktreffen im Sommer 1962 in Moskau statt. Das daraus resultierende Buch (*Simpozium* 1972) wird

---

folgendermaßen aus: Rulon Wells, Yale-Universität, «Sprachphilosophie und Semiotik»; J. Jay Zeman, Florida-Universität, «Die Peircesche Zeichentheorie»; Henry Hiz, Pennsylvania-Universität, «Die logischen Grundlagen der Semiotik»; Edward Stankiewicz, Yale-Universität, «Semiotik und die sprachlichen Künste»; Harley C. Shands, Roosevelt-Hospital, «Klinische Semiotik»; Louis Marin, Johns-Hopkins-Universität, «Semiotik und die visuellen Künste»; Özséb Horányi, Ungarische Akademie der Wissenschaften, «Theoretische Möglichkeiten für die Beschreibung von Bildern»; Diana Agrest, Princeton-Universität, und Mario Gandelsonas, Institute for Architecture and Urban Studies, «Semiotik und Architektur»; Jean-Jacques Nattiez, Universität Montreal, «Semiotik und Musik»; Paul Bouissac, Universität Toronto, «Semiotik und Schauspiele: Der Zirkus»; Solomon Marcus, Universität Bukarest, «Semiotik und Schauspiele: Theater«; Erik Schwimmer, Universität Toronto, «Semiotik und Kultur»; Thomas A. Sebeok, Indiana-Universität, «Zusammenfassung: Semiotik in Natur und Kultur». Als Teilnehmer und lebhafte Diskussionsredner sind weiterhin zu erwähnen Thomas V. Gamkrelidze aus der UdSSR und mehr als ein Dutzend prominenter Semiotiker aus Polen (unter Leitung von Jerzy Pelc), der Tschechoslowakei (Ivo Osolsobě), Ungarn, Rumänien und Jugoslawien.

Während der abschließenden Geschäftssitzung wurden von den versammelten Teilnehmern zwei Hauptprobleme diskutiert: Das erste resultierte aus der Einrichtung einer Amerikanischen Semiotik-Gesellschaft. Es wurden vorläufig drei Funktionäre gewählt: Henry Hiz von der Pennsylvania-Universität, *Präsident*; Eugen Bär von den Hobart and William Smith Colleges, *Vizepräsident*; und Thomas A. Sebeok von der Indiana-Universität, *Geschäftsführer – Schatzmeister*. Die zuvor Erwähnten wurden kollektiv mit der Aufgabe betraut, die neue Gesellschaft formal zu etablieren und eine Satzung zu entwerfen, die während der nächsten Sitzung ratifiziert werden soll, wenn auch reguläre Wahlen durchgeführt werden. Es ist beabsichtigt, daß sich die Gesellschaft auf alle Fälle mit der Internationalen Assoziation für Semiotische Studien verbindet.

Der zweite Punkt betraf die Organisation der Semiotiker in Kanada. Es wurde vorläufige Einigung darüber erzielt, daß beide Seiten in den kommenden Monaten an einer möglichen zweiseitigen nordamerikanischen Semiotik-Föderation arbeiten und daß jährliche Treffen abwechselnd in Kanada und in den USA ausgerichtet werden. (Das Jahrestreffen 1976 wird vom 24. bis 25. September in Atlanta, Georgia, stattfinden.)

von einem kurzen Beitrag von V. V. Ivanov eröffnet, der die Bedeutung und den Geltungsbereich in äußerst schätzenswerter Weise definiert. Das letzte in der Reihe der weltbekannten semiotischen Kolloquien, die in Estland durchgeführt wurden, scheint das sechste gewesen zu sein (*Semeiotikè* 1975). Ob diese kreativen Seminare formell fortgeführt werden oder nicht, ändert nichts an der Tatsache, daß ihr literarischer Einfluß bereits enorm gewesen ist (vgl. Fußnote 4 in diesem Kapitel), und die Saat, die von einer Handvoll junger Teilnehmer an dieser Gruppe ins Ausland getragen worden ist, beginnt in fremdem Boden aufzugehen. Ihre Anstrengungen werden nicht vergeblich gewesen sein, da man beginnt, die reiche Ernte in den westlichen Ländern einzufahren.

1967 hat an der Universität Urbino eine Fortsetzungsreihe von Sommerseminaren begonnen, die sich über verschiedene Umwege und Unruhen sowie dramatische Änderungen in der Leitung anscheinend zu einem funktionierenden Centro Internazionale di Semiotica e di Linguistica (vgl. Marcus, 1974) entwickelt haben. Teilweise angelegt als Sommerkurse für Studenten, zum Teil aber auch als ein Forum, auf dem etablierte Wissenschaftler zusammenkommen, um informell verschiedene semiotische Themen in einer modernen Universität miteinander zu diskutieren, die in einer von der Frührenaissance geprägten Umgebung liegt, stellt Urbino einen ausgezeichneten Standort dar, wo sich Vertreter von Arbeitsgruppen aus Osteuropa ungehindert mit denen aus Westeuropa und Amerika in einer entspannten Atmosphäre im italienischen Stil treffen können. 1971 hat man in Urbino außerdem mit einer Reihe von Arbeitspapieren und Vorauspublikationen begonnen, die verwirrenderweise in sechs Unterreihen gegliedert sind (die man getrost vernachlässigen kann); ich habe bislang 31 Hefte erhalten, aber die höchste Nummer lautet C 46–47.

Verschiedene Städte wie Paris und Toronto haben eigene Semiotikkreise (Jakobson, 1971 a) oder ähnliches hervorgebracht, die sich in unregelmäßigen Abständen treffen und über die gelegentlich berichtet wurde (z. B. *Semiotica* 4, 286–294; 7, 369–375), häufiger jedoch nicht. Es ist schwierig genug, lokale Ereignisse in Städten wie beispielsweise Bukarest (*Semiotica* 5, 301 f), Budapest (Hoppál, 1971, 1973), Buenos Aires (*Semiotica* 5, 297–300) oder der gesamten Tschechoslowakei (Osolsobě, 1973 b) und Polen (Pelc, 1974) in Ermangelung regelmäßig publizierter Berichte zu verfolgen, aber es ist klar, daß sich Semiotik-Assoziationen mit unterschiedlichem Grad an Zusammenhalt und Kontinuität selbst in so unerwarteten Ecken der Welt vervielfachen wie beispielsweise Sizilien (der Circolo Semiologico Siciliana kann bislang auf fünf Monographien verweisen; vgl. die fünfte, Sparti, 1975) oder Ribeirão Preto, einer Gemeinde im Staat São Paulo, wo ein Centro de Estudos Semióticos A. J.

Greimas gegründet worden ist (und das seit August 1974 *Significação: Revista Brasileira de Semiótica* publiziert hat).

Eine außerordentlich große Anzahl von Konferenzen hat in der ersten Hälfte unseres Jahrzehnts stattgefunden, auf denen spezielle semiotische Themen der unterschiedlichsten Art behandelt worden sind: Interaktionsethologie (Amsterdam 1970; vgl. Sherzer, 1971), Pragmatik (Jerusalem 1970; vgl. Staal, 1971), zur Relation der Semiotik zur Medizin und zu Problemen der Gesundheit (New York 1970; vgl. Lewis, 1970), zur Semiotik des Films (Oberlin 1972; vgl. Koch, in Vorbereitung), der erste internationale Kongreß zur Musiksemiotik (17.–21. Oktober 1973 in Belgrad; vgl. *Versus* 7, 101–104; die Kongreßakten wurden von dem Centro di Iniziativa Culturale in Pesaro publiziert) und ein Symposium über den Peirceschen Zeichenbegriff (Washington, 1975; vgl. *Peirce Newsletter*, April 1975), um nur einige zu erwähnen, während andere noch in diesem Jahr stattfinden sollen oder später, während der zweiten Hälfte dieses Jahrzehnts. Zu den wichtigsten davon zählen verschiedene stärker Peirce-orientierte Zusammenkünfte (Baltimore 1975 sowie der erste internationale Peirce-Kongreß 1976 in Amsterdam, der sich auf die Fragenbereiche Pragmatismus und Semiotik konzentrieren wird; vgl. Abschnitt 1, oben, sowie *Peirce Newsletter*, April 1975); deutsche Praktiker werden sich zu einem konstitutiven semiotischen Kolloquium 1975 in Berlin versammeln; ein internationales Symposium über Semiotik und Theorien symbolischen Verhaltens in Ost- und Westeuropa wird an der Brown University (Providence, April 1976) abgehalten; schließlich sind drei locker miteinander verknüpfte, aufeinanderfolgende Symposien zu erwähnen, die sich noch in einer frühen Planungsphase befinden und die sich mit der Ikonizität, indexikalischen Ausdrücken und dem Symbol befassen werden.

Allen Darstellungen zufolge war der erste Kongreß der Internationalen Assoziation für Semiotische Studien (vom 2. bis 6. Juni 1974 in Mailand) «ein großer Erfolg» (wie es Nelson, 1975: 296, in einem geistreichen Aperçu ausdrückte, das von zwei Gruppen von Semiotikern gelesen werden sollte – denjenigen, die an dem Kongreß teilnahmen, und denjenigen, für die das nicht zutrifft). Im übrigen bin ich der Meinung, daß sich der Kongreß in historischer Perspektive als die Wasserscheide der Semiotik in ihrer gegenwärtigen Phase herausstellen wird, als das entscheidende Ereignis, bei dem das Thema Eingang in das akademische Establishment fand. Das trifft sicherlich nicht wegen der Antworten zu, die von der heterogenen Versammlung der Referenten und Diskutanten gegeben wurden (vgl. Thomas, 1974: 185), sondern eher wegen der erfreulichen, selbstkritischen Atmosphäre, die vorherrschte, und wegen der großen Anzahl Fragen der richtigen Art, die besonders von den jüngeren Teilnehmern energisch vorgebracht wurden. Kurz gesagt: Die Semiotik ist in dem Augenblick, wo sie ihre lang andauernde Kindheit hinter sich läßt, um ihren berechtigten Platz unter den nomothetischen Humanwissenschaften einzunehmen, sehr lebendig; in dieser Weise wird die oftmals zitierte prophetische Äußerung, die Saussure vor etwa siebzig Jahren vorbrachte, langsam eingelöst: «Puisqu'elle n'existe pas encore, on ne peut dire ce qu'elle sera; mais elle a droit à l'existence, sa place est déterminée d'avance» (Saussure, 1972: 33).

6. Semiotik in der Lehre

Nehmen wir es als gegeben an, daß – wie Peirce einmal bemerkte – «dieses gesamte Universum mit Zeichen durchsetzt ist, wenn es nicht ausschließlich aus Zeichen aufgebaut ist» (5.448, Anm.), dann sollte sich niemand darüber wundern, daß die Semiotik oder Lehre von den Zeichen überall ist. Es ist viel überraschender, daß die Semiotik nirgendwo – zugegeben, kaum irgendwo – an den Akademien zu finden ist. Für viele, wie beispielsweise für Eco (1974: 16), «ist die Semiotik eine *wissenschaftliche Haltung*, eine kritische Betrachtungsweise der Objekte anderer Wissenschaften», eher eine Methode als eine Disziplin. Und doch war es gerade Peirce, der die Auffassung vertrat, «daß die wahre und wertvolle Idee der Wissenschaft (von der Logik) darin bestand, daß es sich dabei um die Kunst handelte, Forschungsmethoden zu entwickeln – die Methode der Methoden» (Fisch und Cope, 1952: 289), und der in einer denkwürdigen öffentlichen Vorlesung im September 1882 an der Johns-Hopkins-Universität sagte: «Dies ist das Zeitalter der Methoden; und die Universität, die der Exponent der Lebensbedingung des menschlichen Geistes sein soll, ist die Universität der Methoden» (ebd.). Im darauffolgenden Jahr wurde Peirces «Vertrag unter merkwürdigen Umständen summarisch aufgehoben» (Macksey, 1970: 6), und er hat niemals mehr eine Lehrstelle innegehabt. Obwohl er nach der Episode an der Hopkins-Universität ausführlich über implizit semiotische Themen gelesen hat, bin ich mir ziemlich sicher, daß die von Morris in den frühen vierziger Jahren sporadisch veranstalteten semiotischen Seminare, die ich früher erwähnte (Abschnitt 1, oben), zumindest in dem Erziehungssystem dieses Landes keine Vorgänger hatten.

Während der etwa dreißig Jahre nach Morris hat sich die Semiotik als solche unter der Oberfläche einiger unserer angesehensten Universitäten fortbewegt und ist nur bei den seltensten Gelegenheiten geysirartig hervorgebrochen, und zwar gewöhnlich als Antwort auf nachdrückliche studentische Forderungen. Um ein begrenztes Beispiel zu geben (das ich nur anführe, weil ich es am besten kenne): Bei jeder der vier Gastprofessuren, die ich innehatte – 1969 an der Universität Colorado, 1971 an der Stanford-Universität, 1972 und 1975 an der Universität von Süd-Florida –, wurde ich aufgefordert, einen Einführungskurs in die Semiotik anzubieten, wie ich es in den letzten Jahren für die höheren Semester meiner Heimatuniversität getan habe. An verschiedenen unserer größeren Universitäten haben sich Gruppen des Lehrkörpers mit dem unterschiedlichsten Herkommen zusammengesetzt und versucht, Programme aufzustellen, die sich in ihrer Absicht, ihrer Anlage, dem Grad an Unterstützung und natürlich auch dem Ausmaß an Erfolg unterschieden. So kündigte die Columbia-Universität die Bildung «einer theoretischen Gruppe zur Erforschung von Alternativen in der Semiotik» (*Semiotext[e]*, 1974: 1, 2) an, während mich ein informelles Komitee der Berkeley-Universität bat, sie im Frühjahr 1972 in San Francisco über Mittel und Wege zu beraten, Semiotik an ihrer Abteilung der Universität von Kalifornien zu entwickeln. Inzwischen sind in so weit voneinander entfernten Forschungszentren wie Bologna, Canberra und Montreal Semiotik-Lehrstühle eingerichtet worden. Soweit ich es überschauen kann, darf jedoch die Brown-Universität – zumindest, was die Vereinigten Staaten anbelangt[9] – den Ehrenplatz beanspruchen, einen «Semiotik-Schwerpunkt» oder ein Programm für Studenten eingerichtet zu haben, von dem man in Providence zuversichtlich annimmt, daß es «für die moderne humanistische Erziehung so zentral wird» wie die Rhetorik, als diese vor einem Jahrtausend in die Curricula eingeführt wurde; (vgl. «Brown University Concentration in Semioties», das von ihrem anglistischen Institut im April 1975 verbreitet wurde). Obwohl im Augenblick an der Brown-Universität darüber nachgedacht wird, aufgrund einer schwierigen finanziellen Lage im Laufe der nächsten drei Jahre 75 ihrer 460 nichtmedizinischen Lehrstellen aufzulösen, ist es ermutigend zu hören, daß die Anziehungskraft auf Studenten so enorm gewesen ist, daß «jede stattfindende Expansion in den Bereich der Semiotik fällt» (Scully, 1975: 11).

Motiviert durch meine Überzeugung, daß die aufregendsten Entwicklungen in der Linguistik in den Jahren, die unmittelbar vor uns liegen, auf jeden Fall an der Peripherie ihres traditionellen Arbeitsgebietes eintreten werden – in der Neurolinguistik auf der einen Seite und in der ‹Pragmatik›, oder, um es genauer zu umreißen, im Hinblick auf die «deiktische Verankerung von Äußerungen» (Rommetveit, 1968: 185; Fillmore, 1973) auf der anderen –, habe ich den Direktor des Linguistischen Instituts von 1975 dazu angeregt, sich unter anderem energisch auf ausgewählte Themen aus gerade diesen Bereichen zu konzentrieren, und zum erstenmal in der Geschichte dieses ehrwürdigen Unternehmens wurde tatsächlich eine Reihe von Semiotikkursen angeboten, die ausdrücklich unter diesem Namen firmierten und die nicht nur einführenden Charakter hatten, sondern auch solche Spezialgebiete wie ‹Kinesik›, Filmsemiotik, die Semiotik der darstellenden und der sprachlichen Künste behandelten oder die Beziehung untersuchten, die zwischen der Linguistik und der Semiotik im vergangenen und in diesem Jahrhundert

9 Tomás Maldonado verfügte bereits 1958 an der Hochschule für Gestaltung in Ulm über ein sorgfältig ausgearbeitetes Semiotikprogramm als Teil des Lehrplanes, wie aus dem Vorlesungsverzeichnis hervorgeht (vgl. auch Maldonado, 1959).

vorherrschte. Diese Studien wurden in erheblichem Maße durch die Besucher intensiviert, die das oben in Abschnitt 5 erwähnte Kolloquium beehrten.

Man darf annehmen, daß eine einmalig günstige Entwicklung, die große Hoffnungen auf eine leuchtende Zukunft der Semiotik im amerikanischen Universitätsleben erweckt, aus einem Forschungsstipendium resultiert, das die Indiana-Universität kürzlich von dem *National Endowment for the Humanities* erhielt, um mit Beginn des Frühjahrs 1975 ein «eigenständiges Semiotikprogramm in den Geisteswissenschaften» zu entwickeln. Mitte 1976 sollten unser Lehrkörper und unsere Studenten im Lichte der ausgiebigen Beratungen durch mehr als ein Dutzend ausgezeichneter Wissenschaftler in der Lage sein, ein solides, kohärentes Programm vorzustellen, das sowohl den Normen der Bundesstiftung als auch unserer Universitätsverwaltung genügt und einen regelmäßigen Kurs mit angemessener systemischer Entwicklung für die achtziger Jahre garantieren kann. Daß dieses Programm zu dem Peirce-Projekt an unserer Schwester-Universität in Indianapolis (1) paßt, ist ein weiterer außergewöhnlich glücklicher Umstand.[10]

Das Bild des modernen semiotischen Universums hat bis vor kurzem sehr stark unter enormer Zersplitterung gelitten, was sehr stark dem Eindruck von der Astronomie entspricht, den John Donne wohl gehabt hat, als er 1611 schrieb: «Alles liegt in Einzelteilen da, jeder Zusammenhalt ist verschwunden, jede begründete Unterstützung und jede Relation.» Viele semiotische Instrumente sind erst kürzlich erklungen, aber die meisten wurden eher isoliert als in einer Harmonie gespielt. Das Ziel unseres Programms und vergleichbarer Ansätze besteht darin, der nachfolgenden Generation einen Gesamteindruck zu verschaffen und ihr sozusagen durch die Lehre die konzertierende Einheit zurückzugeben.

Soviel im Augenblick *über* den Semiotikunterricht. Was ist aber über die Semiotik *in* der Lehre zu sagen?[11] Lassen Sie mich für einen Augenblick bei einem Ausdruck verweilen, den Morris unter dem Stichwort ‹angewandte Semiotik› einführte, das heißt derjenigen Unterabteilung des Gesamtbereichs, die er als diejenige definierte, «die Wissen über

---

10 Über die Entwicklung der Semiotik an der Indiana-Universität ist während des Jahres 1975 in einem monatlichen *Newsletter* berichtet worden, der über das Research Center for Language and Semiotic Studies, P. O. Box 1214, Bloomington, Indiana 47401, erhältlich ist. Dieser *Newsletter* ist jetzt durch *The Semiotic Scene* ersetzt worden, ein zweimonatliches Informationsorgan der Amerikanischen Gesellschaft für Semiotik, das von Margot D. Lenhart herausgegeben wird.

11 Zu einem kurzen Eindruck von der sowjetischen Ansicht, die für einen semiotischen Ansatz zur Optimierung des Lernprozesses eintritt, und zwar «besonders des programmierten Unterrichts», vgl. Kull (1965).

Zeichen zur Erreichung verschiedenartiger Ziele benutzt» (Morris, 1971: 303, 366). Ein auffälliger Anwendungsbereich, der aus dem Bereich der Bionik angeführt werden könnte, besteht aus Versuchen, Prinzipien, die die Schallorientierung bei beispielsweise Fledermäusen (Radar) oder Meeressäugern (Sonar) leiten – was eine solipsistische Verwendung von Zeichenverhalten darstellt –, auf den Entwurf von Orientierungsapparaten zum Nutzen blinder Menschen zu übertragen (Rice, 1967; zu weiteren zoosemiotischen Erläuterungen vgl. Sebeok, 1972: 132f). Ich habe immer das Morrissche Verständnis dieses Terminus bevorzugt, da ich es für zweckdienlich hielt; ich habe jedoch festgestellt, daß er für einige andere Wissenschaftler mit ziemlich andersartigen (und gelegentlich widerspruchsvollen) Konnotationen besetzt ist, wie ich weiter oben (vgl. Kapitel 1) aufgezeigt habe. Eine ziemlich verbreitete Verwendungsweise beschränkt jedoch die angewandte Semiotik strikt auf den Bereich der Pädagogik, so daß er etwa bedeutete, hörenden Personen, die taube Menschen lehren oder ihnen auf andere Weise helfen, gZeichen (vgl. 2, oben) beizubringen (Oléron, 1974), oder Schimpansen (Gardner und Gardner, 1971: 127–144) oder ‹normalen› Menschen, und solche Artgenossen dazu zu befähigen, eine Reihe sozialer Fertigkeiten für das Rollenspiel zu erwerben (z. B. durch die von Stanislavsky vorgeschlagene Methode für angehende Schauspieler), Sensitivity-Training, Verhaltenstherapie und ähnliches (Argyle, 1969: X) und den Fremdsprachenunterricht im Klassenraum zu ergänzen.

Aus dem Vorangehenden ergeben sich einige weitere Beobachtungen. Zuerst einmal gibt es eine rasch anwachsende Literatur (die letztlich von Darwin angeregt wurde), die sich mit der Ontogenese nonverbal kodierter motorischer Zeichen bei Menschen befaßt (Latif, 1934; Brannigan und Humphries, 1972; Blurton Jones, in: Hinde, 1972: 271–296), wozu besonders die Gesichtsausdrücke von Kleinkindern und Kindern gehören (Charlesworth und Kreutzer, 1973) und auch das Zeigen der Zunge zählt (Smith u. a., 1974: 222–227), was insgesamt am besten als ein Teil der eng damit verwandten Wissenschaft Humanethologie (McGrew, 1972: 14–16; Eibl-Eibesfeldt, 1970: Kap. 18) untersucht wird. Zweitens, und in deutlichem Kontrast dazu, ist die Literatur, die den Erwerb weiterer, das heißt kulturfremder Kodes behandelt, in der Tat sehr dünn. Die Frage läuft dann auf folgendes heraus: Wenn wir, wie es der Fall ist, unermeßliche Mengen an Energie, Zeit und Geld verschwenden, um Kindern und Erwachsenen gewisse fremdsprachliche Kompetenzen beizubringen, weshalb werden dann die unlösbar parallelen fremden Gestikulationsfähigkeiten nahezu vollständig vernachlässigt, besonders wenn man betrachtet, daß sich selbst Linguisten vollkommen darüber im klaren sind, daß dasjenige, was als Gesamtkommunikation bezeichnet worden ist, «am ehesten einem mehrpoligen Kabel ähnelt, das zur selben Zeit mehrere Nachrichten transportiert» (Smith, 1969: 101), was ein kaum übertriebener Vergleich ist. Seltsamerweise scheinen einige Lehrer der westromanischen Sprachen und besonders Französisch- und Spanischlehrer am deutlichsten die Notwendigkeit eingesehen zu haben, «die Gesten der Sprecher der Zielsprachen zusammen mit den zu unterrichtenden sprachlichen Mustern» (Saitz, 1966: 33) einzuführen, und hier und da ist eine nicht uninteressante Blüte anregender Bücher und Aufsätze entstanden (zum Französischen vgl. z. B. Brault, 1962, und, in etwas populärem Stil, Alsop, 1960; zum iberischen Spanisch Green, 1968; zum Kolumbianischen Saitz und Cervenka, 1972, wo weitere Literaturangaben gemacht werden. Es ist eine Tatsache, daß die informelle Ausbildung in fremder Gestikulation manchmal die Sprachkurse einiger amerikanischer Regierungsprogramme ergänzt, wie beispielsweise dasjenige des Friedenskorps; vgl. Schnapper, 1969).

Nun hört eine der modischeren Methodologien, die gegenwärtig hier (Alatis, 1968) und im Ausland (Nickel, 1971) praktiziert werden, auf den Namen kontrastive Analyse, worunter das Studium von Korrespondenzen oder das Fehlen von Korrespondenzen zwischen einer Ausgangs- und einer Zielsprache verstanden wird, wobei das Hauptaugenmerk einem effektiven Unterricht letzterer gilt. Ich möchte hier nachdrücklich empfehlen, daß vergleichende Untersuchungen im gesamten übrigen Bereich der Semiotik unmittelbar im Anschluß an Efrons (1972) ausgezeichnete vergleichende Analyse von Tendenzen in dem Gestenverhalten verschiedener Gruppen östlicher Juden und von Süditalienern intensiviert und auf das Modell von Ekmans (1971) genauer Arbeit über Universalien und kulturelle Unterschiede im Gesichtsausdruck von Emotionen erweitert werden. Die Ergebnisse solcher wissenschaftlichen Untersuchungen, die im Endeffekt zu einem Dialektatlas nonverbalen semiotischen Verhaltens oder einem anderen Raster führen, sollten dann so schnell wie möglich von Fremdsprachenlehrern und denjenigen, die sich mit der Lehre im Bereich transkultureller und transethnischer Fragen befassen, aufgenommen werden (z. B. Taylor und Ferguson, 1975). Ich möchte mit Einschränkungen behaupten, daß die Ansätze einer noch kaum verarbeiteten Datengrundlage für die süd- und westromanischen Völker bereits bestehen, wo man die nebenbei betriebene Untersuchung motorischer Zeichen wohl schon vor einer gewissen Zeit aufgenommen hat (vgl. z. B. für das Italienische Cocchiara, 1932; für das Portugiesische Basto, 1938; für das Spanische Poyatos, 1970, u. a.).

Vor sechs Jahren habe ich meine eigene Frage «Ist eine vergleichende Semiotik möglich?» (vgl. Kap. 2, oben) bejahend beantwortet, und ich möchte dem jetzt die Aufforderung hinzufügen, daß ihre pädagogischen

Konsequenzen ebenfalls ins Auge gefaßt und in die Untersuchung einbezogen werden. Ich tue das im vollen Bewußtsein, daß gewisse Kreise, die sich stärker mit der Theorie und/oder Deskription befassen, in der angewandten Semiotik keinen so großen Zauber entdecken und ihr sogar den Respekt versagen; die Auffassung kann ich jedoch nur bedauernd mit einer Bemerkung beantworten, die dem berühmten Mathematiker Richard Courant zugeschrieben wird: «Die reine Mathematik ist ein kleiner und nicht sehr wichtiger Teilbereich der angewandten Mathematik.»

In unserem semiotischen Pantheon steht der Name Saussures als Emblem der linguistischen Aspekte und Erweiterungen des hierarchisch übergeordneten Feldes, während derjenige von Peirce, «des Erben der gesamten historischen, philosophischen Zeichenanalyse» (Morris, 1973: 365), der jetzt auch deutlich als Orientierungspunkt aller zeitgenössischen Überlegungen anzusehen ist, die vielfältigen Beziehungen zu den grundlegendsten Schichten der menschlichen Weisheit darstellt. Der dritte, zugegebenermaßen ungleiche, Pfeiler, auf dem die Semiotik ruht und der sehr wahrscheinlich der am tiefsten verankerte ist, ist die Medizin, deren ehrwürdiger Stammvater sicherlich Hippokrates (etwa 460 bis 370 v. Chr.) ist, «der Vater und Meister aller Semiotik» (Kleinpaul, 1972: 103). Diese drei grundlegenden semiotischen Traditionen – die medizinische, die philosophische und die linguistische – haben sich natürlich an verschiedenen Punkten in der westlichen Geistesgeschichte stark vermischt, obwohl sie sich zu anderen Zeitpunkten um Autonomie bemüht haben. So war beispielsweise Sextus Empiricus, der bekannteste der Skeptiker, wie Locke von Hause aus Arzt (Stough, 1969: 11–15), der ein starkes Interesse an der Zeichentheorie hatte (Ogden und Richards, 1938: 266–268). Während aber die philosophischen und linguistischen Stränge mehr oder minder anerkannt werden, bin ich zu der Auffassung gelangt, daß die kennzeichnenden Beiträge der medizinischen Semiotik – oder, um den geeigneten Ausdruck von Shands und Meltzer zu verwenden, der ‹klinischen Semiotik› (1975) – nur selten verstanden werden. Die medizinische Untersuchung dreht sich um eine spezielle Unterklasse der Zeichen, die ‹Symptome› genannt werden (sowie um deren feste, regelgeleitete Strukturen, die ‹Syndrome›), die wiederum oftmals als eine Art einer grundsätzlicheren Gruppierung, der ‹Indizes›, angesehen werden (wie es scharfsinnig von Bühler, 1965: 28, beobachtet worden ist). Es ist eine Besonderheit von Symptomen, daß sich ihre Denotata im allgemeinen für den Adressanten, das heißt den Patienten (‹subjektive Symptome›, die von vielen amerikanischen Ärzten mißverständlich ‹Zeichen› genannt werden), und den Adressaten, das heißt den untersuchenden Arzt (‹objektive Symptome› oder einfach ‹Symptome›) (vgl. dazu auch den 2. Abschnitt im 4. Kapitel, oben) unterscheiden.[12] Die Symptomatologie, die auch unter dem Namen ‹Semeiologie› oder ähnlichen Ausdrük-

12 Auf den Unterschied zwischen ‹Zeichen› und ‹Symptomen› in der amerikanischen medizinischen Praxis bin ich von William O. Umiker, M. D., hingewiesen worden. Eine Konferenz über «Zeichen und Symptom in klinischer und semiotischer Sicht» wird zur Zeit vorbereitet.

ken bekannt ist, hat sich schließlich zu einem Zweig der Medizin entwikkelt, der von Galen (130 bis etwa 200) antizipiert und dauerhaft bestimmt wurde, der lehrte, daß die Semiotik – als eine von sechs Hauptabteilungen der Medizin – in drei Teile zu untergliedern sei, «in praeteritum cognitionem, in praesentium inspectionem et futurorum providentiam» (Galenus, 1965: 690), worunter er verstand, daß sich ihre drei Haupttätigkeitsbereiche mit der Diagnostik, die sich auf das Hier und Jetzt konzentriert, und ihren beiden zeitlichen Projektionen in die anamnestische Vergangenheit (das heißt der Fallgeschichte) und die prognostische Zukunft befassen müssen. Fünfzig Jahre nach Crookshanks vernachlässigtem Aufsatz (1923) ist erneut eine wohldurchdachte Annäherung zwischen der allgemeinen Zeichentheorie auf der einen Seite und der medizinischen Theorie und der klinischen Praxis auf der anderen zu verzeichnen, die in nicht unbedeutendem Maße durch die bahnbrechenden Arbeiten von Michel Foucault (Barthes, 1972: 38), durch die Ansätze von Barthes selbst (ebd.) und, aus einer gänzlich anderen Richtung, durch Celan und Marcus (1973) angeregt wurde. Konferenzen wie diejenige, über die Lewis (1970) berichtet, sowie speziellere, die aktiv vorbereitet werden (z. B. über spezifisch psychiatrisch-psychotherapeutische Aspekte der klinischen Semiotik), werden zweifellos den erneuten Annäherungsprozeß beschleunigen, der auf der Semiotik-Konferenz 1962 in Bloomington (vgl. Kap. 1, oben) eine entscheidende Wende erfahren hat, wo wir alle sehr stark von den Einsichten der zehn teilnehmenden Ärzte profitiert haben und wo ein nicht unerheblicher Teil der Diskussion dem vitalen Problem gewidmet war: «Wie kommuniziert der Patient mit dem Arzt über Krankheiten?» (Sebeok, Bateson und Hayes, 1972: 11–49; Blum, 1972; Ostwald, 1973: 236–259). Die Publikationen von Ärzten in semiotischen Reihen nehmen auch ständig zu: So sind allein in der Reihe *Approaches to Semiotics* vier Bücher von Ärzten erschienen (Ostwald, 1973; Ruesch, 1972; Shands, 1970b, 1971; vgl. auch Bär, 1975, ein Buch, das die Reihe *Studies in Semiotics* eröffnet, die die frühere teilweise ersetzt).

Die Trias-Metapher ist meiner Ansicht nach historisch gerechtfertigt und trägt für mich persönlich die richtigen Konnotationen – wobei sie eine Überblicksebene oder einen Übergang genauso aufweist wie eine Art der Untersuchung im Cambridge-Stil –, aber sie wird ein wenig unbeholfen, wenn sie zu weit getrieben wird. Einerseits habe ich beobachtet, daß sich diese drei semiotischen Traditionen in unterschiedlicher Weise und zu verschiedenen Zeitpunkten miteinander vermischten, was das ungeschickte Bild des dreibeinigen Gestells mit unsicheren Beinen von ungleicher Länge heraufbeschwor. Führen wir nur ein neueres Beispiel einer solchen Mischung an: «Montagues semiotisches Programm» (wie es von dem Herausgeber seiner postumen Schriften genannt worden ist, 1974: 1ff) veranschaulicht, wie aufgrund des Forschungsansatzes eines einzelnen Wissenschaftlers bei der Untersuchung der natürlichen Sprache metamathematische Mittel in die Analyse eingebracht worden sind, die aus logischen Elementen bestehen, die «natürliche Entwicklungen der gewöhnlichen Logiktheorien darstellen», die aus linguistischen Elementen zusammengesetzt sind (so unabhängig sie von gängigen grammatischen Theorien sein mögen). Wenn man weiterhin über die Explosion in den sechziger Jahren nachdenkt und über die Art und Weise, in der semiotische Theorie, Praxis und Methoden im Denken des späten 20. Jahrhunderts ein breites Spektrum erfüllt haben, das von der Architektur bis zur Zoologie reicht, nimmt das Bild utopische Züge an, die (für einige meiner konservativen Kollegen) bedrohliche Vorstöße darstellen. Es wäre eine begrüßenswerte und informative Aufgabe, einen Bereich nach dem anderen nach den Erfolgen und Rückschlägen dieses Eindringens abzusuchen. So möchte man unter anderem erfahren, weshalb die Semiotik beispielsweise in der Anwendung auf die Filmkunst Erfolge zu verzeichnen hatte (Bettetini, 1973; Lotman, 1973; Metz, 1974; Worth, 1969), während ihr Einfluß auf den Bereich des Tanzes, soweit ich es beurteilen kann, nur bescheidene Ergebnisse brachte (Ikegami, 1971); oder weshalb sich ihre stetigen Einwirkungen auf die Untersuchung der Kultur (wie zuvor erwähnt) als wesentlich nachhaltiger erwiesen haben als auf die Beschreibung des Verlaufs internationaler Beziehungen (Jervis, 1970) usw. Eine Untersuchung dieses Bereichs wäre hier völlig fehl am Platze; aber ich möchte dennoch kursorisch auf zwei quer verlaufende Entwicklungslinien eingehen, wobei ich die erste deshalb erwähne, weil sie das aufzeigt, was möglich sein mag, und die zweite aus dem entgegengesetzten Grund, weil es sich um ein bereits florierendes Unternehmen handelt.

1970 hat ein polnischer Rechtswissenschaftler (Studnicki, 1970; vgl. Droste, 1972) einen bemerkenswerten Aufsatz mit weitreichenden Implikationen veröffentlicht, der aus einer anspruchsvollen, streng semiotischen Analyse von ‹Verkehrszeichen› besteht, das heißt derjenigen Unterklasse visueller Zeichen, die zur Regelung und Kontrolle des Verkehrs auf öffentlichen Straßen verwendet werden (Gefahrenzeichen, Gebotszeichen, Verbotszeichen, Hinweiszeichen). Was der Autor nicht behandelte und worauf er meines Wissens auch nirgendwo zurückgekommen ist, war eine detaillierte Analyse der Vorschriften, die die rechtliche Grundlage des zur Diskussion stehenden Systems bilden und auf deren Gesamtheit er sich kurz als auf «das ‹Gesetz›» (ebd., 151) bezog. Das Gesetz standardisiert die in dem System verwendeten Zeichenarten, und in seinem Text ist eine Liste der entsprechenden Muster enthalten. Die semantischen Regeln, die in dem Gesetzestext enthalten sind, weisen jedem Zeichen in dem System «einen bestimmten Ausdruck der ethnischen Sprache» zu, das heißt «die natürlichen Übersetzungen» der geeigneten Zeichen (ebd., 161). Studnickis Ansatz ist relevant für eine Theorie normativer Sprachen im allgemeinen und eröffnet daher anregende neue Forschungsmöglichkeiten. Eine ‹Rechtssemiotik› ließe sich etwa in folgender Weise skizzieren: Wenn das Gesetz als ein Zeichensystem betrachtet wird, dessen Mechanismen in konkreter Weise institutionalisiert sind, dann erscheinen einige schwierige Probleme in einem neuen Licht; beispielsweise könnte unter dieser Perspektive die uralte Frage behandelt werden, wie eine analytische Grenze zwischen dem Rechtssystem und der Umgebung zu ziehen ist, in das es eingebettet ist, oder die Frage danach, wie soziale Normen trotz ihrer tendenziellen Unbestimmtheit maßgebliche Verhaltensanweisungen liefern können. Da die spezielle Aufgabe des Gesetzes in der juristischen Interpretation zu bestehen scheint, sind die Möglichkeiten semiotischer Forschungsstrategien unbegrenzt, aber bislang kaum erprobt.

Wenn die Rechtssemiotik bislang kaum mehr als ein Hoffnungsschimmer ist, dann hat sich die Musiksemiotik in den siebziger Jahren weit über die programmatischen Erklärungen hinaus entwickelt; frühe Ansätze sind von Nattiez zusammengetragen (*Musique en jeu*, 1971; vgl. die interessante Rezension von Osmond-Smith, 1974) und von ihm in einer bemerkenswerten Vorlesung weiterentwickelt worden, die er im darauffolgenden Jahr an der Musikschule der Indiana-Universität hielt (Nattiez, 1972). Indem er unmittelbar an die Arbeit von Ruwet (1972) anschloß, der gleichermaßen in der Linguistik wie in der Musikwissenschaft zu Hause ist und ein ausdrücklich reproduzierbares Verfahren entwickelte, das die Abgrenzung und Bestimmung musikalischer Einheiten ermöglicht, sowie eine Konzeption, die eine Anordnung solcher Einheiten nach einem hierarchischen Prinzip vorsieht, hat Nattiez in mehreren Hinsichten Fortschritte erzielt: Er arbeitet als ein tatkräftiger Anthologe im Bereich der Musiksemiotik (*Musique en jeu*, 1973; das erste thematische Sonderheft von *Semiotica*, Bd. 15, Nr. 1 [in Vorbereitung], das vollständig der Musik gewidmet ist, wurde ebenfalls von ihm zusammengestellt), als einer der wichtigsten Autoren in seinem Spezialgebiet (Nattiez, 1975) und als ein hingebungsvoller Lehrer, der die Universität Montreal zu einem Mekka für solche Studenten gemacht hat, die eine Spezialisierung im Bereich der musikalischen Semiosis anstreben. Dieser schwierige Bereich der Semiotik, der durch die Abwesenheit oder stark reduzierte Anwesenheit der referentiellen Funktion gekennzeichnet ist, hat sich in ausreichender Weise ausgebreitet und entwickelt, um ihm 1973 einen internationalen Kongreß zu widmen (vgl. Abschnitt 5) und die diesbezüglichen Buchpublikationen nehmen ständig zu (z. B. Pagnini, 1974), während noch vor wenigen Jahren eine Handvoll von Aufsätzen den gesamten Wissensstand dieser Richtung repräsentierte.

Morris hat betont, daß die Ästhetik «in ihrer Gesamtheit zu einer Unterabteilung der Semiotik wird», und der zeichentheoretische Ansatz «ist deshalb nicht nur für die Kunst, die Ästhetik und die Semiotik bedeutsam, sondern auch für das gesamte Programm der Einheitswissenschaft» (Morris, 1971: 416, 433). Versteht man die ästhetische Funktion von Zeichensystemen so, wie sie sich in den verschiedenen Künsten darstellt, den verbalen und den bildlichen, den zwei- und dreidimensionalen, den pantomimischen und den choreographischen, den nach innen gerichteten und den nach außen gerichteten, die sich in ihrem Appell an die Massenkultur richten wie beispielsweise der Comic strip oder elitärere Schichten anspricht wie die Oper, so wird das zu einem wesentlichen Anliegen und einer Aufgabe der modernen Semiotik und des darüber hinausweisenden menschlichen Kontextes, der eine weitreichende, anwachsende Spezialliteratur aufweist. Der dramatische Vorstoß der Musiksemiotik findet zweifelsohne Parallelen in der gesamten Disziplin, wenn es auch Unterschiede hinsichtlich der Geschwindigkeit, der Intensität und der individuellen Initiative gibt, aber die spinnwebartige semiotische Entwicklung umschließt die Gesamtheit des ästhetischen Diskurses, wie es Morris voraussah, als er die Axiologie oder die Erforschung des Präferenzverhaltens mit dem seinem Wesen nach interdisziplinären semiotischen Unternehmen verknüpfte.

8. Anhang: Anmerkungen zu einem Verzeichnis von Publikationsreihen

Semiotica – das offizielle Organ der IASS – hat im Zeitraum von 1969 bis Ende 1975 ungefähr 6000 Seiten publiziert, die auf 15 Bände mit je vier Heften verteilt sind. *Semiotica* bemüht sich um einen vernünftigen Ausgleich zwischen den verschiedenen semiotischen Disziplinen und gleichzeitig um qualitätsvolle Beiträge, die ihr von Wissenschaftlern zugehen, die in verschiedenen Ländern arbeiten. Die Zeitschrift, die jetzt monatlich erscheint, akzeptiert gewöhnlich französisch- oder englischsprachige Artikel, gelegentlich auch deutsche. Das der Editionspolitik von *Semiotica* zugrunde liegende vorherrschende Konzept ist die Schaffung einer Verbindung zwischen allen kreativen Forschungseinrichtungen auf der Welt wie auch die Etablierung eines Forums für die unterschiedlichsten Ansätze in der Zeichenlehre. Der Gründungsherausgeber sieht die Zeitschrift *Semiotica* als eine Art klärender Instanz neuer und anregender Ideen und als den Brennpunkt eines internationalen, multidisziplinären Gefüges oder, mit einem Wort, Gewebes. Eine einheitliche, umfassende Reihe von Indizes, zu denen vor allem ein Sachverzeichnis gehört, die sich über alle bislang publizierten Bände erstrecken, sowie vielleicht ein Glossar der durchgängig benutzten Fachausdrücke stellen ein primäres Desiderat dar.[13]

Es gibt natürlich eine Vielzahl von Publikationsorganen, die Artikel publiziert haben oder es vielleicht in Zukunft tun werden, die sich entweder unmittelbar oder am Rande mit semiotischen Themen befaßten. Die bloße Aufzählung linguistischer Zeitschriften nimmt in der neuesten UNESCO-Bibliographie (für das Jahr 1972; erschienen 1975) 27 Seiten ein, ohne diejenigen zu erwähnen, die sich mit Philosophie, den Sprachkünsten und anderen Spezialbereichen befassen, zu denen sogar die Theologie zählt (so enthält *Linguistica Biblica*, die in Bonn herausgegeben wird, eine ständig anwachsende Anzahl explizit semiotischer Arbeiten). Ich werde mich gezwungenermaßen in der folgenden Liste auf die geringe Anzahl an Zeitschriften beschränken, die sich selbst ausdrücklich mit der Semiotik identifizieren oder aus anderen Gründen offensichtlich relevant sind:

---

13 Mitglieder des Herausgeberkomitees von *Semiotica* sind Claude Bremond (Frankreich), Umberto Eco (Italien), Henry Hiz (USA), Julia Kristeva (Frankreich), Jurij M. Lotman (UdSSR), Jerzy Pelc (Polen), Nicolas Ruwet (Frankreich), Meyer Schapiro (USA) und Hansjakob Seiler (Bundesrepublik Deutschland); Roland Barthes (Frankreich) war von 1969 bis 1974 Mitglied.

Cahiers internationaux de symbolisme, hergestellt in Belgien; bis 1974 sind 24 Hefte erschienen.

Degrés: Revue de synthèse à l'orientation sémiologique, ebenfalls in Belgien hergestellt; bis 1974 sind 6 Hefte erschienen.

Le Journal Canadien de Recherche Sémiotique/The Canadian Journal of Research in Semiotics, hergestellt in Edmonton; bislang sind zwei Bände erschienen.

Semiosis: Zeitschrift für Semiotik und ihre Anwendung, hergestellt in der Bundesrepublik Deutschland; 1976 ist bislang ein Heft erschienen, aber die Zeitschrift soll vierteljährlich erscheinen.

Studia Semiotyczne, eine Publikation der polnischen Gesellschaft für Semiotik; jedes Heft wird durch ein separates Beiheft ergänzt, *Semiotic Studies*, das englische Zusammenfassungen der polnischen Artikel enthält. Ich habe vier Nummern gesehen, von denen die letzte von 1973 stammte.

Versus: Quaderni di studi semiotici, hergestellt in Italien; bis 1974 sind neun Nummern erschienen.

Es ist sehr schwierig, gelegentliche ‹Sonderhefte› zu semiotischen Themen zu verfolgen, die diese oder jene Zeitschrift zusammenstellt, da es sich oft um Improvisationen handelt, die an einen speziellen Teil der gesamten semiotischen Leserschaft gerichtet sind. Ein frühes Beispiel dafür ist *Sprache im Technischen Zeitalter*, eine bekannte deutsche Zeitschrift, die unerwartet ein Heft (Nr. 27, 1968) herausgab, das vollständig der Filmsemiotik gewidmet war: «Zeichensystem Film / Versuche zu einer Semiotik.» Fünf Jahre später veröffentlichte sie ein ‹Doppel-Sonderheft› (Bd. 14, Nr. 1–2, 1973) über «Filmsemiotik und das Werk von Christian Netz». Man könnte eine ganze Reihe ähnlicher Erscheinungen in der Architektur aufzählen (z. B. *Sémiotique des plans en architecture* sowie *Sémiotique de l'espace*, die beide von der sogenannten Gruppe 107 im Jahre 1973 in Paris herausgegeben wurden) oder in der Literatur (*Helikon*, Bd. 19, Nr. 2–3, 1973), in der Musik (vgl. Abschnitt 7, oben: *Musique en jeu* 1971, 1973), in den visuellen Künsten (besonders *Communications* Nr. 15, 1970; vgl. dies., Nr. 4, o. J.), in der Ideologie, wie beispielsweise in dem Heft «Sémiologie et sociétés» von *Sociologie et société* (Bd. 5, Nr. 2, 1973), usw. Es kann aber auch geschehen, daß eine Zeitschrift ihren Lesern in irgendeiner Nummer einen Strauß semiotischer Miszellen präsentiert (wie etwa *Vozes*, Bd. 68, Nr. 8, 1974, über «Semiotica e semiologia»).

Es war für die Entwicklung der Disziplin außergewöhnlich wichtig, daß sich der Herausgeber des *Times Literary Supplement* 1973 dazu entschloß, neun Artikel über ausdrücklich semiotische Themen in Auftrag zu geben, die dann in zwei aufeinanderfolgenden Sonderheften von

TLS erschienen (Nr. 3,735/3,736), die den gemeinsamen Titel «The Tell-Tale Sign: A Survey of Semiotics» trugen. Der Erscheinungstermin (5. und 12. Oktober 1973) war bewußt auf die 25. Frankfurter Buchmesse gelegt worden, wo diese Übersicht über die Semiotik die größtmögliche Verbreitung erzielte und allen Darstellungen zufolge einen ungewöhnlich lebhaften Anklang bei einem breiten Publikum fand, das weit über Fachkreise hinausging. Die meisten dieser Aufsätze fanden später in überarbeiteter und erweiterter Fassung Eingang in ein Buch (Sebeok, 1975 a), das ihre leichtere Zugänglichkeit ermöglichte.

Auf dem Mailänder Kongreß (siehe Abschnitt 5, oben) trafen sich einige der Zeitschriftenherausgeber, um über Mittel und Wege einer Erleichterung der Kommunikation zu diskutieren. Eine Entscheidung, die in diesem Sommer getroffen wurde, sah den Start eines *Bulletin of Literary Semiotics* vor, eines internationalen Rundschreibens, das dazu dienen sollte, neue und in Vorbereitung befindliche Publikationen zu verfolgen, bevorstehende Konferenzen und ähnliches anzukündigen und den Leser über den Fortschritt verschiedener Projekte zu informieren. Das erste Heft, das von Daniel Laferrière herausgegeben wurde, erschien im Mai 1975. Verschiedene andere Rundschreiben, die im Hinblick auf Erscheinungsweise und Reichweite recht informell sind, unterrichten mehr oder minder regelmäßig diejenigen, die sich für Aspekte der nonverbalen Kommunikation interessieren (im Mai 1975 erschien die 12. Nummer innerhalb von vier Jahren von *Nonverbal Components of Communication, Paralanguage, Kinesics, Proxemics*), wozu auch die Zoosemiotik zählt (auch ‹Humanethologie› – vgl. den *Human Ethology Newsletter*, dessen 9. Nummer im Mai 1975 erschien). Andere sind regional orientiert wie *Szemiotikai Tájékoztató* der ungarischen Akademie der Wissenschaften (Nr. 1, 1975), die sechsmal pro Jahr erscheinen soll und sich ausschließlich mit semiotischen Aktivitäten in Ungarn befaßt.

Von den Reihen, die dazu dienen sollen, Beiträge zur Zeichentheorie aufzunehmen, die Buchumfang haben – Monographien, wozu Nachdrucke klassischer Werke aus dem Fach zählen, Übersetzungen wichtiger fremdsprachiger Bücher in irgendeine andere Sprache, Aufsatzsammlungen eines einzelnen Autors und zu einem gemeinsamen Thema sowie einschlägige Kongreßakten –, können folgende ausgewählt werden.

Approaches to Semiotics: Seit 1969 sind in dieser Reihe etwa fünfzig Bände (in den Niederlanden) publiziert worden, von denen viele in den Literaturangaben dieses Buches aufgeführt sind. In Ergänzung dazu sind jetzt zwei neue Reihen erschienen, die beide unter der Schirmherrschaft der Indiana-Universität stehen – *Advances in Semiotics* (Eco, 1976; Bouissac, 1976) und *Studies in Semiotics* (Bär, 1975; Jakobson, 1975; Wallis, 1975; Fiordo, 1976).

Der französische Verlag Mame hat seit 1972 sechs Bücher in einer Sammlung publiziert, die den Reihentitel *Univers Sémiotiques* trägt. In Italien führt der Bompiani-Verlag die Reihe *Il campo semiotico*, die bislang vier Bücher umfaßt; Feltrinelli hat eine andere Reihe, *Semiotica e Pratica Sociale*, in der 1975 ein Buch erschien. In den *Studies in African Semiotics* (herausgegeben von S. O. Anozie), einer Reihe, «die zeitgenössische Interpretationen und Einschätzungen von Sprache und Kommunikation in Afrika vorstellt», liegen bis 1975 zwei Anthologien und eine Monographie vor, und eine Afrikanische Semiotik-Assoziation, «die in näherer Zukunft formal etabliert wird», ist gerade angekündigt worden. Es gibt Gerüchte über einige weitere Serien, die in zumindest drei westeuropäischen Ländern in Kürze in Angriff genommen werden sollen, aber nähere Informationen dazu stehen noch aus.

Über den Verfasser

Thomas A. Sebeok: geboren 1920 in Budapest; Studium der Sprachwissenschaften, Linguistik und Anthropologie und 1945 Promotion an der Princeton University; 1964 Direktor des Linguistischen Instituts der Linguistic Society of America; seit 1967 o. Professor für Linguistik, Semiotik und Anthropologie und Direktor des Research Center for Language and Semiotic Studies an der Indiana University; seit 1976 Direktor der Semiotic Society of America.

Wichtigste Veröffentlichungen:

Style in Language (Hg.), Cambridge/Mass. 1960, ³1966 / Approaches to Semiotics: Cultural Anthropology, Education, Linguistics, Psychiatry, Psychology (Hg.), Den Haag 1964, ²1972 / Portraits of Linguistics: A Biographical Source Book for the History of Western Linguistics, 1746–1963 (Hg.), 2 Bde., Bloomington, Ind., 1966, ²1976 / Animal Communication (Hg.), Bloomington, Ind., 1968 / Perspectives in Zoosemiotics, Den Haag 1972 / Structure and Texture, Den Haag 1974 / The Tell-Tale Sign (Hg.), Lisse 1975 / Contributions to the Doctrine of Signs, Lisse 1976 / Speech Surrogates: Drum and Whistle Systems (hg. mit D. J. Umiker-Sebeok), Den Haag 1976 / How Animals Communicate (Hg.), Bloomington, Ind., 1977 / Aboriginal Sign Languages of the Americas and Australia (hg. mit D. J. Umiker-Sebeok), 2 Bde., New York 1978 / Semiosis in Nature and Culture, Lisse 1978 / Sight, Sound and Sense (Hg.), Bloomington, Ind., 1978 / Semiotics, Harmondsworth 1979 / The Sign and Its Masters, Austin, Tex., 1979 / The Semiotic Web: An Annotated Anthology (mit D. J. Umiker-Sebeok), New York 1979 / What the Speechless Creatures Say (mit D. J. Umiker-Sebeok), Bloomington, Ind., 1979 / Monastic Sign Languages, New York 1979.

Literaturverzeichnis

Adey, W. Ross, 1967: Historical Review. In: *Information and Control Processes in Living Systems*, hg. von Diane M. Ramsey, New York, 20–22

Alatis, James E., 1968 (Hg.): *Report on the Nineteenth Annual Round Table Meeting on Linguistics and Language Studies.* Washington D.C.

Albrecht, Erhard, 1967: *Sprache und Erkenntnis: Logisch-Linguistische Analysen.* Berlin, DDR

Alsop, Stewart, 1960: How to Speak French Without Saying a Word. *The Saturday Evening Post* 233, 26–29

Altmann, Stuart A., 1967 (Hg.): *Social Communication among Primates.* Chicago

–, 1967: The Structure of Primate Social Communication. In: Altmann (Hg.), 1967, 325–362

Andrew, R. J., 1963: Evolution of Facial Expression. *Science* 142, 1034–1041

Apel, Karl-Otto, 1973: Charles W. Morris und das Programm einer pragmatisch integrierten Semiotik. In: *Zeichen, Sprache und Verhalten,* von Charles W. Morris, Düsseldorf, 9–66

Arbib, Michael A., 1971; How We Know Universals: Retrospect and Prospect. *Mathematical Biosciences* 11, 95–107

Ardrey, Robert, 1970; *The Social Contract: A Personal Inquiry into the Evolutionary Sources of Order and Disorder.* New York

Argyle, Michael, 1969: *Social Interaction.* New York

–, 1975: *Bodily Communication.* London

Armstrong, Edward A., 1963: *A Study of Bird Song.* London

Arnauld, Antoine, und Pierre Nicole, 1816 [1662]: *La logique, ou l'art de penser.* Paris

Arrivé, Michel, 1974: Sémiologie ou semiotique? *Le Monde,* 7. Juni

Auzias, J.-M., 1967: *Clefs pour le structuralisme.* Paris

Ayala, F. J., 1968: Biology as an Autonomous Science. *American Scientist* 56, 207–221

Bach-Y-Rita, P., u. a., 1969: Vision Substitution by Tactile Image Projection. *Nature* 221, 963/964

Back, Kurt W., 1972: *Beyond Words: The Story of Sensitivity Training and The Encounter Movement.* New York

Backus, R. H., und W. E. Schevill, 1966: *Physeter Clicks.* In: *Whales,*

Dolphins, and Porpoises, hg. von Kenneth S. Norris, Berkeley, 510–527
Baldassare, Mark, und Susan Feller, 1975: Cultural Variations in Personal Space: Theory, Methods, and Evidence. *Ethos* 3/4, 481–503
Bally, Charles, 1939: Qu'est-ce qu'un signe? *Journal de Psychologie* 1939, 161–174
Bang, Preben, und Preben Dahlstrom, 1974: *Animal Tracks and Signs.* London
Bär, Eugen, 1971: The Language of the Unconscious According to Jacques Lacan. *Semiotica* 3, 241–268
–, 1975: *Semiotic Approaches to Psychotherapy* (= *Studies in Semiotics* 1). Bloomington
–, 1976: Rez. – vgl. Verdiglione, 1975
Bar-Hillel, Yehoshua, 1954: Indexical Expressions. *Mind* 63, 359–379
–, 1968: The Future of Man-Machine Languages. In: *Purposive Systems: Proceedings of the First Annual Symposium of the American Society for Cybernetics,* hg. von Heinz von Foerster u. a., New York, 141–152
–, 1970 a: Argumentation in Pragmatic Languages. *Proceedings of the Israel Academy of Sciences and Humanities* 4: 8, 15
Barthes, Roland, 1964; *Eléments de sémiologie.* Paris. Englische Version, 1967 a: *Elements of Semiology.* London; die erste amerikanische Ausgabe erschien 1968 in New York
–, 1967 b: *Système de la mode.* Paris
–, 1972: Sémiologie et médecine. In: *Les sciences de la folie,* hg. von Roger Bastide, Paris, 37–46
–, 1974: L'aventure sémiologique. *Le Monde,* 7. Juni
Bastide, Roger, 1962 (Hg.): *Sens et usages du terme structure dans les sciences humaines et sociales.* Den Haag
Basto, Claudio, 1938: A linguagem dos gestos em Portugal. *Revista Lusitana* 36, 5–72
Bateson, Gregory, 1970: *Form, Substance and Difference.* Hawaii, Oceanic Institute, Contribution No. 65
Bateson, Mary Catherine, 1968: Linguistics in the Semiotic Frame. *Linguistics* 39, 5–17
Baumann, H.-H., 1969: Über französischen Strukturalismus: Zur Rezeption moderner Linguistik in Frankreich und in Deutschland. *Sprache im technischen Zeitalter* 30, 157–183
Beer, C. G., 1963–64: Ethology – The Zoologist's Approach to Behaviour. *Tuatara* 2, 170–177 und 3, 16–39
Bellour, Raymond, und Christian Metz, 1971: Entretien sur la sémiologie du cinéma. *Semiotica* 4, 1–30

Bendix, E. H., 1966: *Componential Analysis of General Vocabulary: The Semantic Structure of a Set of Verbs in English, Hindi, and Japanese*. Bloomington
Bense, Max, 1965: Semiotik und Linguistik. *Grundlagenstudien aus Kybernetik und Geisteswissenschaft* 6, 97–108
–, 1967: *Semiotik: Allgemeine Theorie der Zeichen*. Baden-Baden
Bense, Max, und Elisabeth Walther, 1973 (Hg.): *Wörterbuch der Semiotik*. Köln. Vgl. Kenneth Laine Ketners und Christian J. W. Kloesels Rezension 1975, The Semiotic of Charles Sanders Peirce and the First Dictionary of Semiotics, *Semiotica* 13, 395–414
Benveniste, Émile, 1969: Sémiologie de la langue. *Semiotica* 1, 1–12; 127–135
Bertin, Jacques, 1967: *Sémiologie graphique*. Paris
Bettetini, Gianfranco, 1973: *The Language and Technique of Film (= Approaches to Semiotics* 28). Den Haag
Bierwisch, Manfred, 1966: Strukturalismus. Geschichte, Probleme und Methoden. *Kursbuch* 5, 77–152
–, 1969: On Certain Problems of Semantic Representation. *Foundations of Language* 5, 153–184
–, 1972: Generative Grammar and European Linguistics. In: *Current Trends in Linguistics*, Vol. 9, *Linguistics in Western Europe*, hg. von Thomas A. Sebeok, Den Haag, 313–342
Bilz, Rudolf, 1940: *Pars pro toto: Ein Beitrag zur Pathologie menschlicher Affekte und Organfunktionen*. Leipzig
Birdwhistell, Ray L., 1963: The Kinesic Level of the Investigation of the Emotions. In: *Expression of the Emotions in Man*, hg. von P. H. Knapp, New York
–, 1970: *Kinesics and Context: Essays on Body Motion Communication*. Philadelphia. Vgl. Paul A. R. Bouissacs Rezension 1972, What Does the Little Finger Do? An Appraisal of Kinesics, *Semiotica* 6, 279–288
Black, M., 1968: *The Labyrinth of Language*. New York
Bleibtreu, John N., 1968: *The Parable of the Beast*. London
Bloomfield, Leonard, 1933: *Language*. New York
–, 1939: Linguistic Aspects of Science. *International Encyclopedia of Unified Science* 1: 4, 55
Blum, Lucille Hollander, 1972: *Reading Between the Lines: Doctor–Patient Communication*. New York
Bocheński, J. M., 1956: *Formale Logik*. Freiburg
–, 1968[2] (1965[1]): *The Methods of Contemporary Thought*. New York
Bogatyrev, Petr, 1971[2] (1937[1]): *The Functions of Folk Costume in Moravian Slovakia (= Approaches to Semiotics* 5). Den Haag. Vgl. Henry Glassies Rezension 1973, Structure and Function, Folklore and

the Artifact, *Semiotica* 7, 312–351
Bolinger, Dwight, 1949: The Sign Is Not Arbitrary. *Thesaurus: Boletin del Instituto Caro y Cuerva* 5, 52–62
–, 1968: *Aspects of Language.* New York
Bonner, John T., 1963: How Slime Molds Communicate. *Scientific American* 209, 84–94
Bosmajian, Haig A., 1971: *The Rhetoric of Nonverbal Communication: Readings.* Glenview
Bouissac, Paul, 1968: Volumes sonores et volumes gestuels dans un numéro d'acrobatie, *Langages* 10, 128–131
–, 1969: Le numéro d'acrobatie en tant que structure narrative. Oral communication delivered at the Troisième Symposium International sur l'étude des structures narratives, August 1969
–, 1970: Pour une sémiotique du cirque. *Semiotica* 3, 93–120
–, 1972: Rezension – vgl. Birdwhistell, 1970
–, 1973: *La mesure des gestes: Prolégomènes à la sémiotique gestuelle (= Approaches to Semiotics,* Paperback Serie 3). Den Haag
–, 1976: *Circus and Culture: A Semiotic Approach (= Advances in Semiotics* 2). Bloomington
Brain, Lord, 1961: The Neurology of Language. *Brain* 84, 145–146
Brannigan, Christopher R., und David A. Humphries, 1972: Human Non-verbal Behaviour, A Means of Communication. In: *Ethological Studies of Child Behaviour,* hg. von N. Blurton Jones, Cambridge, 37–64
Brault, Gérard J., 1962: Kinesics and the Classroom: Some Typical French Gestures. *French Review* 36, 374–382
Brekle, Herbert E., 1966 (Hg.): *Grammaire générale et raisonnée, ou La grammaire de Port-Royal, par Claude Lancelot et Antoine Arnauld.* Kritische Ausgabe, Faksimileausgabe der 3. Aufl. von 1676. Stuttgart-Bad Cannstatt
Brilliant, Richard, 1963: *Gesture and Rank in Roman Art: The Use of Gestures to Denote Status in Roman Sculpture and Coinage (= Memoirs of the Connecticut Academy of Arts & Sciences* 14). New Haven
Bronowski, Jacob, 1967: Human and Animal Language. In: *To Honor Roman Jakobson,* Den Haag, 374–394
Bronowski, Jacob, und Ursula Bellugi, 1970: Language, Name, and Concept. *Science* 168, 669–673
Brower, Lincoln P., Jane van Zandt Brower und Joseph Corvino, 1967: Plant Poisons in a Terrestrial Foodchain. *Proceedings of the National Academy of Sciences* 57, 893–898
Brown, Roger, 1958: *Words and Things.* Glencoe, Ill.

–, 1970: The First Sentences of Child and Chimpanzee. In: *id., Psycholinguistics: Selected Papers.* New York, 208–231
Brun, Theodore, 1969: *The International Dictionary of Sign Language: A Study of Human Behaviour.* London
Bucher, Gérard, 1975: Rezension – vgl. Martinet, 1973
Bühler, Karl, 1965^2 (1934^1): *Sprachtheorie: Die Darstellungsfunktion der Sprache.* Stuttgart
–, 1968^2 (1933^1): *Ausdruckstheorie: Das System an der Geschichte aufgezeigt.* Stuttgart
Burghardt, Gordon M., 1970: Defining ‹Communication›. In: *Communication by Chemical Signals,* hg. von James W. Johnson, Jr., David G. Moulton, und Amos Turk, New York, 5–18
Burke, Kenneth, 1966: *Language as Symbolic Action: Essays on Life, Literature, and Method.* Berkeley und Los Angeles
Burkhardt, D., W. Schleidt, H. Altner u. a., 1967: *Signals in the Animal World.* New York
Burks, Arthur W., 1949: Icon, Index, and Symbol. *Philosophy and Phenomenological Research* 9, 673–689
Bursill-Hall, Geoffrey L., 1963: Some Remarks on Deixis. *Canadian Journal of Linguistics/Revue Canadienne de linguistique* 8, 82–96
–, 1971: *Speculative Grammars of the Middle Ages: The Doctrine of* Partes Orationis *of the Modistae (= Approaches to Semiotics* 11). Den Haag. Vgl. Jean Stefaninis Rezension 1973, Les modistes et leur apport à la theorie de la grammaire et du signe linguistique, *Semiotica* 8, 263–275
Buyssens, Eric, 1943: *Les langages et le discours: Essai de linguistique fonctionnelle dans le cadre de la sémiologie.* Brüssel (Eine überarbeitete Version ist enthalten in Buyssens, 1967, 9–74)
–, 1956: Le langage par gestes chez les moines. *Revue de l'Institut de Sociologie de Bruxelles* 29, 537–545
–, 1967: *La communication et l'articulation linguistique.* Brüssel
–, 1973: Les noms singuliers. *Cahiers Ferdinand de Saussure* 28, 25 bis 34

Calvet, Louis-Jean, 1973: *Roland Barthes: un regard politique sur le signe.* Paris
–, 1974: Une sémiologie politique. *L'Arc: Roland Barthes* 56, 25–29
–, 1975: *Pour et contre Saussure: vers une linguistique sociale.* Paris
Carnap, Rudolf, 1942: *Introduction to Semantics.* Cambridge, Mass.
–, 1956^2 (1947^1): *Meaning and Necessity: A Study in Semantics and Modal Logic.* Chicago
Carpenter, Clarence R., 1969: Approaches to Studies of the Naturalistic

Communicative Behavior in Nonhuman Primates. In: Sebeok und Ramsay (Hg.), 1969, 40–70
Carpenter, Edmund S., 1960: *Eskimo*. Toronto
Carroll, John B., 1956 (Hg.): *Language, Thought and Reality: Selected Writings of Benjamin Lee Whorf*. Cambridge, Mass.
–, 1964: *Language and Thought*. Englewood Cliffs
Cassirer, Ernst, 1923: *Die Philosophie der Symbolischen Formen*. Berlin, 1923, 1924, 1929
–, 1944: *An Essay on Man: An Introduction to a Philosophy of Human Culture*. New Haven
Caws, Peter, 1969: The Structure of Discovery. *Science* 166, 1375–1380
Celan, Eugen, und Solomon Marcus, 1973: Le diagnostic comme langage, I. *Cahiers de Linguistique* 10, 163–173
Chafe, Wallace, 1968: Rezension von Lamb, 1966. *Language* 44, 593–603
Chao, Yuen Ren, 1968: *Language and Symbolic Systems*. Cambridge
Charbonnier, G., 1961: Entretiens avec Claude Lévi-Strauss. Paris
Charlesworth, William R., und Mary Anne Kreutzer, 1973: Facial Expressions of Infants and Children. In: *Darwin and Facial Expression: A Century of Research in Review*, hg. von Paul Ekman, New York, 91–168
Cherry, Colin, 1966: *On Human Communication: A Review, a Survey, and a Criticism*. Cambridge, Mass.
Chevalier, Jean, und Alain Gheerbrant, 1973–74 (1969[1]) (Hg.): *Dictionnaire des symboles: mythes, rêves, coutumes, gestes, formes, figures, couleurs, nombres*. Paris
Chomsky, Noam, 1965: *Aspects of the Theory of Syntax*. Cambridge, Mass.
–, 1967: The General Properties of Language. In: Darley (Hg.), 1967, 73–88
–, 1971: Deep Structure, Surface Structure, and Semantic Interpretation. In: *Studies in General and Oriental Linguistics Presented to Shirô Hattori on the Occasion of His Sixtieth Birthday*, hg. von Roman Jakobson und Shigeo Kawamoto, Tokio, 59–91
Clark, B. F. C., und K. A. Marcker, 1968: How Proteins Start. *Scientific American* 218, 36–42
Clark, Herbert H., 1972: Semantics and Comprehension. In: Sebeok (Hg.), 1974 b, 1291–1428
Clerk, Christian, 1975: The Cannibal Sign. *Royal Anthropological Institute News* 8, 1–3
Cocchiara, Giuseppe, 1932: *Il linguaggio del gesto*. Turin
Coquet, Jean-Claude, und Julia Kristeva, 1972: Sémanalyse: Conditions

d'une sémiotique scientifique. *Semiotica* 5, 324–349
Corti, Maria, 1973: Le jeu comme génération du texte: des tarots au recit. *Semiotica* 7, 33–48
Coseriu, Eugenio, 1967: L'arbitraire du signe: Zur Spätgeschichte eines aristotelischen Begriffes. *Archiv für das Studium der Neueren Sprachen und Literaturen* 204, 81–112
–, 1969, 1972: *Die Geschichte der Sprachphilosophie von der Antike bis zur Gegenwart. Eine Übersicht (Teil I: Von der Antike bis Leibniz. Teil II: Von Leibniz bis Rousseau).* Stuttgart
Coseriu, Eugenio, und Horst Geckeler, 1974: Linguistics and Semantics. In: Sebeok (Hg.), 1974 b, 103–171
Count, Earl W., 1969: Animal Communication in Man-Science. In: Sebeok und Ramsay (Hg.), 1969, 71–130
Cowan, M., 1963: *Humanist without Portfolio: An Anthology of the Writings of Wilhelm von Humboldt.* Detroit
Crick, F. H. C., 1966: The Genetic Code – Yesterday, Today and Tomorrow. In: *The Genetic Code (= Cold Spring Harbor Symposia on Quantitative Biology* 31). Cold Spring Harbor, L. I., N. Y.
Critchley, Macdonald, 1939: *The Language of Gesture.* London
–, 1975: *Silent Language.* London
Crookshank, F. G., 1923: The Importance of a Theory of Signs and a Critique of Language in the Study of Medicine. In: Ogden und Richards, 1938, 337–355
Crystal, David, 1969: *Prosodic Systems and Intonation in English.* Cambridge
–, 1974: Paralinguistics. In: Sebeok (Hg.), 1974 b, 265–295
Culler, Jonathan, in Vorbereitung: *Saussure.* Fontana Modern Masters, London

Dante, Alighieri, 1957: *Dē vulgarī eloquentiā.* Hg. Aristide Marigo, Florenz
Darley, F. L., 1967 (Hg.): *Brain Mechanisms Underlying Speech and Language.* New York
Darwin, Charles, 1872: *The Expression of the Emotions in Man and Animals.* London
Dascal, Marcelo, 1972: *Aspects de la sémiologie de Leibniz.* Jerusalem
–, 1975: Quelques fonctions des signes et du langage d'après Leibniz et ses contemporains. In: *Akten des II. Internationalen Leibniz-Kongresses, Hannover, 17.–22. Juli 1972,* Bd. 4, Wiesbaden, 239–255
Davidson, Donald, 1970: Semantics for Natural Languages. *Linguaggi nella società e nella tecnica,* 177–188
Davis, Flora, 1971: *Inside Intuition: What We Know About Nonverbal*

Communication. New York
Davis, Martha, 1972: *Understanding Body Movement: An Annotated Bibliography*. New York
Deely, John N., 1974: The Two Approaches to Language: Philosophical and Historical Reflections on the Point of Departure of Jean Poinsot's Semiotic. *The Thomist* 38, 856–907
–, 1975: ‹Semeiotica›: dottrina dei segni. *Renovatio: Rivista di Teologia e Cultura* 10, 472–490
DeLacy, Phillip, und Estelle DeLacy, 1941 (Hg.): *Philodemus: On Methods of Inference; A Study in Ancient Empiricism (= Philological Monograph* 10). Philadelphia
Deledalle, Gérard, 1974: Rezension – vgl. Greenlee, 1973
De Marinis, Marco, und Patrizia Magli, 1975: Materiali bibliografici per una semiotica del teatro. *VS: Quaderni di studi semiotici* 11, 53–128
Dewan, Edmond M., 1969: Rhythms. *Science and Technology*, Januar, 20–28
Dewey, John, 1946: Peirce's Theory of Linguistic Signs, Thought, and Meaning, *The Journal of Philosophy* 43, 85–95
Dittmann, Allen T., 1973: Rezension – vgl. Efron, 1972
Dreyfuss, Henry, 1972: *Symbol Source Book: An Authoritative Guide to International Graphic Symbols*. New York
Droste, Frederik G., 1972: The Grammar of Traffic Regulations. *Semiotica* 5, 257–262
Dubois, Jean, u. a., 1973 (Hg.): *Dictionnaire de linguistique*. Paris
Ducrot, Oswald, u. a., 1968: *Qu'est ce que le structuralisme?* Paris
Ducrot, Oswald, und Tzvetan Todorov: 1972; *Dictionnaire encyclopédique des sciences du langage*. Paris
Dummett, Michael, 1973: *Frege: Philosophy of Language*. London
Duncan, Hugh D., 1968: *Symbols in Society*. New York

Eakins, Barbara Westbrook, 1972: Charles Morris and the Study of Signification. Dissertation. The University of Iowa.
Eco, Umberto, 1968: *La struttura assente: Introduzione alla ricerca semiologica*. Mailand. Deutsche Version 1972 a: *Einführung in die Semiotik*. München (Vgl. Paolo Valesios Rezension 1971, Toward a Study of the Nature of Signs, *Semiotica* 3, 155–185)
–, 1972 b: Introduction to a Semiotics of Iconic Signs. *VS: Quaderni di studi semiotici* 2, 1–15
–, 1973: *Il segno*. Mailand
–, 1974: Closing Statement at the First Congress of the International Association for Semiotic Studies. *Le Journal Canadien de Recherche Sémiotique* 2: 2, 7–16

–, 1975: *Trattato di semiotica generale*. Mailand
–, 1976: *A Theory of Semiotics (= Advances in Semiotics* 1) Bloomington
Efron, David, 1972[2] (1941[1]): *Gesture, Race and Culture (= Approaches to Semiotics* 9). Den Haag. Vgl. Allen T. Dittmanns Rezension 1973, Style in Conversation, *Semiotica* 9, 241–251
Egger, V., 1904: *La parole intérieure*. Paris
Ehrmann, Jacques, 1966: *Structuralism (= Yale French Studies* 36–37). New Haven
Eibl-Eibesfeldt, Irenäus, 1970: *Ethology: The Biology of Behavior*. New York
Eibl-Eibesfeldt, Irenäus, und H. Hass, 1967: Film Studies in Human Ethology. *Current Anthropology* 8, 477–479
Eilers, Franz-Josef, 1967: *Zur Publizistik schriftloser Kulturen in Nordost-Guinea*. St. Augustin
Eimermacher, Karl, 1971: Entwicklung, Charakter und Probleme des sowjetischen Strukturalismus in der Literaturwissenschaft. In: *Teksty sovetskogo literaturovedčeskogo strukturalizma*, hg. von Karl Eimermacher, München, 9–40
–, 1974: *Arbeiten sowjetischer Semiotiker der Moskauer und Tartuer Schule (Auswahlbibliographie)*. (Kronberg Ts.)
Eisenberg, Abne N., und Ralph R. Smith, Jr., 1971: *Nonverbal Communication*. Indianapolis
Ekman, Paul, 1971: Universals and Cultural Differences in Facial Expressions of Emotion. *Current Theory and Research in Motivation* 19, 207–283
Ekman, Paul, und Wallace V. Friesen, 1969 a: Nonverbal Leakage and Clues to Deception. *Psychiatry* 32, 88–106
–, 1969 b: The Repertoire of Nonverbal Behavior: Categories, Origins, Usage, and Coding. *Semiotica* 1, 49–98
–, 1975: *Unmasking the Face: A Guide to Recognizing Emotions from Facial Clues*. Englewood Cliffs
Engler, Rudolf, 1962: Théorie et critique d'un principe saussurien: l'arbitraire du signe. *Cahiers Ferdinand de Saussure* 19, 5–66
–, 1968: *Lexique de la terminologie saussurienne*. Utrecht und Antwerpen
Ennion, Eric A. R., und Niko Tinbergen, 1967: *Tracks*. London
Ervin, Susan M., 1965[2]: Information Transmission with Code Translation. In: *Psycholinguistics: A Survey of Theory and Research Problems*, hg. von Charles E. Osgood und Thomas A. Sebeok, Bloomington, 185–192
Eschbach, Achim, 1974: *Zeichen – Text – Bedeutung: Bibliographie zu*

Theorie und Praxis der Semiotik. München
–, 1976 (mit W. Rader): Semiotik-Bibliographie I. Frankfurt/M.
Evans, William E., und Jarvis Bastian, 1969: Marine Mammal Communication: Social and Ecological Factors. In: *The Biology of Marine Mammals*, hg. von Harald T. Andersen, New York, 425–475

Faccani, Remo, und Umberto Eco, 1969 (Hg.): *I sistemi de segni e lo strutturalismo Sovietico*. Mailand
Fages, J.-B., 1968: *Comprendre le structuralisme*. Paris
Fast, Julius, 1970: *Body Language*. New York. Deutsche Version 1971: Körpersprache. Reinbek
Fedorenko, N. P., 1970 (Hg.): *Ekonomičeskaja Semiotika*. Moskau. Deutsche Version 1972: *Ökonomische Semiotik*. Berlin
Feigl, Herbert, 1969: The Wiener Kreis in America. In: *Intellectual Migration: Europe and America, 1930–1960*, hg. von Donald Fleming und Bernard Bailyn, Cambridge, Mass., 630–673
Fillmore, Charles J., 1972: A Grammarian Looks to Sociolinguistics. *Georgetown University Monograph Series on Languages and Linguistics* 25, 273–287
–, 1973: May We Come In? *Semiotica* 9, 97–116
Fiordo, Richard Anthony, 1976: *Charles Morris and the Criticism of Discourse (= Studies in Semiotics* 4). Bloomington
Firth, Raymond, 1973: *Symbols: Public and Private*. Ithaca
Fisch, Max H., 1972: Peirce and Leibniz. *Journal of the History of Ideas* 33, 485–496
Fisch, Max H., und Jackson I. Cope, 1952: Peirce at the Johns Hopkins University. In: *Studies in the Philosophy of Charles Sanders Peirce*, hg. von Philip P. Wiener und Frederic H. Young, Cambridge, Mass., 277–311, 355–360
Fischer-Jørgensen, Eli, 1957: Einleitung zu Uldall, 1957 (= *Travaux du Cercle Linguistique de Copenhague* 10)
Fitzgerald, John J., 1966: *Peirce's Theory of Signs as Foundation for Pragmatism*. Den Haag
Fleming, Ilah, 1969: Stratificational Theory: An Annotated Bibliography. *Journal of Linguistics* 3, 37–65
Fokkema, Douwe W., 1974: Semiotiek en Structuralisme in de Sovjetunie. *Forum der Letteren* 15, 138–156
Fónagy, Iván, 1975: Rezension – vgl. Ostwald, 1973
Frank, L. K., 1957: Tactile Communication. *Genetic Psychology Monographs* 56, 209–255
Frazer, James G., 1951: *The Golden Bough: A Study in Magic and Religion*. New York

Frege, Gottlob, 1892: Über Sinn und Bedeutung. *Zeitschrift für Philosophie und philosophische Kritik* 100, 25–50
Frei, Henri, 1944: Systèmes de déictiques. *Acta Linguistica Hafniensia* 4, 111–129
–, 1950: Zéro, vide et intermittent. *Zeitschrift für Phonetik, Sprachwissenschaft und Kommunikationsforschung* 4, 161–191
–, 1963: Le signe de Saussure et le signe de Buyssens. *Lingua* 12, 423–428
Fresnault-Deruelle, Pierre, 1975: L'espace interpersonnel dans les comics. In: Helbo u. a. (Hg.), 1975, 129–150
Freud, Sigmund, 1959 (1905): Fragment of an Analysis of a Case of Hysteria. In: *Collected Papers*, Vol. 3, New York
Friedmann, Herbert, 1955: The Honey-Guides (= *U.S. National Museum Bulletin* 208). Washington, D.C.
Frisch, Joseph C., 1969: *Extension and Comprehension in Logic*. New York
Frisch, Karl von, 1967: *The Dance Language and Orientation of Bees*. Cambridge, Mass.

Gale, R. M., 1967: Indexical Signs, Egocentric Particulars, and Token-Reflexive Words. *The Encyclopedia of Philosophy* 4, 151–155
Galenus, Claudius, 1965: *Opera Omnia* 14. Hildesheim
Gandelsonas, Mario, u. a., 1970: Semiología arquitectonica. *Summa* 32, 69–82
Gardner, Beatrice T., und R. Allen Gardner, 1969: Teaching Sign Language to a Chimpanzee. *Science* 165, 664–672
–, 1971: Two-Way Communication with an Infant Chimpanzee. In: *Behavior of Nonhuman Primates: Modern Research Trends*, hg. von Allan M. Schrier und Fred Stollnitz, New York, Bd. 4, 117–184
Gardner, Martin, 1968: Combinatorial Problems Involving «Tree» Graphs and Forests of Trees. *Scientific American* 218, 118–120
Garrison, Fielding H., 1929[4]: *An Introduction to the History of Medicine: With Medical Chronology, Suggestions for Study and Bibliographic Data*. Philadelphia
Garroni, Emilio, 1968: *Semiotica ed estetica*. Bari
Geertz, Clifford, 1973: *The Interpretation of Cultures*. New York
Geldard, Frank, 1960: Some Neglected Possibilities of Communication. *Science* 131, 1583–1588
Genette, Gérard, 1969: The Reverse Side of the Sign. *Social Science Information* 8: 4, 169–182
Gerard, Ralph, 1957: Units and Concepts of Biology. *Science* 125, 429–433

–, 1960: Becoming: The Residue of Change. In: *Evolution after Darwin* II, hg. von Sol Tax, Chicago, 255–267
Giedion, Sigfried, 1960: Space Conception in Prehistoric Art. In: *Explorations in Communication: An Anthology*, hg. von E. Carpenter und M. McLuhan, Boston 1966, 71–89
Gilliard, E. Thomas, 1963: The Evolution of Bowerbirds. *Scientific American* 209, 38–46
Glasersfeld, Ernst von, 1974: Signs, Communication, and Language. *Journal of Human Evolution* 3, 465–474
Glass, D. C., 1967: Genetics and Social Behavior. Social Science Research Council *Items* 21, 1–5
Glassie, Henry, 1973: Rezension – vgl. Bogatyrev, 1971
Godel, Robert, 1953: La question des signes zéro. *Cahiers Ferdinand de Saussure* 11, 31–41
–, 1957: *Les sources manuscrites du* Cours de linguistique générale *de F. de Saussure*. Genf
–, 1969 (Hg.): *A Geneva School Reader in Linguistics*. Bloomington
Goffman, Erving, 1963: *Stigma: Notes on the Management of Spoiled Identity*. Englewood Cliffs, deutsch 1967
Golopentia-Eretescu, Sanda, 1971; Explorări semiotice. *Studii și cercetări linguistice* 22, 283–291
Gorn, Saul, 1968: The Identification of the Computer and Information Sciences: Their Fundamental Semiotic Concepts and Relationships. *Foundations of Language* 4, 339–372
Graham, Jean Ann, und Michael Argyle, 1975: A Cross-Cultural Study of the Communication of Extra-Verbal Meaning by Gestures. *International Journal of Psychology* 10, 57–67
Green, Jerald R., 1968: *A Gesture Inventory for the Teaching of Spanish*. New York
Greenberg, Joseph H., 1963 (Hg.): *Universals of Language*. Cambridge, Mass.
–, 1964: Linguistics and Ethology. In: *Language in Culture and Society*, hg. von Dell Hymes, New York, 27–31
–, 1966: Language Universals. In: *Current Trends in Linguistics*, Bd. 3, *Theoretical Foundations*, hg. von Thomas A. Sebeok, Den Haag, 61–112
Greenlee, Douglas, 1973: *Peirce's Concept of Sign (= Approaches to Semiotics*, Paperback Serie 5). Den Haag. Vgl. Gérard Deledalles Rezension 1974, Qu'est-ce qu'un signe? Apropos de *Peirce's Concept of Sign* de Douglas Greenlee. *Semiotica* 10, 383–397
Greimas, Algirdas J., 1966: *Sémantique structurale*. Paris
–, 1968: *Modelli semiologici*. Urbino

–, 1970: *Du sens: Essais sémiotiques*. Paris
Greimas, Algirdas J., u. a., 1970 (Hg.): *Sign, Language, Culture*. Den Haag
Griffin, Donald R., 1968: Echolocation and Its Relevance to Communication Behavior. In: Sebeok (Hg.), 1968 b, 154–164
Grossman, Reinhardt, 1969: *Reflections on Frege's Philosophy*. Evanston
Guiraud, Pierre, 1971: *La sémiologie*. Paris (Englische Version, 1975: *Semiology*. London und Boston)
Gutiérrez Lopez, Gilberto A., 1975: *Estructura de lenguaje y conocimiento: Sobre la epistemologia de la semiotica*. Madrid

Haas, Willy, 1957: Zero in Linguistic Description. *Studies in Linguistic Analysis*, Sonderband der Philological Society of London, Oxford, 33–53
Hadas, Moses, 1954: *Ancilla to Classical Reading*. New York
Haldane, J. B. S., 1955: Animal Communication and the Origin of Human Language. *Science Progress* 43, 385–401
Hall, Edward T., 1959: *The Silent Language*. Garden City
–, 1966: *The Hidden Dimension*. Garden City
–, 1968: Proxemics. *Current Anthropology* 9, 83–108
Hall, K. R. L., 1963, 1966: Tool-using Performances as Indicators of Behavioral Adaptability. *Current Anthropology* 4, 479–494, und 7, 215–216
Hall, K. R. L., und George B. Schaller, 1964: Tool-using Behavior of the California Sea Otter. *Journal of Mammalology* 45, 287–298
Harrison, Randall P., u. a., 1972: The Nonverbal Communication Literature. *The Journal of Communication* 22, 460–476
Hayes, Alfred S., 1964: Paralinguistics and Kinesics: Pedagogical Perspectives. In: Sebeok, Hayes und Bateson (Hg.), 1964, 145–175, mit Diskussion, 175–190
Hayes, Francis D., 1957: Gestures: A Working Bibliography. *Southern Folklore Quarterly* 21, 218–317
Hediger, Heini, 1965: Man as a Social Partner of Animals and Vice Versa. *Symposia of the Zoological Society of London* 14, 291–300
–, 1967: Verstehens- und Verständigungsmöglichkeiten zwischen Mensch und Tier. *Schweizerische Zeitschrift für Psychologie und ihre Anwendungen* 26, 234–255
–, 1968: *The Psychology and Behaviour of Animals in Zoos and Circuses*. New York
–, 1970: Zur Sprache der Tiere. *Der Zoologische Garten* 38, 171–179
–, 1974: Communication between Man and Animal. *Image Roche* 62, 27–40

Helbo, André, 1974: Prolégomènes à la sémiologie théâtrale: Une lecture de *Port Royal*. *Semiotica* 11, 359–374
Helbo, André, u. a., 1975 (Hg.): *Sémiologie de la représentation: Théâtre, television, bande dessinée*. Brüssel
Hendricks, Gordon, 1975: *Eadweard Muybridge: The Father of the Motion Picture*. London
Herculano de Carvalho, José G., 1969: Segno e significazione in João de São Tomás. *Estudos Linguísticos*. Coimbra, 2, 129–168
Hess, Eckhard H., 1975: *The Tell-Tale Eye: How Your Eyes Reveal Hidden Thoughts and Emotions*. New York
Hinde, Robert A., 1966: *Animal Behaviour: A Synthesis of Ethology and Comparative Psychology*. New York
–, 1972 (Hg.): *Non-verbal Communication*. Cambridge
–, 1974: *Biological Bases of Human Social Behaviour*. New York
Hjelmslev, Louis, 1953 (Dänisches Original 1943): *Prolegomena to a Theory of Language*. Baltimore
Hockett, Charles F., 1955: How To Learn Martian. *Astounding Science Fiction*, Mai
Hofstadter, Albert, 1941–42: Objective Teleology. *The Journal of Philosophy* 38, 29–39
–, 1942: Subjective Teleology. *Philosophy and Phenomenological Research* 2, 88–97
Holenstein, Elmar, 1976: *Linguistik Semiotik Hermeneutik: Plädoyers für eine strukturale Phänomenologie*. Frankfurt/M.
Hooff, J. A. R. A. M. van, 1972: A Comparative Approach to the Phylogeny of Laughter and Smiling. In: Hinde (Hg.), 1972, 209–238
Hoppál, Mihály, 1971: Szemiotikai kutatások Magyarországon. *Fotómüvészet* 14: 2, 9–18, 34
–, 1973: Semiotic Research in Hungary. *Acta Ethnographica* 22, 204–216
Horányi, Özséb, und Csaba Pléh, 1975: Jelek a rajzfilmben. In: *Tanulmányok a magyar animácios filmröl*. Budapest, 226–248
Horányi, Özséb, und György Szépe, 1975 (Hg.): *A jel tudománya*. Budapest
Hotopf, W. H. N., 1965: *Language, Thought and Comprehension: A Case Study of the Writings of I. A. Richards*. Bloomington
Hrushovski, Benjamin, und Itamar Even-Zohar, 1972: A Short Hebrew-English-French-German-Russian Dictionary of Terms in Semiotics, Semantics, and Allied Fields. *Hasifrut: Quarterly for the Study of Literature* 3, 412–426
Huggins, W. H., und Doris R. Entwisle, 1974: *Iconic Communication: An Annotated Bibliography*. Baltimore

Husserl, Edmund, 1970 (1890[1]): Zur Logik der Zeichen (Semiotik). In: *Philosophie der Arithmetik*, hg. von Lothar Eley, Den Haag, 340–372
Hutt, Clelia, 1968: Etude d'un corpus: Dictionnaire du langage gestuel chez les Trappistes. *Langages* 10, 107–118
Huxley, Aldous, 1963: *Literature and Science*. New York
Hymes, Dell, 1968 a: Vorwort zu Peacock, 1968
–, 1968 b: Rezension von Burke, 1966. *Language* 44, 664–669
–, 1969: Rezension von Duncan, 1968. *Science* 164, 695–696

Ičas, M., 1969: *The Biological Code*. Amsterdam
Ikegami, Yoshihiko, 1971: A Stratificational Analysis of the Hand Gestures in Indian Classical Dancing. *Semiotica* 4, 365–391
Ivanov, V. V., 1969: L'évolution des signes – symboles. *Semiotica* 1, 218–221
Ivanov, V. V., und V. Toporov, 1965: *Slavjanskie jazykovyie modelurujuščie semiotičeskie sistemy*. Moskau

Jakobson, Roman, 1940: Das Nullzeichen. *Bulletin du Cercle Linguistique de Copenhague* 5, 12–14
–, 1963 (1957): *Essais de linguistique générale*. Paris
–, 1964: On Visual and Auditory Signs. *Phonetica* 11, 216–220
–, 1965: Quest for the Essence of Language. *Diogenes* 51, 21–37
–, 1966 (1939): Signe zéro. Reprint in: *Readings in Linguistics* II, hg. von E. Hamp, F. Householder und R. Austerlitz, Chicago 1966, 109–115
–, 1967: About the Relation Between Visual and Auditory Signs. In: *Models for the Perception of Speech and Visual Form*, hg. von W. Wathen-Dunn, Cambridge, Mass.
–, 1968: Language in Relation to Other Communication Systems. Ansprache vor der Conference on Language in Society and in the Technical World, Mailand. Bericht in de Mauro und Grassi, 1969
–, 1969: Linguistics in Relation to Other Sciences. In: *Actes du Xe Congrès International des Linguistes, Bucarest, 28 août – 2 septembre 1967*, hg. von A. Graur, Bukarest, Bd. 1, 78
–, 1970: Language in Relation to Other Communication Systems. *Linguaggi nella società e nella tecnica: Convegno promosso dalla Ing. C. Olivetti & C., S. p. A. per il centenario della nascita di Camillo Olivetti*, Mailand, 3–16
–, 1971 a: An Example of Migratory Terms and Institutional Models. *Selected Writings* 2, Den Haag, 257–238
–, 1972: Motor Signs for ‹Yes› and ‹No›. *Language in Society* 1, 91–96
–, 1974 (1970): *Main Trends in the Science of Language*. New York
–, 1975: *Coup d'oeil sur le développement de la sémiotique* (= *Studies in*

Semiotics 3). Bloomington
Jaulin, Robert, 1970: Formal Analysis of Geomancy. *Semiotica* 2, 195–246
Jervis, Robert, 1970: *The Logic of Images in International Relations.* Princeton. Vgl. Anatol Rapoports Rezension 1973, Games Nations Play, *Semiotica* 9, 272–288
Jespersen, Otto, 1964 (1922): *Language, Its Nature, Development, and Origin.* New York
Jorio, Andrea de, 1832: *La mimica degli antichi investigata nel gestire Napoletano.* Neapel
Jung, Carl G., u. a., 1968 (Hg.): *Man and His Symbols.* New York

Kahn, David, 1967: *The Codebreakers.* New York
Kahn, Theodore C., 1969: Symbols and Man's Nature. *The International Journal of Symbolology* 1, 5–6
Kainz, Friedrich, 1961: *Die «Sprache» der Tiere. Tatsachen – Problemschau – Theorie.* Stuttgart
Kang, Wook, in Vorbereitung: *G. H. Mead's Concept of Rationality: A Study of the Use of Symbols and Other Implements (= Approaches to Semiotics* 54). Den Haag
Kantor, Jacob R., 1936: *An Objective Psychology of Grammar* (= *Indiana University Publications,* Science Series 1). Bloomington
Katz, Jerrold J., 1966: *The Philosophy of Language.* New York
–, 1967: Recent Issues in Semantic Theory. *Foundations of Language* 3, 124–194
Katz, Jerrold J., und Paul Postal, 1964: *An Integrated Theory of Linguistic Descriptions.* Cambridge, Mass.
Kauffman, Lynne, 1971: Tacesics, the Study of Touch: A Model for Proxemic Analysis. *Semiotica* 4, 149–161
Kecskemeti, Paul, 1952: *Meaning, Communication, and Value.* Chicago
Kelemen, János, 1974: Rezension – vgl. *VS: Quaderni di studi semiotici, 1971–74*
–, 1976: Locke's Theory of Language and Semiotics. *Language Sciences* 40, 16–24
Kendon, Adam, 1972 a: Some Relationships between Body Motion and Speech: An Analysis of an Example. In: *Studies in Dyadic Communication,* hg. von Aron Wolfe Siegman und Benjamin Pope, New York
–, 1972 b: Rezension von Birdwhistell, 1970. *American Journal of Psychology* 85, 441–455
Ketner, Kenneth Laine, und Christian J. W. Kloesel, 1975: Rezension – vgl. Bense und Walther, 1973
Klaus, Georg, 1963: *Semiotik und Erkenntnistheorie.* München

Kleinpaul, Rudolph, 1888: *Sprache ohne Worte: Idee einer allgemeinen Wissenschaft der Sprache.* Leipzig (Reprint als *Approaches to Semiotics* 19, Den Haag, 1972)
Kloft, W., 1959: Versuch einer Analyse der trophobiotischen Beziehungen von Ameisen zu Aphiden. *Biologisches Zentralblatt* 78, 863–870
Kluckhohn, Clyde, 1953: Universal Categories of Culture. In: *Anthropology Today: An Encyclopedic Inventory,* hg. von A. L. Kroeber, Chicago
Knapp, Mark L., 1972: *Nonverbal Communication in Human Interaction.* New York
Koch, Christian (Hg.), in Vorbereitung: *Semiotics and Cinema* (*Approaches to Semiotics* 52). Den Haag
Koch, Walter A., 1974: Semiotik und Sprachgenese. In: *Perspektiven der Linguistik* 2, hg. von Walter A. Koch, Stuttgart, 312–346
Kortland, Adriaan, und M. Kooij, 1963: Protohominid Behaviour in Primates. *Symposia of the Zoological Society of London* 10, 61–88
Kowzan, Tadeusz, 1975: *Littérature et spectacle* (= *Approaches to Semiotics* 58). Den Haag
Krampen, Martin, 1965: Signs and Symbols in Graphic Communication. *Design Quarterly* 62, 3–31
Krenn, Herwig, und Klaus Müller, 1970: Generative Semantik. *Linguistische Berichte* 5, 85–106
Kretzmann, Norman, 1967: Semantics, History of. In: *The Encyclopedia of Philosophy* 7, 358–406
Kristeva, Julia, 1967: L'expansion de la sémiotique. *Social Science Information* 6, 169–181
–, 1969 a: La sémiologie comme science des idéologies. *Semiotica* 1, 196–204
–, 1969 b: *Semiotikè: Recherches pour une sémanalyse.* Paris
Kristeva, Julia, Josette Rey-Debove und Donna Jean Umiker, 1971 (Hg.): *Essays in Semiotics/Essais de sémiotique* (= *Approaches to Semiotics* 4). Den Haag
Kroeber, A. L., und Clyde Kluckhohn, 1952: *Culture: A Critical Review of Concepts and Definitions.* Cambridge, Mass.
Krueger, John R., 1968: Language and Techniques of Communication as Theme or Tool in Science-Fiction. *Linguistics* 39, 68–86
Kuckuk, Erwin, 1936: Tierpsychologische Beobachtungen an zwei jungen Braunbären. *Zeitschrift für vergleichende Physiologie* 24, 14–41
Kull, I. G., 1965: Semiotika i obučenie. *Semeiotikè* 2, 11–21

La Barre, Weston, 1964: Paralinguistics, Kinesics, and Cultural Anthro-

pology. In: Sebeok, Hayes und Bateson (Hg.), 1964, 191–220, mit Diskussion, 221–237
Lacan, Jacques, 1966: *Écrits*. Paris
–, 1968: *The Language of Self: The Function of Language in Psychoanalysis.* Übers. mit Anmerkungen und Kommentar von A. Wilden, Baltimore
Lamb, Sydney M., o. J. (1966): *Outline of Stratificational Grammar.* Washington D. C.
Lambert, J. H., 1764: *Neues Organon oder Gedanken über die Erforschung und Bezeichnung des Wahren und dessen Unterscheidung vom Irrthum und Schein,* 2. Band. Leipzig
Land, Stephen K., 1974: *From Signs to Propositions: The Concept of Form in Eighteenth-Century Semantic Thought.* London
Lane, Michael, 1970 (Hg.): *Introduction to Structuralism.* New York
Langer, Susanne K., 1948 (1942): *Philosophy in a New Key: A Study in the Symbolism of Reason, Rite, and Art.* New York
Lange-Seidl, Annemarie, 1975: Ansatzpunkte für Theorien nichtverbaler Zeichen. In: *Sprachtheorie,* hg. von Brigitte Schlieben-Lange, Hamburg, 241–275
Latif, Israil A., 1934: The Physiological Basis of Linguistic Development and of the Ontogeny of Meaning. *Psychological Review* 41, 55–85, 153–176, 246–264
Lawick-Goodall, Jane van, 1968: *The Behaviour of Free-living Chimpanzees in the Gombe Stream Reserve (= Animal Behaviour Monographs* 1, Teil 3)
Lenneberg, Eric H., 1967: *Biological Foundations of Language.* New York
–, 1969: Problems in the Systematization of Communicative Behavior. In: Sebeok und Ramsay (Hg.), 1969, Kap. 5
Lévi-Strauss, Claude, 1945: L'analyse structurale en linguistique et en anthropologie. *Word* 1, 33–53
–, 1956: Structure et dialectique. In: *For Roman Jakobson,* Den Haag
–, 1958: Anthropologie structurale. Paris
–, 1962 a: *La pensée sauvage.* Paris
–, 1962 b: Les limites de la notion de structure en ethnologie. In: Bastide (Hg.), 1962
–, 1966: The Culinary Triangle. *Partisan Review* 33, 586–595
–, 1973: *Anthropologie structurale deux.* Paris
Lewis, C. I., 1946: *An Analysis of Knowledge and Valuation.* La Salle, Ill.
Lewis, Kathleen, 1970: Conference on Language and Medicine. *Language Sciences* 12, 14–16

Liapunov, A. A., 1963 (Hg.): *Problemy Kibernetiki*. Moskau
Lieb, Irwin C., 1953 (Hg.): *Charles S. Peirce's Letters to Lady Welby*. New Haven
Lindekens, René, 1971: *Éléments pour une sémiotique de la photographie*. Brüssel
Lloyd, James E., 1965: Aggressive Mimicry in *Photuris*: Firefly Femmes Fatales. *Science* 149, 653–654
–, 1966: *Studies on the Flash Communication System in Photinus Fireflies (= Ann Arbor, Museum of Zoology, University of Michigan* series 130)
–, 1975: Aggressive Mimicry in *Photuris* Fireflies: Signal Repertoires by Femmes Fatales. *Science* 187, 452–453
Locke, John, 1690: *Essay Concerning Humane Understanding*. London
Lorenz, Konrad, 1965: *Evolution and Modification of Behavior*. Chicago
Lorenz, Konrad, und Paul Leyhausen, 1968: *Antriebe tierischen und menschlichen Verhaltens*. München
Lotman, Jurij M., 1965, 1967, 1969, 1971, 1975 (Hg.): *Semeiotikè. Trudy po znakovym systemam* II, III, IV, V, VI (= *Transactions of the Tartu State University* 189, 198, 236, 284)
–, 1973: *Semiotika kino i problemi kinoestetiki*. Tallin
Lotman, Jurij M., u. a., 1975: Theses on the Semiotic Study of Cultures (As Applied to Slavic Texts). In: Sebeok, 1975 a, 57–83
Lotman, Jurij M., und A. M. Pjatigorskij, 1969: Le texte et la fonction. *Semiotica* 1, 205–217
Lotman, Jurij M., und Boris A. Uspenskij, 1973 (Hg.): *Ricerche semiotiche: Nuove tendenze delle scienze umane nell'URSS*. Turin
Lotz, John, 1950: Speech and Language. *Journal of the Acoustical Society of America* 22, 712–717
–, 1972: A Select Bibliography on Script and Language. *Visible Language: The Journal for Research on the Visual Media of Language Expression* 6, 79–80
Lowie, R. H., 1937: *The History of Ethnological Theory*. New York
Luria, A. R., 1967: Problems and Facts in Neural Linguistics. *International Social Science Journal* 19, 36–51
–, 1974: Basic Problems of Neurolinguistics. In: Sebeok (Hg.), 1974 b, 2561–2594
Lurker, Manfred, 1968 (Hg.): *Bibliographie zur Symbolik, Ikonographie und Mythologie*. Baden-Baden
Lyons, John, 1963: *Structural Semantics: An Analysis of Part of the Vocabulary of Plato*. Oxford
–, 1968: *Introduction to Theoretical Linguistics*. Cambridge

McCawley, James D., 1968: The Role of Semantics in Grammar. In: *Universals in Linguistic Theory*, hg. von E. Bach und R. T. Harms, New York, 124–169
McGrew, W. C., 1972: *An Ethological Study of Children's Behavior*. New York
MacKay, D. M., 1961: The Informational Analysis of Questions and Commands. In: *Information Theory*, hg. von Colin Cherry, Washington, D. C.
–, 1972: Formal Analysis of Communicative Processes. In: Hinde (Hg.), 1972, 3–25
Macksey, Richard, und Eugenio Donato, 1970 (Hg.): *The Languages of Criticism and the Sciences of Man: The Structuralist Controversy*. Baltimore
Mahl, George F., und Gene Schulze, 1964: Psychological Research in the Extralinguistic Area. In: Sebeok, Hayes und Bateson (Hg.), 1964, 51–124, mit Diskussion, 125–143
Maldonado, Tomás, 1959: Communication and Semiotics. *Quarterly Bulletin of the Hochschule für Gestaltung* (Ulm), Juli, 69–78
–, 1961: *Beitrag zur Terminologie der Semiotik*. Ulm
Mallery, Garrick, 1972[2] (1881[1]): *Sign Language Among North American Indians Compared with that Among Other Peoples and Deaf-Mutes (= Approaches to Semiotics* 14). Den Haag. Vgl. Georges Mounins Rezension 1973, Une analyse du langage par gestes des Indiens (1881), *Semiotica* 7, 154–162
Malmberg, Bertil, 1973: *Teckenlära: En introduktion till tecknens och symbolernas problematik*. Stockholm
Malson, Lucien, 1973: Un entretien avec Claude Lévi-Strauss. *Le Monde*, 8. Dez., 20.
Mar, Timothy T., 1974: *Face Reading: The Chinese Art of Physiognomy*. New York
Marcus, Solomon, 1974: Din activitatea Centrului international de semiotică şi linguistică al Universităţii din Urbino–Italia, *Studii şi cercetări lingvistice* 25, 645–646
Maritain, Jacques, 1943: Sign and Symbol. In: *Redeeming the Time*, London, Kap. 9
Marler, Peter, 1956: The Voice of the Chaffinch and Its Function as a Language. *Ibis* 98, 231–261
–, 1961: The Logical Analysis of Animal Communication. *Journal of Theoretical Biology* 1, 295–317
–, 1965: Communication in Monkeys and Apes. In: *Primate Behavior: Field Studies of Monkeys and Apes*, hg. von Irven DeVore, New York, 566–567

–, 1967: Animal Communication Signals. *Science* 157, 769–774
Marshall, Alexander J., 1954: *Bower-birds: Their Displays and Breeding Cycles*. Oxford
Martinet, André, 1968 (Hg.): *Le Langage*. Encyclopédie de la Pléiade. Paris
Martinet, Jeanne, 1973: *Clefs pour la sémiologie*. Paris. Vgl. Gérard Buchers Rezension 1975, L'Objet de la sémiologie, *Semiotica* 14, 181–196
Massin, 1970: *Letter and Image*. New York
Masters, Roger D., 1970: Genes, Language, and Evolution. *Semiotica* 2, 295–320
Matson, Floyd W., und Ashley Montagu, 1967 (Hg.): *The Human Dialogue: Perspectives on Communication*. New York
Mauro, Tullio de, und Letizia Grassi, 1969: I linguaggi nella società e nella tecnica. *Lingua e Stile* 4, 249–263
Mayenowa, Maria R., 1967: Semiotics Today: Reflections on the Second International Conference on Semiotics. *Social Science Information* 6, 59–64
Mead, Margaret, 1964: Vicissitudes of the Study of the Total Communication Process. In: Sebeok, Hayes und Bateson (Hg.), 1964, 277–287
–, 1969: From Intuition to Analysis in Communication Research. *Semiotica* 1, 13–25
Meader, Clarence L., und John H. Muyskens, 1962: *Handbook of Biolinguistics* 1. Toledo
Meetham, A. R., und R. A. Hudson, 1969 (Hg.): *Encyclopaedia of Linguistics, Information and Control*. Oxford
Mehrabian, Albert, 1972: *Nonverbal Communication*. Chicago. Vgl. Murray Melvins Rezension 1974, Some Issues in Nonverbal Communication, *Semiotica* 10, 293–304
Meiland, Jack W., 1970: *The Nature of Intention*. London
Meletinskij, Eleazar M., 1969 a: Nachwort zu V. Ja. Propp, *Morfologia skazki*, Moskau
–, 1969 b: Zur strukturell-typologischen Erforschung des Volksmärchens. *Deutsches Jahrbuch für Volkskunde* 15, 1–30
Meletinsky, Eleazar, und Dmitri Segal, 1971: Structuralism and Semiotics in the USSR. *Diogenes* 73, 88–115
Melvin, Murray, 1974: Rezension – vgl. Mehrabian, 1972
Metz, Christian, 1974: *Language and Cinema* (= *Approaches to Semiotics* 26). Den Haag
Miller, David L., 1973: *George Herbert Mead: Self, Language, and the World*. Austin

Miller, George A., Karl Pribram und Eugene Galanter, 1960: *Plans and the Structure of Behavior*. New York
Miller, Robert L., 1968: *The Linguistic Relativity Principle and Humboldtian Ethnolinguistics: A History and Appraisal*. Den Haag
Moles, Abraham A., 1964: Les voies cutanées: compléments informationnels de la sensibilité de l'organisme. *Studium Generale* 17, 589–595
–, 1971 (Hg.): *La communication*. Paris
Montagu, Ashley, 1971: *Touching: The Human Significance of the Skin*. New York
Montague, Richard, 1974: *Formal Philosophy: Selected Papers* . . . Hg. von Richmond H. Thomason, New Haven
Morawski, Stefan, 1970: Mimesis. *Semiotica* 2, 35–58
Morris, Charles W., 1938 (dt. 1972): *Foundations of the Theory of Signs (= International Encyclopedia of Unified Science* 1:2). Chicago
–, 1946 (dt. 1973): *Signs, Language and Behavior*. New York
–, 1964 (dt. 1975): *Signification and Significance: A Study of the Relation of Signs and Values*. Cambridge, Mass.
–, 1971: *Writings on the General Theory of Signs (= Approaches to Semiotics* 16). Den Haag. Vgl. Ferruccio Rossi-Landis Rezension 1975, Signs About a Master of Signs, *Semiotica* 13, 155–197
Mounin, Georges, 1959: Les systèmes de communication non-linguistique et leur place dans la vie du XXe siècle. *Bulletin de la Société de Linguistique de Paris* 54, 176–200
–, 1968: *Saussure ou le structuraliste sans le savoire*. Paris. Vgl. Jean-Jacques Nattiez' Rezension 1973, Quelques prolèmes de la sémiologie fonctionnelle, *Semiotica* 9, 157–190
–, 1970: *Introduction à la sémiologie*. Paris
–, 1973: Rezension – vgl. Mallery, 1972
Mulder, J. W. F., und S. G. J. Hervey, 1972: *Theory of the Linguistic Sign*. Den Haag
Munn, Nancy D., 1973: *Walbiri Iconography: Graphic Representation and Cultural Symbolism in a Central Australien Society*. Ithaca
Murdock, G. P., 1945: The Common Denominator of Cultures. In: *The Science of Man in the World Crisis*, hg. von R. Linton, New York
Musique en jeu, 1971, 1973: Dossier: la sémiologie de la musique. 5, 3–98; Analyse méthodologie sémiologie. 10, 3–90

Nagel, Ernest, 1959: Charles Sanders Peirce, A Prodigious but Little Known American Philosopher. *Scientific American* 200, 185–192
Nattiez, Jean-Jacques, 1972: Is a Descriptive Semiotics of Music Possible? *Language Sciences* 23, 1–7

–, 1973: Rezension – vgl. Mounin, 1968
–, 1974: Rezension – vgl. Ruwet, 1972
–, 1975: *Fondements d'une sémiologie de la musique*. Paris
Naville, Adrien, 1901[2]: *Nouvelle classification des sciences*. Paris
Nelson, Lowry, Jr., 1975: Signs of the Times: Semiotics 1974. *The Yale Review* 64, 296–320
Nickel, Gerhard, 1971 (Hg.): *Papers in Contrastive Linguistics*. Cambridge
Nida, Eugene A., 1964: *Toward a Science of Translating*. Leiden
–, 1969: Science of Translation. *Language* 45, 483–498
–, 1975: *Exploring Semantic Structures*. München
Nida, Eugene A., und Charles R. Taber, 1969: *The Theory and Practice of Translation*. Leiden
Nöth, Winfried, 1975: *Semiotik: Eine Einführung mit Beispielen für Reklameanalysen*. Tübingen

O'Brien, James F., 1969: *Design by Accident*. New York
Ogden, C. K., und I. A. Richards, 1938[5] (1923[1]): *The Meaning of Meaning: A Study of the Influence of Language upon Thought and of the Science of Symbolism*. New York
Ohm, Thomas, 1948: *Die Gebetsgebärden der Völker und das Christentum*. Leiden
Oléron, Pierre, 1974: *Éléments de repertoire du langage gestuel des sourds-muets*. Paris
Osgood, Charles E., G. J. Suci und P. H. Tannenbaum, 1957: *The Measurement of Meaning*. Urbana
Osgood, Charles E., und Thomas A. Sebeok, 1965[2] (Hg.): *Psycholinguistics: A Survey of Theory and Research Problems*. Bloomington
Osmond-Smith, David, 1974: Problems of Terminology and Method in the Semiotics of Music. *Semiotica* 11, 269–294
Osolsobě, Ivo, 1967: Ostenze jako mezni případ lidského sdělování a její význam pro umění. *Estetika* 1, 2–23, 101
–, 1973 a: Fifty Keys to Semiotics. *Semiotica* 7, 226–281
–, 1973 b: Czechoslovak Semiotics Past and Present. *Semiotica* 9, 140–145
–, 1974: *Divadlo, které mluvi, zpívá a tanči* (Das Theater, das spricht, singt und tanzt [Semiotik des Musiktheaters]). Prag
Ostwald, Peter F., 1964: How the Patient Communicates about Disease with the Doctor. In: Sebeok, Hayes und Bateson (Hg.), 1964, 11–34, mit Diskussion, 35–49
–, 1968: Symptoms, Diagnosis and Concepts of Disease: Some Comments on the Semiotics of Patient-Physician Communication. *Social*

Science Information 7: 4, 95–106
–, 1973: *The Semiotics of Human Sounds* (= *Approaches to Semiotics* 36). Den Haag. Vgl. Iván Fónagys Rezension 1975, Analyses sémiotiques de la voix, *Semiotica* 13, 97–108

Pagnini, Marcello, 1974: *Lingua e musica: Proposta per un'indagine strutturalistico-semiotica.* Bologna
Papp, Ferenc, 1969: Jelentés, közlés, szemiótika a Szovjet nyelvtudományban. In: *Nyelv és kommunikáció*, hg. von Tamás Szecskö und György Szépe, Budapest, Bd. 2, 95–125
Parkinson, Frank, 1975: Rezension von Mulder und Hervey, 1972. *Lingua* 35, 173–193
Parret, Herman, 1975: Idéologie et sémiologie chez Locke et Condillac: La question de l'autonomie du langage devant la pensée. In: *Ut Videam: Contributions to an Understanding of Linguistics*, hg. von Werner Abraham, Lisse, 225–248
Pawlowski, T., 1974: Linguistics and the Semiotic Theory of Culture. *Scientia* 5–8, 1–5
Pazukhin Rościsław, 1972: The Concept of Signal. *Lingua Posnaniensis* 16, 25–43
Peacock, James L., 1968: *Rites of Modernization: Symbolic and Social Aspects of Indonesian Proletarian Drama.* Chicago
Pedersen, Holger, 1962: *The Discovery of Language: Linguistic Science in the Nineteenth Century.* Übers. von J. W. Spargo, Bloomington
Peirce, Charles S., 1906: Prolegomena to an Apology for Pragmaticism. *The Monist* 16, 492–546
–, 1934 (etwa 1906): Pragmatism in Retrospect: A Reformulation. In: *Collected Papers* (1965–66), Bd. 5
–, 1965–66: *Collected Papers of Charles Sanders Peirce.* Hg. von Charles Hartshorne, Paul Weiss und Arthur W. Burks, 6 Bde., Cambridge, Mass. (Die Angaben beziehen sich auf Bände und Paragraphen, nicht auf Seiten.)
Peirce Newsletter, The Charles S., 1974– [Institute for Studies in Pragmaticism, Lubbock]
Pelc, Jerzy, 1969: Meaning as an Instrument. *Semiotica* 1, 26–48
–, 1974: The Development of Polish Semiotics in the Post-War Years. *Semiotica* 10, 369–381
Pfeiffer, John E., 1969: *The Emergence of Man.* New York
Phillips, Herbert P., 1959–60: Problems of Translation and Meaning in Fieldwork. *Human Organization* 18, 184–192
Piaget, Jean, 1968: *Le structuralisme.* Paris
Pinborg, Jan, 1962: Das Sprachdenken der Stoa und Augustins Dialektik.

Classica et Mediaevalia 23, 148–177
–, 1972: *Logik und Semantik im Mittelalter: ein Überblick.* Stuttgart
Pitts, Walter, und Warren S. McCulloch, 1947: How We Know Universals: The Perception of Auditory and Visual Forms. *Bulletin of Mathematical Biophysics* 9, 127–149
Poetics, Poetyka, Poetika I, II, 1961, 1965: [Warschau]
Pohl, Jacques, 1968: *Symboles et langages* 1: *Le symbole, clef de l'humain.* Paris
Poinsot, Jean, in Vorbereitung: *Treatise on Signs (Tractatus de Signis).* Hg. von John N. Deely (= *Advances in Semiotics* 3). Bloomington
Poiret, Maude, 1970: *Body Talk: The Signs of Kinesics.* New York
Pottier, Bernard 1973 (Hg.): *Le langage: Les dictionnaires du savoir moderne.* Paris
Poyatos, Fernando, 1970: Kinesica del Español actual. *Hispania* 53, 444–452
–, 1975: Rezension – vgl. Saitz und Cervenka, 1972
Praz, Mario, 1964²: *Studies in Seventeenth-Century Imagery.* Rom
Prieto, Luis J., 1966: *Messages et signaux.* Paris
–, 1968: La sémiologie. In: Martinet, 1968, 93–144
–, 1975: *Études de linguistique et de sémiologie générales.* Genf
Proceedings of the Eighth International Congress of Linguists, 1958 [Oslo]
Proceedings of the International Union of Physiological Sciences, Vol. 3, o. J. (1964) [Amsterdam]
Propp, V. Ja., 1928: *Morfologija skazki.* Moskau. Englische Version 1958, 1968²: *Morphology of the Fairytale,* Bloomington
Pumphrey, R. J., 1951: *The Origin of Language.* Liverpool

Rastier, François, 1972: *Idéologie et théorie des signes* (= *Approaches to Semiotics* 17). Den Haag
Rector, Monica, 1974: Glossario de Semiotica. *Vozes* 68, 5–17
–, 1975: Código e mensagem do carnaval as escolas de samba. *Cultura* 5/19
Reichenbach, Hans, 1948: *Elements of Symbolic Logic.* New York
Resnikow, Lasar Ossipowitsch, 1968: *Erkenntnistheoretische Fragen der Semiotik.* Berlin [Erweiterte Fassung der ursprünglichen russischen Ausgabe von 1964; eine italienische Übersetzung wurde 1967 publiziert unter dem Titel: Semiotica e Marxismo: I problemi gnoseologici della semiotica (Mailand)]
Revzina, Olga G., 1972: The Fourth Summer School on Secondary Modeling Systems (Tartu, 17.–24. August 1970). *Semiotica* 6, 222–243

Rey, Alain, 1969: Remarques sémantiques. *Langue Française* 4, 5–29
–, 1971: La théorie positiviste des langages: Auguste Comte et la sémiotique. *Semiotica* 4, 52–74
–, 1973: *Théories du signe et du sens. Lectures* 1, Paris
Rey-Debove, Josette, 1973 (Hg.): *Recherches sur les systèmes signifiants: Symposium de Varsovie 1968 (= Approaches to Semiotics* 18). Den Haag
Rice, Charles E., 1967: The Human Sonar System. In: *Animal Sonar Systems: Biology and Bionics*, hg. von René-Guy Busnel, Paris 719–755
Richards, I. A., 1933: Preface to a Dictionary. *Psyche* 13, 10–24
–, 1936: *The Philosophy of Rhetoric*. London
–, 1969: Tipi e campioni. *Strumenti Critici* 3, 187–193
Rijnberk, Gérard van, 1953: *Le langage par signes chez moines*. Amsterdam
Roberts, Don D., 1973: *The Existential Graphs of Charles S. Peirce (= Approaches to Semiotics* 27). Den Haag
Rommetveit, Ragnar, 1968: *Words, Meanings, and Messages: Theory and Experiments in Psycholinguistics*. New York
Rossi-Landi, Ferruccio, 1953: *Charles Morris*. Rom
–, 1968: Ideologie della relatività linguistica. *Ideologie* 4, 3–69
–, 1974: Linguistics and Economics. In: Sebeok (Hg.), 1974 b, 1787–2026
–, 1975 a: *Charles Morris e la semiotica nove centesca*. Mailand
–, 1975 b: Rezension – vgl. Morris, 1971
Rowell, Thelma, 1972: *The Social Behaviour of Monkeys*. Harmondsworth
Ruesch, Jurgen, 1957: *Disturbed Communication: The Clinical Assessment of Normal and Pathological Communicative Behavior*. New York
–, 1961: *Therapeutic Communication*. New York
–, 1972: *Semiotic Approaches to Human Relations (= Approaches to Semiotics* 25). Den Haag
Ruesch, Jurgen, und Gregory Bateson, 1951: *Communication: The Social Matrix of Psychiatry*. New York
Ruesch, Jurgen, und Weldon Kees, 1956: *Nonverbal Communication: Notes on the Visual Perception of Human Relations*. Berkeley und Los Angeles
Rüppell, G., 1969: Eine «Lüge» als gerichtete Mitteilung beim Eisfuchs (Alopex lagopus L.). *Zeitschrift für Tierpsychologie* 26, 371–374
Russell, Bertrand, 1940: *An Inquiry into Meaning and Truth*. London
Russell, Patrick J., Jr., 1973: *The Philip Mills Arnold Semeiology Collection*. St. Louis

Ruwet, Nicolas, 1972: *Langage, musique, poésie*. Paris. Vgl. Jean-Jacques Nattiez' Rezension 1974, Problèmes de sémiologie musicale et de poétique structurale, *Semiotica* 11, 247–268

Ryle, Gilbert, 1957: The Theory of Meaning. In: *British Philosophy in Midcentury*, hg. von C. A. Mace, London, 239–264

Saitz, Robert L., 1966: Gestures in the Language Classroom. *English Language Teaching* 21, 33–37

Saitz, Robert L., und Edward J. Cervenka, 1972: *Handbook of Gestures: Colombia and the United States (= Approaches to Semiotics* 31). Den Haag. Vgl. Fernando Poyatos' Rezension 1975, Gesture Inventories: Fieldwork Methodology and Problems, *Semiotica* 13, 199–227

Sanders, Gary, 1970: Peirce's Sixty-six Signs? *Transactions of the Charles S. Peirce Society* 6, 3–16

Sapir, Edward, 1929: The Status of Linguistics as a Science. *Language* 5, 207–214

Saussure, Ferdinand de, 1967 (1916[1]): *Cours de linguistique générale*. Hg. von R. Engler, Wiesbaden. Vgl. auch 1960[5], Paris; zu der neuesten Version vgl. die kritische Ausgabe von Tullio de Mauro, Paris 1972

Savan, David, in Vorbereitung: *An Introduction to C. S. Peirce's Completed System of Semiotics (= Studies in Semiotics)*. Bloomington

Schaeder, Burkhard, 1969: Die Sprachinhaltforschung im deutschen Sprachraum: Wortschatz- und Grammatiktheorie. *Studium Generale* 22, 294–309

Schaff, Adam, 1962: *Introduction to Semantics*. Oxford

Schapiro, Meyer, 1969: On Some Problems in the Semiotics of Visual Art: Field and Vehicle in Image-Signs. *Semiotica* 1, 223–242

Scheflen, Albert E., 1972: *Body Language and the Social Order: Communication as Behavioral Control*. Englewood Cliffs

–, 1974: *How Behavior Means*. Garden City

Schenk, Günter, 1973: *Zur Geschichte der logischen Form*, Bd. 1. *Einige Entwicklungstendenzen von der Antike bis zum Ausgang des Mittelalters*. Berlin

Scherer, Klaus R., 1970: *Non-verbale Kommunikation: Ansätze zur Beobachtung und Analyse der außersprachlichen Aspekte von Interaktionsverhalten*. Hamburg

Schmidt, Siegfried J., 1969: *Bedeutung und Begriff: Zur Fundierung einer sprachphilosophischen Semantik*. Braunschweig

Schnapper, Melvin, 1969: Your Actions Speak Louder . . . *Peace Corps Volunteer*, Juni, 7–10

Schooneveld, C. H. van, und Daniel Armstrong, 1976 (Hg.): *Roman Jakobson: Echoes of His Scholarship*. Lisse

Schuchardt, H., 1912: Geschichtlich verwandt oder elementar verwandt? *Magyar Nyelvõr* 44, 3–13
Scully, Malcolm G., 1975: A Special Kind of Literacy. *Chronicle of Higher Education* 10, 11
Sebeok, Thomas A., 1953: Rezension. *International Journal of American Linguistics* 19, 159–160
–, 1958: Rezension. *International Journal of American Linguistics* 24, 79–82
–, 1960 (Hg.): *Style in Language* (Cambridge, Mass.)
–, 1962 a: Coding in the Evolution of Signalling Behavior. *Behavioral Science* 7, 430–442
–, 1962 b: The Texture of a Cheremis Incantation. *Mémoires de la Société Finno-ougrienne* 125, 523–527
–, 1963: Communication among Social Bees; Porpoises and Sonar; Man and Dolphin (Rezension). *Language* 39, 448–466
–, 1965: Animal Communication. *Science* 147, 1006–1014
–, 1966: Einleitung zu *Portraits of Linguists: A Biographical Source Book for the History of Western Linguistics 1746–1963*, hg. von Thomas A. Sebeok, Bloomington
–, 1967 b: Colloque international de sémiologie. *Linguistic Reporter* 9, 1–3
–, 1967 c: Discussion of Communication Processes. In: Altmann (Hg.), 1967, 363–369
–, 1967 d: On Chemical Signs. In: *To Honor Roman Jakobson,* Den Haag, 1775–1782
–, 1968 a: A Selected and Annotated Guide to the Literature of Zoosemiotics and Its Background. *Social Science Information* 7, 103–117
–, 1968 b (Hg.): *Animal Communication: Techniques of Study and Results of Research.* Bloomington
–, 1968 c: Communication Models and Signaling Behavior. *International Encyclopedia of the Social Sciences* 3, 33–40
–, 1972: *Perspectives in Zoosemiotics.* Den Haag
–, 1973: Semiotica e affini. *VS: Quaderni di studi semiotici* 3, 1–11
–, 1974 b (Hg.): *Current Trends in Linguistics,* Bd. 12. *Linguistics and Adjacent Arts and Sciences.* Den Haag
–, 1975 a (Hg.): *The Tell-Tale Sign: A Survey of Semiotics.* Lisse
–, 1975 b: Zoosemiotics: A Bibliography. *VS: Quaderni di studi semiotici* 10
–, 1975 c: Iconicity. Eröffnungsansprache vor dem Charles Sanders Peirce Symposium on Semiotics and the Arts, The Johns Hopkins University Centennial Celebration, Baltimore, 25. September
–, 1975 d (Hg.): *Current Trends in Linguistics,* Vol. 13. *Historiography*

of Linguistics. Den Haag
–, 1977 a (Hg.): *How Animals Communicate*. Bloomington
–, 1977 b: Semiosis in Nature and Culture. In: *A Perfusion of Signs: Transactions of the North American Semiotics Colloquium (= Advances in Semiotics* 4), hg. von Thomas A. Sebeok, Bloomington
–, 1977 c: The Pertinence of Peirce to Linguistics. Ansprache des Präsidenten vor der Linguistic Society of America, San Francisco, 30. Dezember 1975. *Language* 53
–, 1977 d: *Semiotics*. Harmondsworth
Sebeok, Thomas A., Alfred S. Hayes und Mary Catherine Bateson, 1972² (1964¹) (Hg.): *Approaches to Semiotics: Cultural Anthropology, Education, Linguistics, Psychiatry, Psychology*. Den Haag
Sebeok, Thomas A., und Alexandra Ramsay, 1969 (Hg.): *Approaches to Animal Communication*. Den Haag
Sebeok, Thomas A., und Donna Jean Umiker-Sebeok, 1976 (Hg.): *Speech Surrogates: Drum and Whistle Systems (= Approaches to Semiotics* 23). Den Haag
In Vorbereitung: *Aboriginal Sign Languages: Gestural Systems Among Native Peoples of the Americas and Australia*. New York
Sechehaye, Albert, Charles Bally und Henri Frei, 1940–41: Pour l'arbitraire du signe. In: Godel (Hg.), 1969, 191–195
Segre, Cesare, 1969: Fra strutturalismo e semiologia. In: *I segni e la critica*, hg. von C. Segre, Turin, 61–92
–, 1973: *Semiotics and Literary Criticism (= Approaches to Semiotics* 35). Den Haag
Sellars, Wilfrid, 1950: Language, Rules, and Behavior. In: *John Dewey: Philosophy of Science and Freedom*, hg. von Sidney Hook, New York, 289–315
Semeiotikè: Trudy po znakovym systemam (Arbeiten zur Semiotik), 1965–75: [Tartu: Acta et Commentationes Universitatis Tartuensis; Jurij M. Lotmans *Lekcii po struktural'noj poetike* wurde als Trudy 1 (1964) publiziert]
Semiotext(e): Alternatives in Semiotics, 1974–: 1–. New York
Shands, Harley C., 1970 a: Momentary Deity and Personal Myth: A Semiotic Inquiry Using Recorded Psychotherapeutic Material. *Semiotica* 2, 1–34
–, 1970 b: *Semiotic Approaches to Psychiatry (= Approaches to Semiotics* 2). Den Haag
–, 1971: *The War with Words: Structure and Transcendence (= Approaches to Semiotics* 12). Den Haag
Shands, Harley C., und James D. Meltzer, 1975: Clinical Semiotics. *Language Sciences* 38, 21–24

Shepherd, Walter, 1971: *Shepherd's Glossary of Graphic Signs and Symbols*. New York
Sherzer, Joel, 1971: Conference on Interaction Ethology. *Language Sciences* 14, 19–21
–, 1973: Verbal and Nonverbal Deixis: The Pointed Lip Gesture among the San Blas Cuna. *Language in Society* 2, 117–131
Sign Language Studies, 1972–: Bd. 1–. Silver Spring, Md.
Simon, John, 1975: Antonioni: *The Passenger* will please refrain . . . *Esquire*, Juli, 16 ff
Simone, Raffaele, 1972: Sémiologie augustinienne. *Semiotica* 6, 1–31
Simpozium po strukturnomu izučeniju znakovyx sistem, 1962: [Moskau]
Simpson, George G., 1966: The Biological Nature of Man. *Science* 152, 472–478
Smith, Henry Lee, Jr., 1969: Language and the Total System of Communication. In: Hill (Hg.), 1969, 89–102
Smith, W. John, 1965: Message, Meaning, and Context in Ethology. *American Naturalist* 99, 405–409
–, 1968: Message-meaning Analysis. In: Sebeok (Hg.), 1968 b, Kap. 4
–, 1969 a: Displays and Messages in Intraspecific Communication. *Semiotica* 1, 357–369
–, 1969 b: Messages of Vertebrate Communication. *Science* 165, 145–150
Smith, W. John, u. a., 1974: Tongue Showing: A Facial Display of Humans and Other Primate Species. *Semiotica* 11, 201–246
Snider, James G., und C. E. Osgood, 1969 (Hg.): *Semantic Differential Technique: A Sourcebook*. Chicago
Söder, Karl, 1964: Beiträge J. H. Lamberts zur formalen Logik und Semiotik. Dissertation. Greifswald
Sommer, Robert, 1969: *Personal Space: The Behavioral Basis of Design*. Englewood Cliffs
Sørensen, Holger S., 1963: *The Meaning of Proper Names: With a Definiens Formula for Proper Names in Modern English*. Kopenhagen
–, 1967: Meaning. In: *To Honor Roman Jakobson*, Den Haag, Bd. 3, 1876–1899
Spang-Hanssen, Henning, 1954 (1948): Recent Theories on the Nature of the Language Sign. *Travaux du Cercle Linguistique de Copenhague* 9
Sparti, Antonino di, 1975: *Linguaggio pubblicitario: analisi linguistica di un corpus pubblicitario di sigarette americane. Quaderni del Circolo Semiologico Siciliano* 5.
Sperber, Dan, 1974: *Le symbolisme en général*. Paris

Staal, J. F., 1971: What Was Left of Pragmatics in Jerusalem. *Language Sciences* 14, 29–32
Stammerjohann, Harro, u. a., 1975: *Handbuch der Linguistik: Allgemeine und angewandte Sprachwissenschaft.* München
Stankiewicz, Edward, 1964: Problems of Emotive Language. In: Sebeok, Hayes und Bateson (Hg.), 1964, 239–264, mit Diskussion, 265–276
–, 1974: Structural Poetics and Linguistics. In: Sebeok (Hg.), 1974 b, 629–659
Stanosz, Barbara, 1970: Formal Theories of Extension and Intension of Expressions. *Semiotica* 2, 102–114
Stefanini, Jean, 1973: Rezension – vgl. Bursill-Hall, 1971
Stender-Petersen, A., 1949: Esquisse d'une théorie structurale de la littérature. *Travaux du Cercle Linguistique de Copenhague* 5, 277–287
Stent, Gunther S., 1969: *The Coming of the Golden Age: A View of the End of Progress.* Garden City
Stepanov, Yu. S., 1971: *Semiotika.* Moskau (In Russisch. Eine ungarische Ausgabe mit dem Titel *Szemiotika* erschien 1976 in Budapest)
Stetson, R. H., 1951: *Motor Phonetics: A Study of Speech Movements in Action.* Amsterdam
Stokoe, William C., Jr., 1974: Motor Signs as a First Form of Language. *Semiotica* 10, 117–130
Stough, Charlotte L., 1969: *Greek Skepticism: A Study in Epistemology.* Berkeley und Los Angeles
Studia z Historii Semiotyki 1, 2, 1971, 1973: Monografie z Dziejów Nauki i Techniki, Zakład Historii Nauki i Techniki Polskiej Akademii Nauk 68, 88, Warschau
Studnicki, Franciszek, 1970: Traffic Signs. *Semiotica* 2, 151–172
Sturtevant, Edgar H., 1947: *An Introduction to Linguistic Science.* New Haven

Tavolga, William N., 1974: Application of the Concept of Levels of Organization to the Study of Animal Communication. In: *Nonverbal Communication,* hg. von Lester Krames, Patricia Pliner und Thomas Alloway, New York, 51–76
Taylor, Orlando, und Dianna Ferguson, 1975: A Study of Cross-cultural Communication between Blacks and Whites in the U.S. Army. *The Linguistic Reporter* 17: 3, 8, 11
Thibaud, Pierre, 1975: *La logique de Charles Sanders Peirce: De l'algèbre aux graphes.* Aix-en-Provence
Thom, René, 1973; De l'icône au symbole: Esquisse d'une théorie du symbolisme. *Cahiers internationaux de symbolisme* 22/23, 85–106

–, 1974: *Modèles mathématiques de la morphogénèse: Recueil de textes sur la théorie des catastrophes et ses applications.* Paris
Thomas, Jean-Jacques, 1974: The Semiotic *Parole. Sub-stance: A Review of Theory and Literary Criticism* 10, 182–189
Thomas, L. L., 1957: *The Linguistic Theories of N. Ja. Marr.* Berkeley und Los Angeles
Thorpe, W. H., 1963: Antiphonal Singing in Birds as Evidence for Avian Reaction Time. *Nature* 197, 774–776
–, 1968: Perceptual Basis for Group Organization in Social Vertebrates, Especially Birds. *Nature* 220, 124–128
Tiger, Lionel, und Robin Fox, 1966: The Zoological Perspective in Social Science. *Man* 1, 75–81
Tinbergen, Niko, 1951: *The Study of Instinct.* New York
Todorov, Tzvetan, 1966: Recherches sémantiques. *Langages* 1, 5–43
–, 1971 (Hg.): Documents: Sémiologie du théâtre [Besteht aus französischen Übersetzungen von Petr Bogatyrev, *Les signes du théâtre*, 1938, und Roman Ingarden, *Les fonctions du langage au théâtre*, 1958]. *Poetique* 8, 515–538
–, 1973: Semiotics. *Screen* 14, 15–23
Tomkins, Gordon M., 1975: The Metabolic Code. *Science* 189, 760–763
Trabant, Jürgen, 1976: *Elemente der Semiotik.* München
Transactions of the Charles S. Peirce Society. A Quarterly in American Philosophy, 1965–75: Bd. 1–11
Trier, J., 1931: *Der deutsche Wortschatz im Sinnbezirk des Verstandes: Die Geschichte eines sprachlichen Feldes*, Bd. 1. *Von den Anfängen bis zum Beginn des 13. Jahrhunderts.* Heidelberg
Turner, Victor, 1975: Symbolic Studies. *Annual Review of Anthropology* 4, 145–161
Tyler, Stephen A., 1969 (Hg.): *Cognitive Anthropology.* New York

Uldall, Hans J., 1957: *Outline of Glossematics*, Teil I: *General Theory.* Kopenhagen
Ullmann, Stephen, 1962: *Semantics: An Introduction to the Science of Meaning.* Oxford
–, 1967: Rezension von A. J. Greimas, 1966. *Lingua* 18, 296–303
–, 1972: Semantics. In: *Current Trends in Linguistics*, Bd. 9, *Linguistics in Western Europe*, hg. von Thomas A. Sebeok, Den Haag, 343–395
Umiker, Donna Jean, 1974: Speech Surrogates: Drum and Whistle Systems. In: Sebeok (Hg.), 1974 b, 497–536

Valesio, Paolo, 1969: Icons and Patterns in the Structure of Language. *Actes du Xe Congrès International des Linguistes, Bucarest, 28 août–*

2 *Septembre 1967*, hg. von A. Graur, Bukarest, Bd. 1, 383–387
–, 1971: Rezension – vgl. Eco, 1968
Veltsos, Giorgos S., 1975: *Semeiologia tonpolitikon thesmon*. Athen
Venclova, Tomas, 1967: Le colloque sémiotique de Tartu. *Social Science Information* 6, 123–129
Verdiglione, Armando, 1975 (Hg.): *Psicanalisi e semiotica*. Mailand. Vgl. Eugen Bärs Rezension 1976, Psychoanalysis and Semiotics, *Semiotica* (in Vorbereitung)
Verón, Eliseo, 1971: Ideology and Social Sciences: A Communicational Approach. *Semiotica* 3, 59–76
Verplanck, William S., 1962: Unaware of Where's Awareness: Some Verbal Operants – Notates, Monents, and Notants. In: *Behavior and Awareness: A Symposium of Research and Interpretation*, hg. von Charles W. Ericksen, Durham, 130–158
VS: Quaderni di studi semiotici, 1971–74: Nr. 1–9. Vgl. János Kelemens Rezension 1974, The Semiotic Conception of VS, *Semiotica* 11, 75–97
Viet, Jean, 1965: *Les méthodes structuralistes dans les sciences sociales*. Den Haag
Voigt, Vilmos, 1969 b: Modellálási kisérletek a folklorisztikában. *Ethnographia* 80, 355–392
Vries, Ad. de, 1974: Dictionary of Symbols and Imagery. Amsterdam
Vygotsky, L. S., 1962: *Thought and Language*. Hg. und übers. von E. Hanfmann und G. Vakar, Cambridge, Mass.

Wallis, Mieczysław, 1975: *Arts and Signs* (= *Studies in Semiotics* 2). Bloomington
Walther, Elisabeth, 1974: *Allgemeine Zeichenlehre: Einführung in die Grundlagen der Semiotik*. Stuttgart
Watson, O. Michael, 1970: *Proxemic Behavior: A Cross-cultural Study* (= *Approaches to Semiotics* 8). Den Haag
Watt, W. C., 1967: *Morphology of the Nevada Cattlebrands and Their Blazons*. Pittsburgh
Weinreich, Uriel, 1958: Rezension von Osgood, Suci und Tannenbaum, 1957. *Word* 14, 346–366
–, 1966: Explorations in Semantic Theory. In: *Current Trends in Linguistics*, Bd. 3, *Theoretical Foundations*, hg. von Thomas A. Sebeok, Den Haag, 395–477
–, 1968: Semantics and Semiotics. In: *International Encyclopedia of the Social Sciences* 14, 164–169
Weinrich, Harald, 1966: *Linguistik der Lüge*. Heidelberg
Weiss, Paul, 1940: The Essence of Peirce's System. *Journal of Philosophy* 37, 253–264

Weiss, Paul, und Arthur Burks, 1945: Peirce's Sixty-six Signs. *Journal of Philosophy* 42, 383–388
Weitz, Shirley, 1974 (Hg.): *Nonverbal Communication: Readings with Commentary*. New York
Wells, Rulon, 1954: Meaning and Use. *Word* 10, 235–250
–, 1967: Distinctly Human Semiotic. *Social Science Information* 6, 103–124
Weltring, Georg, 1910: *Das* Semeion *in der aristotelischen, stoischen, epikureischen und skeptischen Philosophie. Ein Beitrag zur Geschichte der antiken Methodenlehre*. Bonn
Wenner, Adrian M., 1969: The Study of Animal Communication: An Overview. In: Sebeok und Ramsay (Hg.), 1969, 232–243
Werner, Oswald, u. a., 1974: Some New Developments in Ethnosemantics and the Theory and Practice of Lexical/Semantic Fields. In: Sebeok (Hg.), 1974 b, 1477–1543
Wertheimer, Max, 1923: Untersuchungen zur Lehre von der Gestalt, II. *Psychologische Forschungen* 4, 301–350
Wescott, Roger W., 1966: Introducing Coenetics: A Biosocial Analysis of Communication. *American Scholar* 35, 342–356
–, 1971: Linguistic Iconism. *Language* 47, 416–428
White, Leslie A., 1940: The Symbol: The Origin and Basis of Human Behavior. *Philosophy of Science* 7, 451–463
Whiteside, Robert L., 1974: *Face Language*. New York
Wickler, Wolfgang, 1968: *Mimicry in Plants and Animals*. New York
–, 1973: *The Sexual Code*. Garden City
Wiener, Norbert, 1950: *The Human Use of Human Beings*. Boston
Wilder, Harris Hawthorne, und Bert Wentworth, 1918: *Personal Identification: Methods for the Identification of Individuals, Living or Dead*. Boston
Wilson, Edward O., 1971: The Prospects for a Unified Sociobiology. *American Scientist* 59, 400–403
–, 1975: *Sociobiology: The New Synthesis*. Cambridge, Mass.
Windelband, W., 1894: *Geschichte und Naturwissenschaft*. Straßburg
Worth, Sol, 1969: The Development of a Semiotic of Film. *Semiotica* 1, 282–321
Wundt, Wilhelm, 1973: *The Language of Gestures (= Approaches to Semiotics*, Paperback Serie 6). Den Haag
Wynne-Edwards, V. C., 1962: *Animal Dispersion in Relation to Social Behaviour*. New York

Yerkes, Robert M., und Henry W. Nissen, 1939: Pre-linguistic Sign Behavior in Chimpanzee. *Science* 89, 585–587

Zeman, J. Jay, 1964: The Graphical Logic of C. S. Peirce. Dissertation. University of Chicago

Zeuner, Frederick E., 1963: *A History of Domesticated Animals*. New York

Zołkiewski, Stefan, 1969: *Semiotika a kultura*. Bratislava

Zvegintsev, V., 1967: Structural Linguistics and Linguistics of Universals. *Acta Linguistica Hafniensia* 10, 129–144

Namenregister